QUARTA EDIÇÃO 2025

NEHEMIAS DOMINGOS DE MELO

LIÇÕES DE PROCESSO CIVIL

DOS **PROCESSOS** NOS TRIBUNAIS E DOS **RECURSOS**

1ª. edição 2017, Editora Rumo Legal
2ª. edição 2018, Editora Rumo Legal
3ª. edição 2022, Editora Foco.
4ª. edição 2025, Editora Foco.

Dados Internacionais de Catalogação na Publicação (CIP) de acordo com ISBD
M528l   Melo, Nehemias Domingos de
Lições de processo civil: Dos processos nos tribunais e dos recursos / Nehemias Domingos de Melo - 4. ed. - Indaiatuba : Editora Foco, 2025.
252 p. ; 17cm x 24cm. – (Lições de processo civil ; v.3)
Inclui bibliografia e índice.
ISBN: 978-65-6120-267-1
1. Direito. 2. Direito civil. 3. Processos nos tribunais. 4. Recursos. I. Título. II. Série.
2025-125   CDD 347   CDU 347

Elaborado por Odilio Hilario Moreira Junior - CRB-8/9949
Índices para Catálogo Sistemático:
1. Direito civil 347
2. Direito civil 347

QUARTA EDIÇÃO

NEHEMIAS
DOMINGOS DE
MELO

LIÇÕES DE PROCESSO CIVIL

DOS **PROCESSOS** NOS
TRIBUNAIS E DOS **RECURSOS**

2025 © Editora Foco

Autor: Nehemias Domingos de Melo
Diretor Acadêmico: Leonardo Pereira
Editor: Roberta Densa
Coordenadora Editorial: Paula Morishita
Revisora Sênior: Georgia Renata Dias
Revisora Júnior: Adriana Souza Lima
Capa Criação: Leonardo Hermano
Diagramação: Ladislau Lima e Aparecida Lima
Impressão miolo e capa: META BRASIL

DIREITOS AUTORAIS: É proibida a reprodução parcial ou total desta publicação, por qualquer forma ou meio, sem a prévia autorização da Editora FOCO, com exceção do teor das questões de concursos públicos que, por serem atos oficiais, não são protegidas como Direitos Autorais, na forma do Artigo 8º, IV, da Lei 9.610/1998. Referida vedação se estende às características gráficas da obra e sua editoração. A punição para a violação dos Direitos Autorais é crime previsto no Artigo 184 do Código Penal e as sanções civis às violações dos Direitos Autorais estão previstas nos Artigos 101 a 110 da Lei 9.610/1998. Os comentários das questões são de responsabilidade dos autores.

NOTAS DA EDITORA:

Atualizações e erratas: A presente obra é vendida como está, atualizada até a data do seu fechamento, informação que consta na página II do livro. Havendo a publicação de legislação de suma relevância, a editora, de forma discricionária, se empenhará em disponibilizar atualização futura.

Erratas: A Editora se compromete a disponibilizar no site www.editorafoco.com.br, na seção Atualizações, eventuais erratas por razões de erros técnicos ou de conteúdo. Solicitamos, outrossim, que o leitor faça a gentileza de colaborar com a perfeição da obra, comunicando eventual erro encontrado por meio de mensagem para contato@editorafoco.com.br. O acesso será disponibilizado durante a vigência da edição da obra.

Impresso no Brasil (1.2025) – Data de Fechamento (1.2025)

2025

Todos os direitos reservados à
Editora Foco Jurídico Ltda.
Avenida Itororó, 348 – Sala 05 – Cidade Nova
CEP 13334-050 – Indaiatuba – SP

E-mail: contato@editorafoco.com.br
www.editorafoco.com.br

DEDICATÓRIA

A presente obra é fruto da experiência de vários anos em salas de aulas da graduação em direito na Universidade Paulista (UNIP) e também, por algum tempo, na Faculdade de Direito do Centro Universitário das Faculdades Metropolitanas Unidas (FMU).

Os textos foram coligidos a partir do estudo que realizei para a elaboração do livro Código de Processo Civil – Anotado e Comentado, cuja 4ª edição está sendo lançada pela Editora Foco, ao mesmo tempo que este volume.

Quero também dedicar esta obra aos queridos amigos(as) e Desembargadores(as) do Egrégio Tribunal de Justiça de São Paulo que, ao longo da convivência profissional e acadêmica, muito pude com eles aprender (por ordem alfabética):

Antonio Celso Campos de Oliveira Faria

Carlos Alberto Garbi

Claudia Grieco Tabosa Pessoa

Enio Santarelli Zuliani

João Carlos Saletti

Jurandir de Sousa Oliveira

Luis Fernando Nishi

Luiz Antonio Rodrigues da Silva

Maria Cristina Zucchi

Regis de Castilho Barbosa

Roque Antonio Mesquita de Oliveira

Samuel Francisco Mourão Neto

Também à Ana Ligia,
como não poderia deixar de ser.

DEDICATÓRIA

A presente obra é fruto da experiência de vários anos em salas de aulas da graduação em direito na Universidade Paulista (UNIP) e também, por algum tempo, na Faculdade de Direito do Centro Universitário das Faculdades Metropolitanas Unidas (FMU).

Os textos foram colhidos a partir do estudo que realizei para elaborar o livro Código de Processo Civil – Anotado e comentado, cuja 4ª edição está sendo lançada pela Editora Foco, ao mesmo tempo que este volume.

Quero também dedicar esta obra aos queridos amigos(as) e Desembargadores(as) do Egrégio Tribunal de Justiça de São Paulo que ao longo da convivência profissional e acadêmica, muito pude com eles aprender (por ordem alfabética):

Antonio Celso Campos de Oliveira Faria

Carlos Alberto Garbi

Claudia Grieco Tabosa Pessoa

Enio Santarelli Zuliani

João Carlos Saletti

Jurandir de Sousa Oliveira

Lidia Fernando Nishi

Luiz Antonio Rodrigues da Silva

Maria Cristina Zucchi

Regis de Castilho Barbosa

Roque Antonio Mesquita de Oliveira

Samuel Francisco Mourão Neto

Também Ana Lígia,
como não poderia deixar de ser.

OBRAS DO AUTOR

I – LIVROS

1. Lições de processo civil – Teoria Geral do Processo e Procedimento Comum, 4ª. ed. Indaiatuba: Foco, 2025, v. 1.

2. Lições de processo civil – Processo de execução e procedimentos especiais, 4ª. ed. Indaiatuba: Foco, 2025, v. 2.

3. Lições de direito civil – Teoria Geral: das pessoas, dos bens e dos negócios jurídicos, 6ª. ed. Indaiatuba: Foco, 2025, v. 1.

4. Lições de direito civil – Obrigações e responsabilidade civil, 6ª. ed. Indaiatuba: Foco, 2025, v. 2.

5. Lições de direito civil – Dos contratos e dos atos unilaterais, 6ª ed. Indaiatuba: Foco, 2025, v. 3.

6. Lições de direito civil – Direito das Coisas, 6ª. ed. Indaiatuba: Foco, 2025, v. 4.

7. Lições de direito civil – Família e Sucessões, 6ª ed. Indaiatuba: Foco, 2025, v. 5.

8. Código de Processo Civil Anotado e Comentado, 4ª ed. Indaiatuba: Foco, 2025.

9. Dano moral trabalhista – Teoria e Prática, 6ª. ed. Salvador: Juspodivm, 2025.

10. Da defesa do consumidor em juízo, 2ª. ed. Leme: Mizuno, 2024.

11. Responsabilidade civil por erro médico: doutrina e jurisprudência. 5ª. ed. Leme: Mizuno, 2024.

12. Dano moral nas relações de consumo. 3ª. ed. Salvador: Juspodivm, 2023.

13. Da culpa e do risco como fundamentos da responsabilidade civil, 3ª. ed. Leme: Mizuno, 2023.

14. Dano moral – problemática: do cabimento à fixação do quantum, 3ª. ed. Leme; Mizuno, 2023.

15. Manual de prática jurídica civil para graduação e exame da OAB. 5ª. ed. Indaiatuba: Foco, 2022.

16. Como advogar no cível com o Novo CPC – Manual de prática jurídica, 4ª. ed. Araçariguama: Rumo Legal, 2018 (esgotado).

17. Novo CPC Comparado – 2015 X 1973. Araçariguama: Rumo Legal, 2016 (esgotado).

II – CAPÍTULOS DE LIVROS EM OBRAS COLETIVAS

O direito de morrer com dignidade. In: GODINHO, Adriano Marteleto; LEITE, Salomão Jorge e DADATO, Luciana (coord.). Tratado brasileiro sobre o direito fundamental à morte digna. São Paulo: Almedina, 2017.

Dano moral pela inclusão indevida na Serasa (indústria do dano moral ou falha na prestação dos serviços?). In: STOCO, Rui (Org.). Dano moral nas relações de consumo. São Paulo: Revistas dos Tribunais, 2015.

Uma reflexão sobre a forma de indicação dos membros do Supremo Tribunal Federal brasileiro. In: ARAGÃO, Paulo; ROMANO, Letícia Danielle; TAYAH, José Marco (Coord.). Reflexiones sobre derecho latinoamericano. Buenos Aires: Editorial Latino Americano, 2015, v. 20.

O princípio da dignidade humana como fonte jurídico-positiva para os direitos fundamentais. In: BALESTERO, Gabriela Soares; BEGALLI, Ana Silvia Marcatto (Coord.). Estudos de direito latino americano. Brasília: Kiron, 2014, v. 2.

Fundamentos da reparação por dano moral trabalhista no Brasil e uma nova teoria para sua quantificação. In: ARAGÃO, Paulo; ROMANO, Letícia Danielle; TAYAH, José Marco (Coord.). Reflexiones sobre derecho latinoamericano. Buenos Aires: Editorial Latino Americano, 2014, v. 13.

Comentários aos artigos 103 e 104 do CDC e à Lei Estadual dos Combustíveis. In: MACHADO, Costa; FRONTINI, Paulo Salvador (Coord.). Código de Defesa do Consumidor interpretado. São Paulo: Manole, 2013.

La familia ensamblada: una analisis a la luz del derecho argentino y brasileño. In: BALESTERO, Gabriela Soares; BEGALLI, Ana Silvia Marcatto (Coord.). Estudos de direito latino americano. São Paulo: Lexia, 2013.

Da dificuldade de prova nas ações derivadas de erro médico. In: AZEVEDO, Álvaro Villaça; LIGIEIRA, Wilson Ricardo (Coord.). Direitos do paciente. São Paulo: Saraiva, 2012.

O princípio da dignidade humana como fonte jurídico-positiva para os direitos fundamentais. In: ARAGÃO, Paulo; ROMANO, Letícia Danielle; TAYAH, José Marco (Coord.). Reflexiones sobre derecho latinoamericano. Rio de Janeiro: Livre Expressão, 2012, v. 8.

Reflexões sobre a inversão do ônus da prova. In: MORATO, Antonio Carlos; NERI, Paulo de Tarso (Org.). 20 anos do Código de Defesa do Consumidor: estudos em homenagem ao professor José Geraldo Brito Filomeno. São Paulo: Atlas, 2010.

III – ARTIGOS PUBLICADOS (ALGUNS TÍTULOS)

Da Gratuidade da Justiça no Novo CPC e o Papel do Judiciário. Revista Síntese de Direito Civil e Processual Civil. São Paulo: Síntese, nº 97, set./out. 2015. Publicado também na Revista Lex Magister, Edição nº 2.484, outubro 2015.

Análise crítica da forma de indicação dos membros do Supremo Tribunal Federal. Revista Jus Navigandi, Teresina, ano 20, n. 4341, 21 maio 2015. Disponível em: <http://jus.com.br/artigos/39290>

Fundamentos da reparação por dano moral trabalhista e uma nova teoria para sua quantificação. Revista Brasileira de Direitos Humanos. Lex-Magister, U. S. abr./jun. 2013.

A família ensamblada: uma análise à luz do direito argentino e brasileiro. Revista Síntese de Direito de Família, v. 78, jun./jul. 2013. Publicado também na Revista Jurídica Lex, v. 72, mar./abr. 2013.

Ulysses Guimarães: uma vida dedicada à construção da democracia brasileira. Publicado no site da Revista Lex-Magister em 19-12-2012. Disponível em: <http:// www.editoramagister.com/doutrina_24064820>.

Dano moral: por uma teoria renovada para quantificação do valor indenizatório (teoria da exemplaridade). Revista Magister de Direito Empresarial, Concorrencial e do Consumidor, v. 44, abr./mai. 2012. Publicado também na Revista Síntese de Direito Civil e Processual Civil. São Paulo: Síntese, nº 79, set./out. 2012.

Responsabilidade civil nas relações de consumo. Revista Magister de Direito Empresarial, Concorrencial e do Consumidor. Porto Alegre: Magister, nº 34, ago./set. 2010. Publicado também na Revista Síntese de Direito Civil e Processual Civil, nº 68, nov./ dez. 2010 e na Revista Lex do Direito Brasileiro, nº 46, jul./ago. 2010.

OBRAS DO AUTOR

Nova execução por títulos judiciais: liquidação e cumprimento de sentença (Lei no 11.232/05). Revista Magister de Direito Processual Civil, Porto Alegre: Magister, n° 24, maio/jun. 2008. Publicado também na Revista Síntese de Direito Civil e Processual Civil, n° 58, mar./abr. 2009.

Erro médico e dano moral: como o médico poderá se prevenir? Revista Magister de Direito Empresarial, Concorrencial e do Consumidor. Porto Alegre: Magister, n° 18, dez./jan. 2008.

Excludentes de responsabilidade em face do Código de Defesa do Consumidor. Revista Magister de Direito Empresarial, Concorrencial e do Consumidor. Porto Alegre: Magister, n° 23, out./nov. 2008.

O princípio da dignidade humana e a interpretação dos direitos humanos. São Paulo: Repertório de Jurisprudência IOB n° 07/2009.

Responsabilidade dos bancos pelos emitentes de cheques sem fundos. Juris Plenum, Caxias do Sul: Plenum, n° 88, maio 2006. CD-ROM.

Dano moral pela inclusão indevida na Serasa (indústria do dano moral ou falha na prestação dos serviços?). Revista de Direito Bancário e do Mercado de Capitais, n° 28. São Paulo: Revista dos Tribunais, abr./jun. 2005. Publicado também na Revista do Factoring, São Paulo: Klarear, n° 13, jul./ago./set. 2005 e na Revista Magister de Direito Empresarial, Concorrencial e do Consumidor. Porto Alegre: Magister, n° 12 dez./jan. 2007.

Da ilegalidade da cobrança da assinatura mensal dos telefones. Juris Plenum. Especial sobre tarifa básica de telefonia. Caxias do Sul: Plenum, n° 82. maio 2005. CD-ROM.

Abandono moral: fundamentos da responsabilidade civil. Revista Síntese de Direito Civil e Processual Civil, n° 34. São Paulo: Síntese/IOB, mar./abr. 2005. Incluído também no Repertório de Jurisprudência IOB n° 07/2005 e republicado na Revista IOB de Direito de Família, n° 46, fev./mar. 2008.

Por uma nova teoria da reparação por danos morais. Revista do Instituto dos Advogados de São Paulo, n° 15. São Paulo: Revista dos Tribunais, jan./jun. 2005. Publicado também na Revista Síntese de Direito Civil e Processual Civil, n° 33, jan./ fev. 2005.

Responsabilidade civil por abuso de direito. Juris Síntese, São Paulo: Síntese/IOB, n° 51, jan./fev. 2005. CD-ROM.

União estável: conceito, alimentos e dissolução. Revista Jurídica Consulex, n° 196, Brasília: Consulex, mar. 2005. Publicado também na Revista IOB de Direito de família n° 51, dez./jan. 2009.

Dano moral coletivo nas relações de consumo. Juris Síntese, Porto Alegre: Síntese, n° 49, set./out. 2004. CD-ROM.

Da justiça gratuita como instrumento da democratização do acesso ao judiciário. Juris Síntese, Porto Alegre, n° 48, Síntese, jul./ago. 2004. CD-ROM.

Do conceito ampliado de consumidor. Revista Síntese de Direito Civil e Processual Civil. São Paulo: Síntese/IOB, n° 30, jul /ago. 2004.

ABREVIATURAS

AC – Apelação Cível
ACP – Ação Civil Pública
ADCT – Ato das Disposições Constitucionais Transitórias
ADIn – Ação Direta de Inconstitucionalidade
Art. – artigo
BGB – Burgerliches Gesetzbuch (Código Civil alemão)
CBA – Código Brasileiro de Aeronáutica
CC – Código Civil (Lei nº 10.406/02)
CCom – Código Comercial (Lei nº 556/1850)
CDC – Código de Defesa do Consumidor (Lei nº 8.078/90)
CF – Constituição Federal
CLT – Consolidação das Leis do Trabalho (Dec-Lei nº 5.452/43)
CP – Código Penal (Dec-Lei nº 2.848/40)
CPC – Código de Processo Civil (Lei nº 13.105/15)
CPP – Código de Processo Penal (Dec-Lei nº 3.689/41)
CTB – Código de Trânsito Brasileiro (Lei nº 9.503/97)
CTN – Código Tributário Nacional (Lei nº 5.172/66)
D – decreto
Dec-Lei – Decreto-Lei
Des. – Desembargador
DJU – Diário Oficial da Justiça da União
DOE – Diário Oficial do Estado (abreviatura + sigla do Estado)
DOU – Diário Oficial da União
EC – Emenda Constitucional
ECA – Estatuto da Criança e do Adolescente (Lei nº 8.069/90)
EOAB – Estatuto da Ordem dos Advogados do Brasil (Lei nº 8.906/94)
IPTU – Imposto sobre a propriedade predial e territorial urbana
IPVA – Imposto sobre a propriedade de veículos automotores
IR – Imposto sobre a renda e proventos de qualquer natureza
IRPJ – Imposto de renda de pessoa jurídica
ISS – Imposto sobre serviços
ITBI – Imposto sobre Transmissão de Bens Imóveis
j. – julgado em (seguido de data)
JEC – Juizado Especial Cível (Lei nº 9.099/95)
JEF – Juizado Especial Federal (Lei nº 10.259/01)
LACP – Lei da Ação Civil Pública (Lei nº 7.347/85)
LA – Lei de alimentos (Lei nº 5.478/68)

LAF – Lei das Alienações Fiduciárias (Dec-Lei nº 911/69)
LAJ – Lei de Assistência Judiciária (Lei nº 1.060/50)
LAP – Lei da Ação Popular (Lei nº 4.717/65)
LArb – Lei da Arbitragem (Lei nº 9.307/96)
LC – Lei Complementar
LCh – Lei do cheque (Lei nº 7.357/85)
LD – Lei de duplicatas (Lei nº 5.474/68)
LDA – Lei de Direitos Autorais (Lei nº 9.610/98)
LDC – Lei de Defesa da Concorrência (Lei nº 8.158/91)
LDi – Lei do Divórcio (Lei nº 6.515/77)
LDP – Lei da Defensoria Pública (LC nº 80/94)
LEF – Lei de Execução Fiscal (Lei nº 6.830/80)
LEP – Lei de Economia Popular (Lei nº 1.521/51)
LI – Lei do inquilinato (Lei nº 8.245/91)
LICC – Lei de Introdução ao Código Civil (Dec-Lei nº 4.657/42)
LINDB – Lei de Introdução às Normas do Direito Brasileiro
LMI – Lei do mandado de injunção (Lei nº 13.300/16).
LMS – Lei do mandado de segurança (Lei nº 1.533/51)
LPI – Lei de propriedade industrial (Lei nº 9.279/96)
LRC – Lei do representante comercial autônomo (Lei nº 4.886/65)
LRF – Lei de recuperação e falência (Lei nº 11.101/05)
LRP – Lei de registros públicos (Lei nº 6.015/73)
LSA – Lei da sociedade anônima (Lei nº 6.404/76)
LU – Lei Uniforme de Genebra (D nº 57.663/66)
Min. – Ministro
MP – Ministério Público
MS – Mandado de Segurança
ONU – Organização das Nações Unidas
Rec. – Recurso
rel. – Relator ou Relatora
REsp – Recurso Especial
ss. – seguintes
STF – Supremo Tribunal Federal
STJ – Superior Tribunal de Justiça
Súm – Súmula
TJ – Tribunal de Justiça
TRF – Tribunal Regional Federal
TRT – Tribunal Regional do Trabalho
TST – Tribunal Superior do Trabalho
v.u. – votação unânime

PREFÁCIO

O presente volume (Dos Processos nos Tribunais e dos Recursos) é parte integrante de uma coleção completa – Lições de Processo Civil, escrita pelo experiente processualista Nehemias Domingos de Melo, advogado atuante, com êxito em causas de grande repercussão nacional, professor universitário em efetivo exercício e fonte de inspiração para a comunidade jurídica.

O autor apresentou inicialmente os conceitos indispensáveis ao conhecimento básico do Direito Processual Civil e, na sequência, estabeleceu as premissas fundamentais para a compreensão dos recursos, com abordagem sobre a sua teoria geral, seguindo-se com a ordem dos processos nos tribunais.

Em sequência, o autor esmiuçou os incidentes de assunção de competência (IAC), de arguição de inconstitucionalidade e de resolução de demandas repetitivas.

Após a análise dos incidentes, Nehemias Domingos de Melo, trouxe uma profunda análise sobre o conflito de competência, sobre a homologação de decisão estrangeira e da concessão do *exequatur* à carta rogatória e, antes de adentrar nas espécies de recursos mais tradicionais no processo civil, tratou das ações autônomas de impugnação (ação rescisória e reclamação).

Adiante, apresentou uma contextualizada e profunda análise sobre os recursos de apelação, o agravo de instrumento, o agravo interno, os embargos de declaração, finalizando com uma abordagem acerca dos recursos nos tribunais superiores (Recurso Ordinário, Especial, Extraordinário, Recursos Repetitivos, Agravo em Recurso Especial e Extraordinário e Embargos de Divergência).

Para coroar a obra, o autor se debruçou sobre os procedimentos especiais previstos na legislação esparsa, com análise detida com os procedimentos dos juizados especiais cíveis, Estaduais e Federais, finalizando com a abordagem sobre as ações constitucionais, as ações coletivas e as ações locativas, temas de suma importância para a comunidade jurídica.

A obra trazida a lume apresenta uma linguagem objetiva, com a citação expressa dos artigos mencionados em nota de rodapé, facilitando sua leitura e compreensão.

Está-se, aqui, diante de obra de grande relevância, que certamente contribuirá para a formação dos operadores do direito, destinando-se especialmente aos alunos de graduação em direito e candidatos que enfrentarão o Exame da Ordem dos Advogados do Brasil e concursos públicos para as carreiras da magistratura, promotoria, defensoria, dentre outras carreiras jurídicas.

São Paulo, junho de 2022.

Indira Chelini e Silva Pietoso

Mestre em Direito na área de concentração em Direito na Sociedade da Informação pelo Centro Universitário das Faculdades Metropolitanas Unidas – FMU. Possui especialização em Direito Processual Civil pela Universidade Presbiteriana Mackenzie. Autora de livro e artigos jurídicos. Coordenadora Geral da Pós-Graduação em Direito das Faculdades Metropolitanas Unidas (FMU). Professora universitária desde 2010. Atualmente leciona no Curso de Graduação e Pós-Graduação em Direito do Centro Universitário das Faculdades Metropolitanas Unidas – UniFMU. Professora Convidada dos Cursos de Pós-Graduação do Mackenzie, ESA – Escola Superior da Advocacia e Escola Superior do Ministério Público. Palestrante do Departamento de Cultura e Eventos da Ordem dos Advogados do Brasil de São Paulo. Advogada.

SUMÁRIO

DEDICATÓRIA... V

OBRAS DO AUTOR VII

   I – Livros.. VII

   II – Capítulos de livros em obras coletivas...................................... VII

   III – Artigos publicados (alguns títulos)... VIII

ABREVIATURAS.. XI

PREFÁCIO... XIII

Parte I
TEORIA GERAL DOS RECURSOS

LIÇÃO 1 – TEORIA GERAL DOS RECURSOS... 3

  1. Notas introdutórias. 3

  2. Finalidade dos recursos.. 4

  3. Objetivos dos recursos... 5

  4. O sistema recursal brasileiro... 5

  5. Juízo de admissibilidade e juízo de mérito.................................. 6

  6. Requisitos de admissibilidade dos recursos................................. 7

  7. Reformatio *in pejus* 7

  8. Legitimidade para recorrer 8

  9. Desistência do recurso... 9

  10. Renúncia ao direito de recorrer 10

  11. Prazo para interposição do recurso e sua contagem................... 10

  12. Morte da parte ou do seu advogado.. 11

  13. Preparo do recurso.. 11

  14. Trânsito em julgado 13

  15. Da coisa julgada (res iudicata).. 14

16. Dos efeitos dos recursos 15

    16.1 O efeito devolutivo 16

    16.2 O efeito suspensivo... 17

    16.3 Efeito translativo 18

    16.4 Efeito expansivo 18

    16.5 Efeito substitutivo 19

    16.6 Efeito regressivo 19

Parte II
DA ORDEM DOS PROCESSOS NOS TRIBUNAIS

LIÇÃO 2 – DA ORDEM DOS PROCESSOS NOS TRIBUNAIS 23

1. Notas introdutórias.. 23

2. Respeito aos precedentes jurisprudenciais 24

3. Do julgamento de casos repetitivos 25

4. Do registro e da distribuição... 26

5. Dos poderes e deveres do relator 27

6. Proibição de decisão surpresa no âmbito dos tribunais............................ 28

7. Preparativos para o julgamento do recurso 29

8. Sustentação oral... 30

9. Questão preliminar 31

10. Vício sanável e conversão do julgamento em diligência........................... 31

11. Do pedido de vistas e do julgamento do recurso...................................... 32

12. Julgamento estendido da apelação... 33

13. O acórdão e sua publicação 35

Parte III
DOS PROCESSOS DE COMPETÊNCIA ORIGINÁRIA DOS TRIBUNAIS

LIÇÃO 3 – DO INCIDENTE DE ASSUNÇÃO DE COMPETÊNCIA (IAC)........................ 39

1. Notas introdutórias.. 39

2. Legitimidade para suscitar o instituto e papel do relator 40

3. Do julgamento 40

4. Formação do precedente vinculante... 41

5. O STJ e o primeiro incidente de assunção de competência...................... 41

6. O incidente de assunção de competência (Tema IAC 14/STJ) 42

LIÇÃO 4 – DO INCIDENTE DE ARGUIÇÃO DE INCONSTITUCIONALIDADE 45

1. Controle de constitucionalidade 45

2. Do incidente de arguição de inconstitucionalidade 46

3. Admissão e julgamento do incidente 46

4. Dispensa do incidente 47

5. Participação dos legitimados para propor ADIN 47

6. Participação do *amicus curiae* 48

7. Controle difuso da constitucionalidade 48

LIÇÃO 5 – DO CONFLITO DE COMPETÊNCIA 51

1. Notas introdutórias 51

2. Conflito positivo ou negativo de competência 51

3. Legitimidade para suscitar o incidente 52

4. Momento de fixação da competência 52

5. Provocação 52

6. Julgamento e suas consequências 53

7. Conflito entre autoridade judiciária e administrativa 54

8. Conflito entre tribunais 54

LIÇÃO 6 – DA HOMOLOGAÇÃO DE DECISÃO ESTRANGEIRA E DA CONCESSÃO DO *EXEQUATUR* À CARTA ROGATÓRIA 57

1. Notas introdutórias. 57

2. Ação de homologação de sentença estrangeira 58

3. Execução de medidas de urgência estrangeira 59

4. Requisitos para homologação 60

5. Como requerer 61

6. Processamento da ação no STJ 61

7. Título executivo judicial 62

8. Deslocamento da competência do STF para STJ (EC 45/2004) 63

LIÇÃO 7 – DA AÇÃO RESCISÓRIA 65

1. Notas introdutórias. 65

2. Do cabimento da ação rescisória 65

3. Competência 68

4. Dos legitimados 68

5. Dos requisitos da petição inicial 70

6. Emenda da petição inicial 70

7. Improcedência liminar do pedido 71

8. Efeito suspensivo 71

9. Processamento no tribunal 72

10. O prazo para propositura da ação rescisória 73

11. Outros meios de impugnação de decisões judiciais transitadas em julgado 74

    11.1 Ação anulatória 74

    11.2 *Querela nullitatis* 74

LIÇÃO 8 – DO INCIDENTE DE RESOLUÇÃO DE DEMANDAS REPETITIVAS 77

1. Conceito e alcance do IRDR 77

2. Os legitimados 78

3. Competência 79

4. Divulgação para a sociedade 79

5. Admissibilidade 80

6. Atribuições do relator 81

7. O julgamento 82

8. Efeito vinculante do resultado do julgamento 83

9. Revisão da tese jurídica 84

10. Recurso cabível contra o julgamento do IRDR 84

11. Enunciados do VIII Fórum Permanente de Processualistas Civis – FPPC 84

LIÇÃO 9 – DA RECLAMAÇÃO 87

1. Notas introdutórias 87

2. Não cabe reclamação 88

3. Competência 89

4. Procedimentos do relator 89

5. Impugnação à reclamação 90

6. Atuação do Ministério Público 90

7. Julgamento da reclamação 90

Parte IV
DOS RECURSOS EM ESPÉCIES

LIÇÃO 10 – DA APELAÇÃO E DO RECURSO ADESIVO 93

1. Notas introdutórias... 93

2. Nova hipótese de cabimento da apelação 94

3. Requisitos recursais 94

4. Do juízo de admissibilidade.. 95

5. Efeitos da apelação.. 97

   5.1 O efeito devolutivo 98

   5.2 O efeito suspensivo... 99

   5.3 Efeito translativo 100

   5.4 Efeito expansivo 101

   5.5 Efeito substitutivo 101

6. Interposição da apelação.. 101

7. Prazo para interposição e resposta do apelado 102

8. Matérias que não sofrem o efeito da preclusão 102

9. Legitimados 103

10. Processamento final da apelação 103

11. Questões de fato não proposta no juízo *a quo* 103

12. Julgamento da apelação e a teoria da causa madura.................................... 104

13. Recurso adesivo 105

    13.1 Cabimento 106

    13.2 Quem tem legitimidade 106

    13.3 Momento de interposição... 107

    13.4 Processamento do recurso adesivo 107

    13.5 Acessoriedade do recurso 107

    13.6 Julgamento.. 108

LIÇÃO 11 – DO AGRAVO DE INSTRUMENTO... 109

1. Noções históricas... 109

2. Cabimento do agravo de instrumento 110

3. Atenção para o instituto da preclusão 112

4. Formação do instrumento 113

5. Comunicação ao juiz da causa.. 114

6. Efeito do agravo de instrumento 115

7. Processamento 115

8. Recomendações importantes 116

LIÇÃO 12 – DO AGRAVO INTERNO.. 117

1. Notas introdutórias... 117

2. Prazo para interposição e resposta... 118

3. Processamento e julgamento 119

4. Litigância de má-fé 119

5. Decisões irrecorríveis... 121

LIÇÃO 13 – DOS EMBARGOS DE DECLARAÇÃO.................................... 123

1. Notas introdutórias... 123

2. Cabimento dos embargos de declaração... 124

3. Da interposição do recurso 124

4. Eventual contraditório.. 125

5. Efeitos em que é recebido o recurso 126

6. Julgamento... 127

7. Embargos com a finalidade de prequestionamento.......................... 127

8. Multa por litigância de má-fé.. 128

9. Conversão dos embargos de declaração em agravo interno 129

LIÇÃO 14 – RECURSOS AOS TRIBUNAIS SUPERIORES......................... 131

1. Esclarecimentos iniciais... 131

2. Recurso ordinário constitucional 132

   2.1 Da interposição do recurso.. 132

   2.2 Do processamento do recurso 133

3. Do recurso especial.. 133

   3.1 Pressupostos de admissibilidade 134

   3.2 Demonstração de relevância... 134

   3.3 Processamento do REsp.. 135

3.4 Contrarrazões ao recurso especial	137
3.5 Interposição de recurso especial e recurso extraordinário conjuntamente.	137
3.6 Recurso especial versando sobre matéria constitucional	138
4. Do recurso extraordinário	138
4.1 Pressupostos de admissibilidade	139
4.2 Processamento do RE	140
4.3 Ofensa reflexa a constituição	140
4.4 Repercussão geral	141
5. Do julgamento dos recursos extraordinário e especial repetitivos	143
5.1 Processamento do recurso repetitivo	143
5.2 Poderes do relator	145
5.3 Resultado do julgamento do recurso repetitivo	145
6. Do agravo em recurso especial e em recurso extraordinário	147
6.1 Interposição de agravo	147
6.2 Julgamento do agravo	148
7. Dos embargos de divergência	148
7.1 Cabimento	149
7.2 Requisitos	150
7.3 Súmulas do STJ sobre a matéria	150
7.4 Processamento dos embargos de divergência	151

Parte V
DOS PROCEDIMENTOS ESPECIAIS PREVISTOS NA LEGISLAÇÃO ESPARSA

LIÇÃO 15 – PROCEDIMENTOS DOS JUIZADOS ESPECIAIS CÍVEIS ESTADUAIS – LEI Nº 9.099/95	155
1. Dos princípios informativos dos juizados especiais	155
2. Do cabimento desse procedimento	157
3. Ações que não podem ser propostas nos juizados	158
4. Das ações mais comuns nos juizados especiais cíveis	158
5. Da competência de foro	160
6. Do juiz, dos conciliadores e dos juízes leigos	160
7. As partes	161

8. Da representação processual 162

9. Dos atos processuais, do pedido, das citações e intimações 163

10. Das audiências 165

    10.1 Audiência de conciliação 166

    10.2 Juízo arbitral 166

    10.3 Audiência de instrução e julgamento 167

11. Da resposta do réu 168

12. Das provas 168

13. Da sentença e dos recursos 169

14. Da extinção do processo sem julgamento do mérito 171

15. Da execução dos julgados 172

16. Execução de título extrajudicial 174

17. Das despesas processuais 174

18. Homologação de acordos extrajudiciais 175

19. Ação rescisória 175

20. FONAJE (Fórum Nacional de Juizados Especiais) 176

LIÇÃO 16 – JUIZADOS ESPECIAIS CÍVEIS FEDERAIS 177

1. Notas introdutórias 177

2. Causas que podem ser propostas no JEF 178

3. Citação da fazenda pública 179

4. Instrução probatória e da sentença 179

5. Dos recursos 180

6. Da importância dos juizados especiais federais 181

LIÇÃO 17 – AÇÕES CONSTITUCIONAIS 183

1. MANDADO DE SEGURANÇA 183

    1.1 Legitimidade ativa 183

    1.2 Legitimidade passiva 184

    1.3 Legitimidade passiva e a teoria da encampação 184

    1.4 Autoridades públicas por equiparação 185

    1.5 Autoridade judicial 185

    1.6 Direito líquido e certo 186

1.7	Processamento do mandado de segurança	186
2.	Mandado de injunção	188
2.1	Pressupostos	189
2.2	Legitimados	189
2.3	Competência	190
2.4	Processamento	190
3.	*Habeas data*	191
4.	Ação popular	193
4.1	Legitimação	193
4.2	Dispensa de despesas processuais	194
4.3	Atos que podem ser considerados lesivos	194
4.4	Efeitos da sentença	195
4.5	Prazo prescricional	196

LIÇÃO 18 – AÇÕES COLETIVAS 197

1.	Histórico das ações coletivas no Brasil	197
2.	Interesses ou direitos difusos	198
3.	Interesses ou direitos coletivos	198
4.	Interesses ou direitos individuais homogêneos	199
5.	Interesse público *versus* interesses privado	199
6.	Legitimados para propositura da ação coletiva	199
7.	Efeitos da sentença nas ações coletivas	200
7.1	Efeitos da coisa julgada quando envolver interesses ou direitos difusos	201
7.2	Efeitos da coisa julgada na ação quando envolver interesses ou direitos coletivos	202
7.3	Efeitos da coisa julgada quando tratar-se de ação envolvendo interesses ou direitos individuais homogêneos	203
8.	Da importância das ações coletivas	203
9.	Qual a diferença entre ação coletiva e ação individual?	206

LIÇÃO 19 – DAS AÇÕES LOCATIVAS 209

1.	Da locação de imóveis urbanos	209
2.	Abrangência da lei do inquilinato	209

3. Natureza jurídica do contrato de locação 210

4. Elementos essenciais do contrato de locação 211

5. Ação para retomada do imóvel 212

6. Denúncia vazia e denúncia cheia 213

7. Notificação premonitória 215

8. Purgar a mora 215

9. Direito de retenção 215

10. Direito de preferência (preempção) 216

11. Garantias da locação 217

12. Ação de consignação de pagamento 218

13. Ação revisional de aluguel 219

14. Ação renovatória 220

15. Do bem de família e as ações locativas 221

15.1 Exceções à impenhorabilidade 222

15.2 Bem de família do fiador 223

BIBLIOGRAFIA RECOMENDADA 225

PARTE I
TEORIA GERAL DOS RECURSOS

Lição 1
TEORIA GERAL DOS RECURSOS

Sumário: 1. Notas introdutórias – 2. Finalidade dos recursos – 3. Objetivos dos recursos – 4. O sistema recursal brasileiro – 5. Juízo de admissibilidade e juízo de mérito – 6. Requisitos de admissibilidade dos recursos – 7. Reformatio *in pejus* – 8. Legitimidade para recorrer – 9. Desistência do recurso – 10. Renúncia ao direito de recorrer – 11. Prazo para interposição do recurso e sua contagem – 12. Morte da parte ou do seu advogado – 13. Preparo do recurso – 14. Trânsito em julgado – 15. Da coisa julgada – 16. Dos efeitos dos recursos; 16.1 O efeito devolutivo; 16.2 O efeito suspensivo; 16.3 Efeito translativo; 16.4 Efeito expansivo; 16.5 Efeito substitutivo; 16.6 Efeito regressivo.

---

1. NOTAS INTRODUTÓRIAS

Recurso é o remédio voluntário e idôneo pelo qual se busca, dentro do mesmo processo, a reforma, a invalidação, o esclarecimento ou a integração da decisão judicial impugnada.[1]

Os recursos são como pilares do Estado Democrático de Direito, pois permitem que o Poder Judiciário reanalise uma decisão judicial que possa conter eventuais erros, imprecisões, obscuridades, omissões ou mesmo contradições.

Em algumas situações o recurso pode ser dirigido ao próprio magistrado que proferiu a decisão que está sendo questionada. Outras vezes ele é dirigido ao tribunal ao qual o magistrado está vinculado e, em situações muito especiais, são dirigidos aos tribunais superiores (Superior Tribunal de Justiça e Supremo Tribunal Federal).

A legislação traz regras muito precisas com relação ao cabimento dos diversos tipos de recursos. Por exemplo, se a decisão de primeiro grau a ser questionada é interlocutória (aquela que não põe fim ao processo) o recurso cabível é o agravo de instrumento, mesmo assim em situações que o próprio legislador listou como possíveis (ver CPC, art. 1.015). Se, de outro lado, a decisão que está sendo atacada é uma sentença que pôs fim ao processo, o recurso cabível é a apelação (ver CPC, 1.009).

---

1. Cf. Barbosa Moreira in Comentários, v. 5, p. 265.

Os recursos podem ter efeitos como devolutivo, suspensivo, regressivo e translativo e existem regras muito claras não só quanto ao seu cabimento, mas também com relação a tempestividade.

O Código de Processo Civil regula a parte geral da matéria nos artigos 994 e 1.008 e quanto aos recursos específicos nos artigos 1.009 ao 1.044, cabendo destacar suas principais características:

a) **Voluntário:**

Dizemos que é voluntário porque ninguém é obrigado a recorrer. Recorre a parte que não tenha se conformado, no todo ou em parte, com a decisão prolatada, buscando sua reforma. Não existe recurso do juiz ou de quem não é parte no processo.

b) **Remédio:**

É um remédio porque através dele se busca corrigir um desvio jurídico de forma ou de conteúdo. É a garantia constitucional do contraditório e da ampla defesa e da busca por uma decisão "justa e imparcial" já que o julgador, de qualquer instância, é um ser humano, portanto, passível de cometer erros ou equívocos.

c) **Idôneo:**

É preciso que exista, na ordem processual, recurso adequado à modificação pretendida. Quer dizer, é preciso que haja um recurso disponível para uso da parte e específico para atacar aquela determinada decisão. Pelo princípio da taxatividade, é preciso que exista um tipo de recurso previsto em lei para enfrentar aquela determinada situação jurídica (ver CPC, art. 994).

Atenção: embora existam outras formas de impugnação de decisões judiciais, se elas não estiverem previstas no art. 994 do CPC, não será recurso, mas sim ação autônoma de impugnação, tal como a ação rescisória.

d) **Mesmo processo:**

O recurso é parte do próprio processo, correspondendo a uma nova fase da relação processual estabelecida a partir da propositura da respectiva ação.

Atenção: mesmo no caso de agravo de instrumento, embora processado em autos apartado, ele não cria uma nova relação jurídica, sua origem como o resultado do seu julgamento são temas relacionados ao mesmo processo originário.

2. FINALIDADE DOS RECURSOS

Em geral, a finalidade do recurso é buscar a reforma ou modificação da matéria decidida em determinado grau de jurisdição através do reexame que será procedido pelo órgão hierarquicamente superior.

LIÇÃO 1 • TEORIA GERAL DOS RECURSOS **5**

A função principal dos recursos é sanar eventuais erros ou equívocos de uma determinada decisão judicial ou mesmo de atender o natural inconformismo da parte com o resultado jurídico que não seja favorável.

O recurso pode visar reformar integralmente a decisão ou pode se limitar a impugnar parte da decisão (CPC, art. 1.002).[2]

3. OBJETIVOS DOS RECURSOS

O maior objetivo dos recursos é atingir o ideal de justiça, pois conforme Chiovenda, o só fato de o juiz saber que sua sentença pode ser reexaminada por um tribunal superior, obriga-o a ser mais cuidadoso e justo em suas decisões.

Ademais, não se pode deixar de considerar a falibilidade humano. O ser humano é falho por natureza. Aliás, tem até um ditado popular que diz "errar é humano", de sorte a afirmar que se considerarmos que os(as) magistrados(as) são humanos, logo passíveis de errar, a forma de correção é a existência dos recursos como forma de corrigir e sanar eventuais erros ou imperfeições.

4. O SISTEMA RECURSAL BRASILEIRO

Podemos afirmar que o sistema recursal brasileiro é um pilar do Estado Democrático de Direito, pois é através dele que qualquer parte pode impugnar decisões judiciais de qualquer instância que possam, eventualmente, conter erros, omissões, contradições ou imprecisões.

Advirta-se que os recursos devem estar previstos em lei. Muitos recursos estão previstos em leis esparsas, tais como as sentenças concessivas de mandado de segurança e as sentenças que extinguem a ação popular por carência de ação ou improcedência do pedido. Talvez o mais popular desses recursos previsto na legislação extravagante seja o "recurso inominado" previsto no art. 41 da Lei 9.099/95 (lei dos Juizados Especiais estaduais).

Porém, os recursos que iremos estudar são aqueles expressamente previstos no nosso Código de Processo Civil (Lei nº 13.105/15) que prevê os seguintes tipos (CPC, art. 994):[3]

---

2. CPC, Art. 1.002. A decisão pode ser impugnada no todo ou em parte.
3. CPC, Art. 994. São cabíveis os seguintes recursos:
   I – apelação;
   II – agravo de instrumento;
   III – agravo interno;
   IV – embargos de declaração;
   V – recurso ordinário;
   VI – recurso especial;
   VII –recurso extraordinário;

a) Apelação (ver CPC, arts. 1.009 a 1.014).

b) Agravo de Instrumento (ver CPC, arts. 1.015 a 1.020).

c) Agravo Interno (ver CPC, art. 1.021).

d) Embargos de Declaração (ver CPC, arts. 1.022 a 1.026).

e) Recurso Ordinário (ver CPC, arts. 1.027 e 1.028).

f) Recurso Especial (ver CPC, arts. 1.029 a 1.041).

g) Recurso Extraordinário (ver CPC, arts. 1.029 a 1.041).

h) Agravo em Recurso Especial e em Recurso Extraordinário (ver CPC, art. 1.042).

i) Embargos de Divergência (ver CPC, arts. 1.043 e 1.044).

Atenção: embora não conste da lista do art. 994 (acima), encontramos previsão também do chamado "**recurso adesivo**", cabível apenas na apelação, no recurso especial e no recurso extraordinário (ver CPC, art. 997, §§ 1º e 2º).

Importante: há outro fenômeno muito parecido com recurso que é chamado de "**remessa necessária**", mas que de recurso nada tem, sendo, a bem da verdade, uma determinação legal que condiciona a eficácia da decisão de primeiro grau a que seja referendada pelo tribunal (ver CPC, art. 496).

5. JUÍZO DE ADMISSIBILIDADE E JUÍZO DE MÉRITO

Todo recurso depende, para seu regular processamento, de pressupostos e condições definidos em lei:

a) Juízo de admissibilidade:

O órgão julgador verifica quanto ao cabimento ou não do recurso; a legitimidade para recorrer; se foi tempestivo; e, se foram recolhidas as devidas custas judiciais.

b) Juízo de mérito:

Admitido o recurso, o órgão julgador apreciará as preliminares e, se as mesmas forem afastadas, conhecerá do mérito do recurso dando-lhe ou negando-lhe provimento.

VIII – agravo em recurso especial ou extraordinário;

IX – embargos de divergência.

6. REQUISITOS DE ADMISSIBILIDADE DOS RECURSOS

Quanto aos requisitos de admissibilidade dos recursos a doutrina é unânime em afirmar que existem dois pressupostos: requisitos intrínsecos e requisitos extrínsecos. Vejamos cada um deles.

a) **Requisitos intrínsecos:**

São aqueles que dizem respeito diretamente à decisão da qual se pretende recorrer e são eles o **cabimento** (verifica-se se o recurso é o adequado para impugnar aquele ato); a **legitimação** (só podem recorrer aqueles que são partes e, excepcionalmente, o terceiro interessado e o Ministério Público); e, o **interesse** de recorrer (só pode recorrer aquele que tenha sofrido algum prejuízo com a decisão que se pretende impugnar).

b) **Requisitos extrínsecos:**

Já os extrínsecos referem-se a fatores externos à decisão e, normalmente, posteriores ao ato que se pretende impugnar. São eles a **tempestividade** (todos os recursos devem ser interpostos no prazo estabelecido em lei, sob pena de preclusão); a **regularidade formal** (todo recurso deve ter uma petição de interposição e outra com as razões que devem ser protocoladas em conjunto, além de outras exigências formais); a inexistência de **fato impeditivo ou extintivo do direito de recorrer** (algumas causas impedem a interposição de recursos tais como a renúncia ou a concordância com o resultado da decisão); e, finalmente, o **preparo** (representa as taxas judiciais e outras despesas que devem ser realizadas pela parte quando exigidas por lei).

Atenção: algumas pessoas são dispensadas do recolhimento de custas e de outras despesas processuais. São eles o Ministério Público, a Fazenda Pública, os beneficiários da gratuidade de justiça (ver CPC, art. 98 e ss.) e os assistidos pela Defensoria Pública.

7. REFORMATIO *IN PEJUS*

No processo civil brasileiro, em face do princípio devolutivo, não há falar-se na figura do *reformatio in pejus* porque o Tribunal poderá rever toda a matéria, desde que impugnada pela parte que recorreu.

O que não pode acontecer é o julgamento extrapolar os limites objetivos da proposição recursal, pois se for verificado que o juízo avançou sobre ponto incontrovertido, assentando composição em prejuízo da parte recorrente, estará configurada a *reformatio in pejus*, pois o julgado deve estar ajustado ao pedido.

Cumpre esclarecer que o termo *reformatio in pejus* é uma expressão latina que significa "reforma para piorar". Essa proibição de reformar uma decisão de modo a piorar a situação da parte que tenha recorrido é uma garantia processual que assegura que a parte não tenha sua situação jurídica agravada em decorrência da interposição de seu recurso.

Advirta-se, contudo, que se ambas as partes recorrerem o órgão julgador poderá conhecer toda a matéria alegada por ambas as partes e assim esse princípio não será aplicado. Quer dizer, o reformatio in pejus impede que, em caso de interposição de recurso por apenas uma das partes, a decisão recorrida seja alterada em prejuízo do único recorrente, salvo as hipóteses de análise de matéria de ordem pública por força do efeito translativo do recurso.

Típico exemplo de matéria de ordem pública são os honorários advocatícios, enquanto consectários legais da condenação principal, podendo ser revistos a qualquer momento e até mesmo de ofício, sem que isso configure "reformatio in pejus". Aliás, a jurisprudência do STJ, já de longa data, é pacífica nesse sentido.[4]

Outro exemplo é a prescrição que, sendo matéria de ordem pública, pode ser conhecida inclusive de ofício, em qualquer fase processual, não caracterizando julgamento *extra petita*, de sorte a afirmar que não incide a vedação de *reformatio in pejus* na discussão dessa matéria.

Atenção: as contrarrazões são cabíveis apenas para impugnar os fundamentos de eventual recurso interposto, com o intuito de manutenção da decisão exarada, mostrando-se via inadequada para suscitar pedidos de reforma de decisão, consoante os princípios da *non reformatio in pejus* e do *tantum devolutum quantum appellatum*.[5]

8. LEGITIMIDADE PARA RECORRER

Em princípio só pode recorrer quem é parte no processo e sofreu o ônus da sucumbência (total ou parcial). Excepcionalmente pode o Ministério Público e o terceiro prejudicado também recorrer (CPC, art. 996).[6]

Cabe destacar as seguintes peculiaridades:

a) **Litisconsórcio:**

Se houver litisconsórcio unitário, o recurso de um a todos aproveita, pois a decisão terá que ser uniforme (CPC, art. 1.005).[7]

---

4. Súmula 45 – No reexame necessário, e defeso, ao tribunal, agravar a condenação imposta a fazenda pública. Data da Publicação – DJ 26.06.1992 p. 10156.
5. (STJ, AgInt no AREsp 1.215.213/MG , Relator: Ministro Luis Felipe Salomão, 4T, DJe 29/10/2018).
6. CPC, Art. 996. O recurso pode ser interposto pela parte vencida, pelo terceiro prejudicado e pelo Ministério Público, como parte ou como fiscal da ordem jurídica.
   Parágrafo único. Cumpre ao terceiro demonstrar a possibilidade de a decisão sobre a relação jurídica submetida à apreciação judicial atingir direito de que se afirme titular ou que possa discutir em juízo como substituto processual.
7. CPC, Art. 1.005. O recurso interposto por um dos litisconsortes a todos aproveita, salvo se distintos ou opostos os seus interesses.

LIÇÃO 1 • TEORIA GERAL DOS RECURSOS

b) Solidariedade passiva:

Havendo solidariedade passiva, o recurso interposto por um dos devedores aproveitará a todos os demais, quando as defesas lhes forem comuns (ver CPC, art. 1.005, parágrafo único).

c) Cada parte interporá seu próprio recurso:

A regra é que cada parte interporá o seu próprio recurso atento às exigências legais (ver CPC, art. 997, *caput*).

d) Recurso adesivo:

Se houver sucumbência recíproca (vencidos autor e réu), ambas as partes podem recorrer. Contudo, estabelece o *codex* que, se somente uma delas recorreu, é lícito à outra parte aderir ao recurso interposto no prazo de suas contrarrazões (CPC, art. 997, §§ 1º e 2º).[8]

9. DESISTÊNCIA DO RECURSO

De acordo com o Código de Processo Civil, o recorrente poderá, a qualquer tempo, desistir do recurso interposto e para isso não dependerá da anuência do recorrido ou dos litisconsortes (CPC, art. 998).[9]

É um ato processual unilateral que não depende de homologação judicial nem da concordância da parte ex adversa e, uma vez praticado, produz efeitos imediatos no processo, gerando a pronta e instante modificação, constituição ou extinção de direitos processuais.

A decisão que homologa pedido de desistência do recurso tem efeito *ex tunc* limitado à data do requerimento, prejudicando o interesse da parte adversa em prosseguir, de forma autônoma, no processo.[10]

Parágrafo único. Havendo solidariedade passiva, o recurso interposto por um devedor aproveitará aos outros quando as defesas opostas ao credor lhes forem comuns.

8. CPC, Art. 997. Cada parte interporá o recurso independentemente, no prazo e com observância das exigências legais.

§ 1º Sendo vencidos autor e réu, ao recurso interposto por qualquer deles poderá aderir o outro.

§ 2º O recurso adesivo fica subordinado ao recurso independente, sendo-lhe aplicáveis as mesmas regras deste quanto aos requisitos de admissibilidade e julgamento no tribunal, salvo disposição legal diversa, observado, ainda, o seguinte:

I – será dirigido ao órgão perante o qual o recurso independente fora interposto, no prazo de que a parte dispõe para responder;

II – será admissível na apelação, no recurso extraordinário e no recurso especial;

III – não será conhecido, se houver desistência do recurso principal ou se for ele considerado inadmissível

9. CPC, Art. 998. O recorrente poderá, a qualquer tempo, sem a anuência do recorrido ou dos litisconsortes, desistir do recurso.

Parágrafo único. A desistência do recurso não impede a análise de questão cuja repercussão geral já tenha sido reconhecida e daquela objeto de julgamento de recursos extraordinários ou especiais repetitivos.

10. (STJ – AgInt na DESIS no AREsp: 1757504 RJ 2020/0232307-0, Relator: João Otávio de Noronha, Data de Julgamento: 28/11/2022, T4 – Quarta Turma, Data de Publicação: DJe 30/11/2022).

Contudo, cumpre assinalar que, se o recurso interposto foi escolhido como paradigma para julgamento como recursos extraordinários ou especiais repetitivos ou se nele foi reconhecida a repercussão geral, o fato de a parte ter desistido não impede que a questão nele suscitada seja conhecida. Nesse caso é o interesse público que deve prevalecer, de sorte que a desistência não impedirá o conhecimento do recurso para o fim de apreciação da questão jurídica posta *sub judice*.

10. RENÚNCIA AO DIREITO DE RECORRER

A renúncia é ato unilateral e independe da aceitação da parte contrária (CPC, art. 999).[11] Em muito se assemelha com a desistência, porém a renúncia significa, em última análise, a não interposição do recurso no prazo que a parte tinha para o fazer; enquanto que na desistência o recurso já havia sido interposto.

A parte que aceitar expressa ou tacitamente a decisão não poderá recorrer. Será expressa quando a parte manifestar, por petição, que aceita a decisão e que dela não vai recorrer. De outro lado, será tácita quando a parte praticar ato incompatível com a vontade de recorrer (CPC, art. 1.000).[12]

> **Atenção:** dos despachos não cabe recurso porque, a rigor, eles não têm nenhuma carga decisória, de sorte a afirmar que não podem causar nenhum prejuízo às partes (CPC, art. 1.001).[13]

11. PRAZO PARA INTERPOSIÇÃO DO RECURSO E SUA CONTAGEM

Como regra geral, o prazo para interpor os recursos, assim como para responder-lhes é de 15 (quinze) dias.

> **Atenção:** contrariando a regra geral, os embargos de declaração terão prazo de 5 (cinco) dias.

Esse prazo de interposição é contado a partir da data em que os advogados, a sociedade de advogados, a Advocacia Pública, a Defensoria Pública ou o Ministério Público são intimados da decisão (CPC, art. 1.003).[14]

---

11. CPC, Art. 999. A renúncia ao direito de recorrer independe da aceitação da outra parte.
12. CPC, Art. 1.000. A parte que aceitar expressa ou tacitamente a decisão não poderá recorrer.
    Parágrafo único. Considera-se aceitação tácita a prática, sem nenhuma reserva, de ato incompatível com a vontade de recorrer.
13. CPC, Art. 1.001. Dos despachos não cabe recurso.
14. CPC, Art. 1.003. O prazo para interposição de recurso conta-se da data em que os advogados, a sociedade de advogados, a Advocacia Pública, a Defensoria Pública ou o Ministério Público são intimados da decisão.
    § 1º Os sujeitos previstos no *caput* considerar-se-ão intimados em audiência quando nesta for proferida a decisão.
    § 2º Aplica-se o disposto no art. 231, incisos I a VI, ao prazo de interposição de recurso pelo réu contra decisão proferida anteriormente à citação.

A intimação no sistema processual brasileiro normalmente é feita pela imprensa através da publicação da decisão. Contudo, pode ocorrer das partes saírem intimadas em audiência quando nesta for proferida a decisão.

A regra para a contagem dos prazos é aquela que se encontra insculpida no art. 231, do Código de Processo Civil, sendo certo que as disposições dos incisos I a VI, aplicam-se também à interposição de recurso pelo réu contra decisão proferida anteriormente à citação (ver CPC, art. 1.003, § 2º).

No prazo para interposição de recurso, a petição será protocolada eletronicamente (autos digitais) ou em cartório (autos físicos), conforme as normas de organização judiciária, ressalvado o disposto em regra especial. Se o recurso foi interposto através do correio, verifica-se a tempestividade pela data da postagem (ver CPC, art. 1.003, §§ 3º e 4º).

Atenção: Na eventualidade de o prazo final para interposição coincidir com feriado local, a parte deverá comprovar que na contagem do prazo deverá ser levado em consideração esta circunstância. Contudo, isso é temerário razão por que não se aconselha deixar a interposição para o último dia.

12. MORTE DA PARTE OU DO SEU ADVOGADO

Se, durante o prazo para a interposição do recurso, sobrevier o falecimento da parte ou de seu advogado ou ocorrer motivo de força maior que suspenda o curso do processo, será tal prazo restituído em proveito da parte, do herdeiro ou do sucessor, contra quem o prazo começará a correr novamente depois que o juiz determinar nova intimação (CPC, art. 1.004).[15]

13. PREPARO DO RECURSO

Esclareça-se que é chamado de **preparo** os valores atinentes às custas judiciais e outras despesas previstas na legislação que rege cada um dos tribunais.

---

§ 3º No prazo para interposição de recurso, a petição será protocolada em cartório ou conforme as normas de organização judiciária, ressalvado o disposto em regra especial.

§ 4º Para aferição da tempestividade do recurso remetido pelo correio, será considerada como data de interposição a data de postagem.

§ 5º Excetuados os embargos de declaração, o prazo para interpor os recursos e para responder-lhes é de 15 (quinze) dias.

§ 6º O recorrente comprovará a ocorrência de feriado local no ato de interposição do recurso, e, se não o fizer, o tribunal determinará a correção do vício formal, ou poderá desconsiderá-lo caso a informação já conste do processo eletrônico. (Redação dada pela Lei nº 14.939, de 2024)

15. CPC, Art. 1.004. Se, durante o prazo para a interposição do recurso, sobrevier o falecimento da parte ou de seu advogado ou ocorrer motivo de força maior que suspenda o curso do processo, será tal prazo restituído em proveito da parte, do herdeiro ou do sucessor, contra quem começará a correr novamente depois da intimação.

Estabelece o Código de Processo Civil que o recorrente comprovará, no ato de interposição do recurso, quando exigido pela legislação pertinente, o respectivo preparo, inclusive porte de remessa e de retorno, sob pena de deserção (CPC, art. 1.007).[16]

a) Dispensa do preparo:

São dispensados de preparo, inclusive porte de remessa e de retorno, os recursos interpostos pelo Ministério Público, pela União, pelo Distrito Federal, pelos Estados, pelos Municípios, e respectivas autarquias, e pelos que gozam de isenção legal, incluindo a Defensoria Pública.

b) Insuficiência do preparo:

Se a parte ao recolher os valores atinentes ao preparo, o fez a menor, inclusive porte de remessa e de retorno, implicará deserção se o recorrente, intimado na pessoa de seu advogado, não vier a supri-lo no prazo de 5 (cinco) dias.

c) Falta do preparo:

Se o recorrente não comprovar, no ato de interposição do recurso, o recolhimento do preparo, inclusive porte de remessa e de retorno, será intimado, na pessoa de seu advogado, para realizar o recolhimento em dobro, sob pena de deserção.

Atenção: nesse caso, a parte deverá ficar atenta porque não é admissível a complementação se houver insuficiência parcial do preparo, inclusive porte de remessa e de retorno.

d) Justo motivo para o não recolhimento:

Se o recorrente provar justo impedimento, o relator relevará a pena de deserção, por decisão irrecorrível, fixando-lhe prazo de 5 (cinco) dias para efetuar o preparo.

---

16. CPC, Art. 1.007. No ato de interposição do recurso, o recorrente comprovará, quando exigido pela legislação pertinente, o respectivo preparo, inclusive porte de remessa e de retorno, sob pena de deserção.

§ 1º São dispensados de preparo, inclusive porte de remessa e de retorno, os recursos interpostos pelo Ministério Público, pela União, pelo Distrito Federal, pelos Estados, pelos Municípios, e respectivas autarquias, e pelos que gozam de isenção legal.

§ 2º A insuficiência no valor do preparo, inclusive porte de remessa e de retorno, implicará deserção se o recorrente, intimado na pessoa de seu advogado, não vier a supri-lo no prazo de 5 (cinco) dias.

§ 3º É dispensado o recolhimento do porte de remessa e de retorno no processo em autos eletrônicos.

§ 4º O recorrente que não comprovar, no ato de interposição do recurso, o recolhimento do preparo, inclusive porte de remessa e de retorno, será intimado, na pessoa de seu advogado, para realizar o recolhimento em dobro, sob pena de deserção.

§ 5º É vedada a complementação se houver insuficiência parcial do preparo, inclusive porte de remessa e de retorno, no recolhimento realizado na forma do § 4º.

§ 6º Provando o recorrente justo impedimento, o relator relevará a pena de deserção, por decisão irrecorrível, fixando-lhe prazo de 5 (cinco) dias para efetuar o preparo.

§ 7º O equívoco no preenchimento da guia de custas não implicará a aplicação da pena de deserção, cabendo ao relator, na hipótese de dúvida quanto ao recolhimento, intimar o recorrente para sanar o vício no prazo de 5 (cinco) dias.

e) Erro no preenchimento das guias de recolhimento:

Na eventualidade de equívoco no preenchimento da guia de custas, isto não implicará a aplicação da pena de deserção, cabendo ao relator, na hipótese de dúvida quanto ao recolhimento, intimar o recorrente para sanar o vício no prazo de 5 (cinco) dias.

Atenção: Em situações excepcionais, é possível abrandar o rigor formal da exigência de correto preenchimento da guia de recolhimento do preparo recursal, quando se verificar que o erro não impossibilitou o ingresso dos valores devidos aos cofres públicos, e que foi possível vincular a mencionada guia ao processo e identificar a unidade de destino da verba, afastando-se, com isso, qualquer possibilidade de fraude ao sistema de recolhimento do tributo.[17]

d) Porte de remessa e de retorno:

O porte de remessa e retorno é um valor cobrado do recorrente para custear o envio de um processo entre o tribunal de origem e o Superior Tribunal de Justiça (STJ) ou Supremo Tribunal Federal (STF). Não há falar-se em recolhimento do porte de remessa e de retorno dos autos quando o processo for eletrônico.

14. TRÂNSITO EM JULGADO

O "trânsito em julgado" é um termo jurídico que indica o momento em que uma decisão, seja ela sentença ou acordão, se torna imutável e indiscutível, isto é, torna-se definitiva, não podendo mais ser objeto de novos e eventuais recursos.

Quer dizer, não tendo havido recurso no prazo estabelecido em lei ou tendo sido esgotada a possibilidade de interposição de novos recursos, a decisão torna-se definitiva e imutável. A isto chamamos de "trânsito em julgado". Quer dizer, daquela decisão não cabe mais nenhum tipo de recurso e agora ela se torna definitiva e obrigatória para todas as partes envolvidas.

Tendo havido recurso e depois de esgotada a interposição de novos recursos, o escrivão ou chefe da secretaria do tribunal certificará a ocorrência do fato, independentemente de qualquer despacho, e providenciará a baixa dos autos ao juízo de origem, no prazo de 5 (cinco) dias (CPC, art. 1.006).[18]

Depois da certificação do trânsito em julgado abre-se uma nova fase processual que é o cumprimento de sentença, isto se o réu não cumprir espontaneamente com

---

17. (STJ – EAREsp: 483201 DF 2014/0050367-4, Relator: Ministro Raul Araújo, Data de Julgamento: 30/03/2022, CE – Corte Especial, Data de Publicação: DJe 06/04/2022).

18. CPC, Art. 1.006. Certificado o trânsito em julgado, com menção expressa da data de sua ocorrência, o escrivão ou o chefe de secretaria, independentemente de despacho, providenciará a baixa dos autos ao juízo de origem, no prazo de 5 (cinco) dias.

o decidido. Não cumprida a decisão o cumprimento de sentença pode ser iniciado pelo autor da ação visando fazer cumprir a determinação da decisão transitada em julgado que pode ser uma obrigação de pagar, fazer ou não fazer, ou ainda, de entrega de coisa.

Atenção: a regra de imutabilidade da decisão transitada em julgado comporta uma exceção que é a possibilidade de interposição da ação rescisória, com a finalidade de cassar a decisão em face de situações bem pontuais como, por exemplo, a ação ter sido julgado por juiz corrupto ou por juiz incompetente, dentre outras, cujo prazo de prescrição é de 2 (dois) anos, contados da última decisão proferida naquele processo (ver CPC, 975).

15. DA COISA JULGADA (RES IUDICATA)[19]

A coisa julgada (material ou formal) não é propriamente um efeito da decisão judicial de mérito, mas uma qualidade desse efeito, qual seja, a imutabilidade da decisão. Quer dizer, contra aquela decisão não cabem mais recursos, o que a torna imutável, pois a mesma terá transitado em julgado e não mais poderá ser modificada (CPC, art. 502).[20]

Mesmo antes do atual CPC, antiga LINDB já conceituava o instituto: "Chama-se coisa julgada ou caso julgado a decisão judicial de que já não caiba recurso" (ver art. 6º, § 3º).

Uma definição para o instituto pode ser a seguinte: a coisa julgada é um instituto processual cujas raízes encontram-se na própria Constituição Federal e que tem como finalidade proporcionar maior segurança jurídica às relações firmadas entre as partes, a partir da imutabilidade do pronunciamento jurisdicional definitivo proferido em determinado processo, garantindo aos cidadãos que a decisão final dada sobre aquela demanda será definitiva, não podendo ser rediscutida, alterada ou desrespeitada, seja pelas partes, seja pelo próprio Poder Judiciário, exceto caso a matéria seja objeto de ação rescisória.[21]

Conforme vimos no item anterior, considera-se que a sentença ou o acórdão transitou em julgado quando contra aquele pronunciamento judicial não couber mais recurso, seja porque a parte esgotou todos os recursos possíveis, seja por não ter interposto nenhum no prazo legal. Quando estiverem esgotados todos os recursos possíveis de serem interpostos contra aquela decisão, ou por terem sido decididos ou por ter ocorrido a preclusão, a decisão torna-se imutável dentro daquele processo.

---

19. Conforme nossa obra *Lições de Processo Civil – Teoria Geral do Processo e Procedimento Especiais*, 4ª. ed. Indaiatuba: Foco, 2025, v. 1, p. 302.
20. CPC, Art. 502. Denomina-se coisa julgada material a autoridade que torna imutável e indiscutível a decisão de mérito não mais sujeita a recurso.
21. (TRT-1 – AP: 00104450320135010056 RJ, Relator: Leonardo Dias Borges, Décima Turma, Data de Publicação: 30/07/2021).

A consequência é que, não havendo mais recurso possível, a sentença ou acórdão se estabilizou e agora aquela solução dada pelo Poder Judiciário faz coisa julgada entre as partes, que podem ser de duas espécies:

a) **Coisa julgada formal:**

As decisões judiciais que fazem coisa julgada tipicamente formal são aquelas que extinguem o processo sem julgamento do mérito, ou seja, o processo foi encerrado por conter alguma irregularidade que impediu o conhecimento do mérito. Se a ação foi extinta sem julgamento do mérito, permite-se que a mesma ação seja novamente propostas desde que sanado o vício que impediu seu julgamento (CPC, art. 486).[22] Tendo havido a coisa julgada formal, o que se proíbe é a reabertura da discussão dentro daquele mesmo processo. A parte pode rediscutir, porém em outro processo novo.

b) **Coisa julgada material:**

Essa é a verdadeira coisa julgada. Este efeito é próprio dos julgamentos de mérito, isto é, naquelas sentenças ou acórdãos em que o magistrado decide a lide, de tal sorte a impedir que a pretensão seja novamente proposta. Quer dizer, aquilo que foi decidido não pode mais ser discutido em juízo, não só naquele processo como em nenhum outro. Ela é importante tendo em vista a necessidade de que o Estado ofereça segurança jurídica, tanto é verdade que nem mesmo a lei superveniente pode retroagir para modificar a coisa julgada (ver CF, art. 5º, XXXVI). Assim, coisa julgada material vai funcionar como lei entre as partes, já que a decisão irá produzir efeitos entre as partes, no mesmo processo ou em qualquer outro, vedando o reexame da questão porque já definitivamente analisada e julgada.

16. DOS EFEITOS DOS RECURSOS

A interposição de um recurso é ato processual que pode gerar diversos efeitos diferentes. Os dois efeitos mais tradicionais são o devolutivo e o suspensivo, porém existem outros, conforme veremos a seguir.

---

22. CPC, Art. 486. O pronunciamento judicial que não resolve o mérito não obsta a que a parte proponha de novo a ação.

§ 1º No caso de extinção em razão de litispendência e nos casos dos incisos I, IV, VI e VII do art. 485, a propositura da nova ação depende da correção do vício que levou à sentença sem resolução do mérito.

§ 2º A petição inicial, todavia, não será despachada sem a prova do pagamento ou do depósito das custas e dos honorários de advogado.

§ 3º Se o autor der causa, por 3 (três) vezes, a sentença fundada em abandono da causa, não poderá propor nova ação contra o réu com o mesmo objeto, ficando-lhe ressalvada, entretanto, a possibilidade de alegar em defesa o seu direito.

16.1 O efeito devolutivo

Todos os recursos são dotados do efeito devolutivo tendo em vista que, nos limites da matéria impugnada, é devolvido ao órgão *ad quem* a possibilidade de reapreciação do que já tenha sido decidido pelo juízo *a quo*.

Os tribunais, especialmente os órgãos de segundo grau de jurisdição, também obedecem ao princípio da inércia da jurisdição e ao princípio dispositivo, segundo o qual aquele que tem a iniciativa da ação ou do recurso é quem tem poder para estabelecer os limites da atuação jurisdicional, de modo que a decisão julgadora deve ficar adstrita (limitada) ao pedido do autor, ou do recorrente.

Em outras palavras, o recorrente quando elabora o seu recurso, faz um pedido recursal ao qual o magistrado deve ficar atrelado. Esse pedido pode consistir em uma reforma total ou apenas parcial da decisão recorrida. De outro lado, como o CPC, em regra, nega a possibilidade de pedido genérico (ver CPC, art. 324), também o pedido recursal deve ser delimitado e especificado. Quer dizer, é o pedido recursal que possibilita o reexame da matéria, pois é ele quem "devolve" ao juízo *ad quem* a possibilidade de revê-la dentro dos limites do pedido.

O efeito devolutivo transfere ao órgão *ad quem* o conhecimento da matéria impugnada, de modo que o novo julgamento ficará adstrito ao pedido recursal, representado pela máxima *tantum devolutum quantum appelatum*.

Esse princípio garante a *proibição da reformatio in pejus*, pois é vedado ao tribunal *ad quem* decidir de modo a piorar a situação do recorrente, por extrapolar o limite da devolutividade do recurso interposto.

> **Exceção:** quando se trata do recurso de apelação as regras acima são excepcionadas tendo em vista que o CPC admite possa o recorrido ampliar a matéria a ser julgada na apelação por ocasião de suas contrarrazões, já que lhe é dado a oportunidade de rediscutir questões que foram decididas no curso do processo e que não poderiam ser atacadas via agravo de instrumento (ver CPC, art. 1.009, § 1º e 2º). Além disso, poderão ser reapreciadas pelo tribunal todas as questões suscitadas e discutidas no processo que não tenham sido solucionadas pelo juízo a quo, assim como se houver mais de um pedido e o juiz tenha acolhido somente um deles (ver CPC, art. 1.013, §§ 1º e 2º).

> **Exemplo:** vamos imaginar que alguém ingressou com uma ação na qual pretende cobrar um determinado crédito. Depois da contestação o juiz reconhece a prescrição e extingue o processo com julgamento de mérito (nesse caso o juiz não analisou o pedido). O autor recorre dessa decisão e o tribunal, se afastar a prescrição, está autorizado a julgar o pedido (se o processo não depender de novas provas).

16.2 O efeito suspensivo

O efeito suspensivo dos recursos impede a eficácia da decisão que está sendo contestada, de modo que durante o trâmite do recurso não poderá haver o cumprimento definitivo da decisão. Por exemplo, interposta a apelação o resultado proferido na sentença de primeiro grau ficará em suspenso aguardando o resultado do julgamento do recurso.

Nos termos do Código de Processo Civil a regra é que os recursos não têm efeitos suspensivos. Contudo, essa regra comporta exceções, inclusive com a previsão de que o relator poderá atribuir efeito suspensivo nos casos expresso em lei, especialmente quando houver risco de dano irreparável ou de difícil reparação (CPC, art. 995).[23]

Dentre as exceções cabe destacar o recurso de apelação que, de regra, tem efeito suspensivo conforme vem preceituado no *caput* do art. 1.012. Quer dizer, atribuir efeito suspensivo à apelação, significa dizer que esse recurso tem força para impedir que a sentença produza efeitos imediatos no mundo dos fatos, devendo o vencedor esperar o julgamento do recurso no tribunal. Esse efeito suspensivo é *ope legis*, quer dizer, decorrente da própria lei.

Os demais recursos como, por exemplo, os embargos de declaração (ver CPC, art. 1.022, *caput*) e o agravo de instrumento (ver CPC, art. 1.019, I, a contrário senso) não possuem efeitos suspensivos. Apesar disso, o recorrente pode pleitear a atribuição do efeito suspensivo, visando suspender a eficácia da decisão recorrida, desde que expressamente o requeira e que demonstre a probabilidade de provimento do recurso ou se, sendo relevante a fundamentação, houver risco de dano grave ou de difícil reparação (ver CPC, art. 1.019, I, e art. 1.026, § 1º).

Da mesma forma para aqueles casos em que a apelação não tem efeito suspensivo (ver CPC, art. 1.012, § 1º). Para o apelante obter efeito suspensivo, poderá fazer o pedido incidentalmente ao relator, se a apelação já tiver sido distribuída; ou por petição dirigida ao tribunal, no período compreendido entre a interposição da apelação e sua distribuição. Neste último caso, fica o relator designado para seu exame prevento para julgá-la (ver CPC, art. 1.012, § 3º).

Em todos os casos de concessão de efeito suspensivo *ope judicis*, os elementos para sua concessão são aqueles previstos no parágrafo único do art. 995, *in verbis*: (I) se da imediata produção de seus efeitos houver risco de dano grave, de difícil ou impossível reparação; e (II) ficar demonstrada a probabilidade de provimento do recurso.

---

23. CPC, Art. 995. Os recursos não impedem a eficácia da decisão, salvo disposição legal ou decisão judicial em sentido diverso.

Parágrafo único. A eficácia da decisão recorrida poderá ser suspensa por decisão do relator, se da imediata produção de seus efeitos houver risco de dano grave, de difícil ou impossível reparação, e ficar demonstrada a probabilidade de provimento do recurso.

Efeito suspensivo ativo: em algumas situações o que o recorrente pede ao juízo *ad quem* é a concessão de uma medida que havia requerido ao juízo *a quo* e que lhe fora negado, ou seja, pede que o tribunal lhe dê aquilo que o juízo de primeiro grau lhe negou. Nesse caso, não se está pleiteando efeito suspensivo nenhum, até porque o juiz nada concedeu. É o caso, por exemplo, do pedido de tutela provisória requerida ao juiz da causa e negada pelo mesmo. A parte vai agravar dessa decisão e pedir ao relator que conceda à medida que lhe foi negada pelo juízo de primeiro grau. A isto a doutrina chama de efeito suspensivo ativo ou simplesmente efeito ativo.

16.3 Efeito translativo

Consiste na possibilidade de o tribunal poder tomar conhecimento de questões que não foram examinadas pelo juízo *a quo* e até mesmo aquelas que tenham sido objeto do recurso.

No recurso de apelação isto está muito claro tendo em vista o expresso texto de lei. Assim, todas as questões suscitadas e discutidas no processo, ainda que não tenham sido solucionadas, desde que relativas ao capítulo impugnado podem ser revistas independente de requerimento do recorrente (ver CPC, art. 1.013, § 1º). Assim como quando o pedido ou a defesa tiver mais de um fundamento e o juiz acolher apenas um deles, a apelação devolverá ao tribunal o conhecimento dos demais pedidos (ver CPC, art. 1.013, § 2º).

Ademais, o tribunal pode conhecer todas as matérias de ordem pública, mesmo as que não tenham sido suscitadas no recurso, nem tenham sido examinadas em primeiro grau. Nesse caso pode haver a piora da situação de quem recorreu, embora não se possa falar em *reformatio in pejus*.

Atenção: não têm efeito translativo o recurso especial, o recurso extraordinário e os embargos de divergência.

16.4 Efeito expansivo

Já vimos que por decorrência do efeito devolutivo o tribunal deve apreciar o recurso nos limites e na extensão do que foi impugnado pelo recorrente. Independente disso há determinadas situações em que o julgamento vai além desses limites.

Assim, quando os efeitos da decisão puderem atingir outras pessoas ou mesmo coisa que não havia sido pedida, a isso chamamos de efeito expansivo que pode ocorrer, por exemplo, no caso de apenas um litisconsorte apelar, pois no caso de procedência do apelo todos os outros podem eventualmente se beneficiar do resultado do recurso. É o caso do litisconsórcio unitário ou mesmo no simples, quando a matéria for comum a todos.

16.5 Efeito substitutivo

O efeito substitutivo é comum a todos os recursos. Ele é importante para deixar claro que ao final do processo existirá apenas uma decisão definitiva, sem conflitos internos, isto porque, a decisão proferida no julgamento realizado pelo tribunal substituirá a decisão naquilo que o recurso tenha impugnado (CPC, art. 1.008).[24]

Assim, no caso de apelação, por exemplo, se o tribunal acolher a tese do apelante e reformar a sentença, o que foi decidido pelo acórdão irá substituir o que havia sido determinado pela sentença que foi impugnada.

16.6 Efeito regressivo

Alguns recursos possuem o efeito regressivo, que significa, em última análise, a possibilidade de o órgão recorrido poder rever a sua própria decisão. É o típico caso do agravo de instrumento, tendo em vista que o juiz pode reconsiderar sua decisão e, se isso ocorrer o relator irá considerar o recurso prejudicado (ver CPC, art. 1.018, § 1º).

No recurso de apelação isto também é possível, porém, de forma mais restrita, como no caso do indeferimento da petição inicial (ver CPC, art. 331, *caput*) e nos casos em que o juiz proferir sentença sem julgamento de mérito (ver CPC, art. 485, § 7º).

---

24. CPC, Art. 1.008. O julgamento proferido pelo tribunal substituirá a decisão impugnada no que tiver sido objeto de recurso.

16.5 Efeito substitutivo

O efeito substitutivo é comum a todos os recursos. Ele é importante para deixar claro que ao final do processo existirá apenas uma decisão definitiva sem conflitos internos, isto porque a decisão proferida no julgamento realizado pelo tribunal substituirá a decisão daquilo que o recurso tenha impugnado (CPC, art. 1.008).

Assim, no caso de apelação, por exemplo, se o tribunal acolher a tese da apelante e reformar a sentença, o que foi decidido pelo acórdão irá substituir o que havia sido determinado pela sentença que for impugnada.

16.6 Efeito regressivo

Alguns recursos possuem o efeito regressivo, que significa, em suma, analisar a possibilidade de o órgão recorrido poder rever a sua própria decisão. É o típico caso do agravo de instrumento, tendo em vista que o juiz pode reconsiderar sua decisão e, se isso ocorrer, o relator irá considerar o recurso prejudicado (ver CPC, art. 1.018, § 1º).

No recurso de apelação isto também é possível, porém, de forma mais restrita, como no caso no indeferimento da petição inicial (ver CPC, art. 331, caput) e nos casos em que o juiz proferir sentença sem julgamento de mérito (ver CPC, art. 485, § 7º).

PARTE II
DA ORDEM DOS PROCESSOS NOS TRIBUNAIS

Lição 2
DA ORDEM DOS PROCESSOS NOS TRIBUNAIS

> **Sumário:** 1. Notas introdutórias – 2. Respeito aos precedentes jurisprudenciais – 3. Do julgamento de casos repetitivos – 4. Do registro e da distribuição – 5. Dos poderes e deveres do relator – 6. Proibição de decisão surpresa no âmbito dos tribunais – 7. Preparativos para o julgamento do recurso – 8. Sustentação oral – 9. Questão preliminar – 10. Vício sanável e conversão do julgamento em diligência – 11. Do pedido de vistas e do julgamento do recurso – 12. Julgamento estendido da apelação – 13. O acórdão e sua publicação.

1. NOTAS INTRODUTÓRIAS

O Código de Processo Civil começa este capítulo determinando, por assim dizer, que os tribunais mantenham sua jurisprudência uniformizada, estável, íntegra e coerente, editando súmulas na forma como estabelecida em seus respectivos regimentos interno (CPC, art. 926).[1]

Essa previsão legal de que os tribunais mantenham sua jurisprudência uniformizada, estável, íntegra e coerente é uma novidade, pois tal previsão não existia no CPC/73 e, é salutar que assim tenha sido determinado pelo legislador do *novel codex*.

Cumpre esclarecer que súmula espelha no seu enunciado a posição consolidada de um tribunal sobre determinada matéria, em face de reiterados julgamentos num mesmo sentido. É como se o tribunal dissesse para a sociedade que, naqueles casos sumulados, já se pode saber de antemão qual será o posicionamento que o tribunal irá adotar frente a recursos versando sobre aquelas matérias sumuladas.

Adverte ainda o legislador que ao editar enunciados de súmula, os tribunais devem ater-se às circunstâncias fáticas dos precedentes que motivaram sua criação.

---

1. CPC, Art. 926. Os tribunais devem uniformizar sua jurisprudência e mantê-la estável, íntegra e coerente.

   § 1º Na forma estabelecida e segundo os pressupostos fixados no regimento interno, os tribunais editarão enunciados de súmula correspondentes a sua jurisprudência dominante.

   § 2º Ao editar enunciados de súmula, os tribunais devem ater-se às circunstâncias fáticas dos precedentes que motivaram sua criação.

Significa dizer que as súmulas não podem ser criadas a partir de teorias ou textos legais descolados da realidade. As súmulas devem ser resultado de julgamento de casos práticos ocorridos na vida real (não pode ser elaboradas a partir de teorias abstratas).

A doutrina sobre o tema assevera que a questão das súmulas se trata, a bem da verdade, de uma preocupação central espelhada no Código de Processo Civil, cujo art. 926 impõe aos Tribunais a uniformização de sua jurisprudência para mantê-la estável, íntegra e coerente. Repise-se que a segurança jurídica quanto ao entendimento dos Tribunais pauta não apenas a atuação dos órgãos hierarquicamente inferiores, mas também o comportamento extraprocessual de pessoas envolvidas em controvérsias cuja solução já foi pacificada pela jurisprudência.[2]

Podemos, pois, concluir que Súmulas são como espelho a retratar um conjunto de decisões prolatadas com mesmo entendimento sobre determinada matéria, num determinado tribunal. E o legislador faz prevê que a jurisprudência deve estar uniformizada, por meio da edição de enunciados de súmulas, como meio de oferecer a sociedade um mínimo de segurança jurídica e previsibilidade.

2. RESPEITO AOS PRECEDENTES JURISPRUDENCIAIS

Com o CPC 2015 passou a existir, por assim dizer, um chamado "**direito jurisprudencial**"[3] a ser respeitado por todos os magistrados, de todos os níveis, o que tem suscitado inúmeras críticas.

Veja-se que na linha de uniformizar as decisões judiciais, estabelece o Código de Processo Civil que os juízes e os tribunais deverão "observar" em suas decisões, as decisões do Supremo Tribunal Federal em controle concentrado de constitucionalidade; assim como os enunciados de súmula vinculante; os acórdãos proferidos em incidente de assunção de competência ou de resolução de demandas repetitivas e em julgamento de recursos extraordinário e especial repetitivos; os enunciados das súmulas do Supremo Tribunal Federal em matéria constitucional e do Superior Tribunal de Justiça em matéria infraconstitucional; além da orientação do plenário ou do órgão especial aos quais estiverem vinculados (CPC, art. 927).[4]

---

2. FUX, Luiz; BODART, Bruno. Notas sobre o princípio da motivação e a uniformização da jurisprudência no novo Código de Processo Civil à luz da análise econômica do Direito. In: *Revista de Processo*, v. 269, jun. 2017, pp. 421-432.

3. Termo usado por Cassio Scarpinella Bueno. *Manual de direito processual civil*, p. 600.

4. CPC, Art. 927. Os juízes e os tribunais observarão:

I – as decisões do Supremo Tribunal Federal em controle concentrado de constitucionalidade;

II – os enunciados de súmula vinculante;

III – os acórdãos em incidente de assunção de competência ou de resolução de demandas repetitivas e em julgamento de recursos extraordinário e especial repetitivos;

IV – os enunciados das súmulas do Supremo Tribunal Federal em matéria constitucional e do Superior Tribunal de Justiça em matéria infraconstitucional;

LIÇÃO 2 • DA ORDEM DOS PROCESSOS NOS TRIBUNAIS **25**

O fato do CPC fixar essa orientação não exime o juiz de oportunizar às partes a manifestação prévia sobre pontos controvertidos, evitando assim as chamadas "decisões surpresas" (ver Novo CPC, art. 10). Da mesma forma, o magistrado não está isento de fundamentar adequadamente suas decisões, sob pena de nulidade. Quer dizer, não basta o magistrado apenas citar a súmula ou jurisprudência, mas sim apontar claramente quais as circunstâncias fáticas que se amolda àquela determinada orientação jurisprudencial (ver Novo CPC, art. 489, § 1º).

As alterações de enunciados de súmulas, de jurisprudência dominante nos tribunais superiores, bem como das teses adotadas no julgamento de casos repetitivos, deverão observar sempre a necessidade de fundamentação adequada e específica, considerando os princípios da segurança jurídica, da proteção, da confiança e da isonomia.

Por fim um alerta: os tribunais devem dar a mais ampla publicidade a seus precedentes, organizando-os por questão jurídica decidida e divulgando-os, preferencialmente, na rede mundial de computadores.

3. DO JULGAMENTO DE CASOS REPETITIVOS

Por "julgamento de casos repetitivos" deve ser entendida qualquer decisão proferida em incidente de resolução de demandas repetitivas (ver CPC, arts. 976 e ss.), bem como aquelas proferidas em recursos especial e extraordinário repetitivos (ver CPC, arts. 1.036 e ss.).

Vale anotar que o julgamento de casos repetitivos pode ter por objeto questão de direito material ou processual (CPC, art. 928).[5]

V – a orientação do plenário ou do órgão especial aos quais estiverem vinculados.

§ 1º Os juízes e os tribunais observarão o disposto no art. 10 e no art. 489, § 1º, quando decidirem com fundamento neste artigo.

§ 2º A alteração de tese jurídica adotada em enunciado de súmula ou em julgamento de casos repetitivos poderá ser precedida de audiências públicas e da participação de pessoas, órgãos ou entidades que possam contribuir para a rediscussão da tese.

§ 3º Na hipótese de alteração de jurisprudência dominante do Supremo Tribunal Federal e dos tribunais superiores ou daquela oriunda de julgamento de casos repetitivos, pode haver modulação dos efeitos da alteração no interesse social e no da segurança jurídica.

§ 4º A modificação de enunciado de súmula, de jurisprudência pacificada ou de tese adotada em julgamento de casos repetitivos observará a necessidade de fundamentação adequada e específica, considerando os princípios da segurança jurídica, da proteção da confiança e da isonomia.

§ 5º Os tribunais darão publicidade a seus precedentes, organizando-os por questão jurídica decidida e divulgando-os, preferencialmente, na rede mundial de computadores.

5. CPC, Art. 928. Para os fins deste Código, considera-se julgamento de casos repetitivos a decisão proferida em:

I – incidente de resolução de demandas repetitivas;

II – recursos especial e extraordinário repetitivos.

Parágrafo único. O julgamento de casos repetitivos tem por objeto questão de direito material ou processual.

Os julgamentos de casos repetitivos são por demais importantes como forma de garantir que as causas que visem resolver problemas iguais tenham a mesma solução, o que traz celeridade, isonomia e, principalmente, segurança jurídica.

Devemos saudar a iniciativa do legislador em positivar essa matéria tendo em vista a importância do tema, especialmente por dar tratamento diferenciado à denominada litigiosidade de massa.

Esse tipo de julgamento sistêmico de demandas permite que uma única decisão possa ser utilizada para a resolução de todos os processos pendentes versando sobre a mesma matéria, seja individual ou coletivo, fornecendo ainda tese jurídica aplicável aos processos futuros que versarem sobre a mesma questão de direito.

É importante registar ainda que o atual CPC, em várias passagens, procura valorizar a jurisprudência pátria e o Incidente de Resolução de Demandas Repetitivas se insere perfeitamente neste contexto.[6]

Para se ter uma ideia da importância deste tema vamos rememorar que o atraso na entrega de imóveis vendido na planta gerava as mais diversas decisões nos nossos tribunais. Tinha magistrado que entendia que o atraso gerava o dever automático de indenização pelo não uso do imóvel; outros entendiam que só seria indenizado se o comprador comprovasse os prejuízos do atraso; outros entendia que o prazo adicional de 180 (cento e oitenta dias) constante dos contratos era cláusula abusiva (outros não). Portanto havia decisões para todos os gostos.

O Superior Tribunal de Justiça afetou um recurso especial versando sobre a matéria para julgamento pelo rito de repetitivos e, dentre outras, fixou a seguinte tese: "No caso de descumprimento do prazo para a entrega do imóvel, incluído o período de tolerância, o prejuízo do comprador é presumido, consistente na injusta privação do uso do bem, a ensejar o pagamento de indenização, na forma de aluguel mensal, com base no valor locatício de imóvel assemelhado, com termo final na data da disponibilização da posse direta ao adquirente da unidade autônoma" (Tema 996).[7]

Essa tese é vinculante e atualmente é aplicável a qualquer ação que verse sobre este tema, em qualquer tribunal do Brasil, não podendo os magistrados decidirem diferentemente do que foi fixado no referido tema.

Isso gera economia processual, celeridade, isonomia e, principalmente, segurança jurídica já que situações iguais terão solução processual exatamente iguais.

4. DO REGISTRO E DA DISTRIBUIÇÃO

Os autos serão registrados no protocolo do tribunal no dia de sua entrada, cabendo à secretaria ordená-los, com imediata distribuição, podendo ser realizado pelo

---

6. Ver nossa obra *Código de Processo Civil* – Anotado e Comentado, 4ª. ed. Indaiatuba: Foco, 2025, p. 590.
7. (STJ – REsp: 1729593 SP 2018/0057203-9, Relator: Ministro Marco Aurélio Bellizze, Data de Publicação: DJ 02/08/2019).

LIÇÃO 2 • DA ORDEM DOS PROCESSOS NOS TRIBUNAIS **27**

sistema de "protocolo integrando", segundo as normas de organização judiciária de cada tribunal (CPC, art. 929).[8]

A distribuição será feita de acordo com o que estabelece o regimento interno do respectivo tribunal, observando-se a alternatividade, o sorteio eletrônico e a publicidade (CPC, art. 930).[9]

> **Prevenção:** o primeiro recurso protocolado no tribunal tornará prevento o relator para todos os demais recursos subsequentes interposto no mesmo processo ou em processo conexo.

Depois de distribuídos, os autos serão "imediatamente" conclusos ao relator, que, no prazo de 30 (trinta) dias, depois de elaborar o seu voto, deverá devolvê-lo à secretaria, com relatório (CPC, art. 931).[10]

5. DOS PODERES E DEVERES DO RELATOR

A figura do relator é bastante importante pelo que estabelece o Código de Processo Civil, pois é de sua incumbência (CPC, art. 932):[11]

---

8. CPC, Art. 929. Os autos serão registrados no protocolo do tribunal no dia de sua entrada, cabendo à secretaria ordená-los, com imediata distribuição.

    Parágrafo único. A critério do tribunal, os serviços de protocolo poderão ser descentralizados, mediante delegação a ofícios de justiça de primeiro grau.

9. CPC, Art. 930. Far-se-á a distribuição de acordo com o regimento interno do tribunal, observando-se a alternatividade, o sorteio eletrônico e a publicidade.

    Parágrafo único. O primeiro recurso protocolado no tribunal tornará prevento o relator para eventual recurso subsequente interposto no mesmo processo ou em processo conexo.

10. CPC, Art. 931. Distribuídos, os autos serão imediatamente conclusos ao relator, que, em 30 (trinta) dias, depois de elaborar o voto, restituí-los-á, com relatório, à secretaria.

11. CPC, Art. 932. Incumbe ao relator:

    I – dirigir e ordenar o processo no tribunal, inclusive em relação à produção de prova, bem como, quando for o caso, homologar autocomposição das partes;

    II – apreciar o pedido de tutela provisória nos recursos e nos processos de competência originária do tribunal;

    III – não conhecer de recurso inadmissível, prejudicado ou que não tenha impugnado especificamente os fundamentos da decisão recorrida;

    IV – negar provimento a recurso que for contrário a:

    a) súmula do Supremo Tribunal Federal, do Superior Tribunal de Justiça ou do próprio tribunal;

    b) acórdão proferido pelo Supremo Tribunal Federal ou pelo Superior Tribunal de Justiça em julgamento de recursos repetitivos;

    c) entendimento firmado em incidente de resolução de demandas repetitivas ou de assunção de competência;

    V – depois de facultada a apresentação de contrarrazões, dar provimento ao recurso se a decisão recorrida for contrária a:

    a) súmula do Supremo Tribunal Federal, do Superior Tribunal de Justiça ou do próprio tribunal;

    b) acórdão proferido pelo Supremo Tribunal Federal ou pelo Superior Tribunal de Justiça em julgamento de recursos repetitivos;

    c) entendimento firmado em incidente de resolução de demandas repetitivas ou de assunção de competência;

a) Dirigir e ordenar o processo:

Cabe ao relator dirigir e ordenar o processo no tribunal, inclusive em relação à produção de prova, bem como, quando for o caso, homologar autocomposição das partes.

b) Apreciar o pedido de tutela provisória:

Cabe também ao relator apreciar o pedido de tutela provisória nos recursos e nos processos de competência originária do tribunal.

c) Não conhecer de recurso inadmissível, prejudicado ou que não tenha impugnado especificamente os fundamentos da decisão recorrida:

Significa dizer que o relator deverá verificar os pressupostos de admissibilidade do recurso (intrínsecos e extrínsecos). Porém, antes de decidir o relator deverá oportunizar a parte a possibilidade de sanar o vício ou complementar a documentação necessária.

d) Negar provimento a recurso que for contrário a súmula dos tribunais superiores ou do próprio tribunal; a acórdão proferido pelo STF ou STJ em julgamento de recursos repetitivos; e, a entendimento firmado em incidente de resolução de demandas repetitivas ou de assunção de competência:

Nesse caso o relator estará julgando monocraticamente o mérito do recurso com base nos precedentes acima enumerados.

e) Dar provimento a recurso se a decisão recorrida for contrária a súmula dos tribunais superiores ou do próprio tribunal; a acórdão proferido pelo STF ou STJ em julgamento de recursos repetitivos; e, a entendimento firmado em incidente de resolução de demandas repetitivas ou de assunção de competência:

Aqui também é caso de julgamento monocrático pelo relator, que estará julgando o mérito do recurso com base nos precedentes acima enumerados.

6. PROIBIÇÃO DE DECISÃO SURPRESA NO ÂMBITO DOS TRIBUNAIS

No âmbito dos processos nos tribunais, o legislador fez questão de reafirmar um dos princípios basilares do Código de Processo Civil: a proibição de decisão surpresa (ver CPC, arts. 9º e 10).

VI – decidir o incidente de desconsideração da personalidade jurídica, quando este for instaurado originariamente perante o tribunal;

VII – determinar a intimação do Ministério Público, quando for o caso;

VIII – exercer outras atribuições estabelecidas no regimento interno do tribunal.

Parágrafo único. Antes de considerar inadmissível o recurso, o relator concederá o prazo de 5 (cinco) dias ao recorrente para que seja sanado vício ou complementada a documentação exigível.

Agora, mesmo na fase recursal, o relator está obrigado a intimar as partes para que se manifestem no prazo de 5 (cinco) dias, sobre fato superveniente à decisão recorrida ou a existência de questão apreciável de ofício ainda não examinada, mas que devam ser considerados no julgamento do recurso (CPC, art. 933).[12]

A preocupação do legislador foi tão grande que fez prever inclusive a hipótese de que a questão prejudicial possa vir à tona já quando do julgamento do processo quando então o julgamento deverá ser suspenso, a fim de que as partes possam se manifestar especificamente sobre o tema novo.

7. PREPARATIVOS PARA O JULGAMENTO DO RECURSO

Após o relator examinar os autos e, não sendo o caso de julgamento monocrático, irá preparar seu voto e devolverá os autos ao cartório (ver CPC, art. 931). Depois disso, os autos serão apresentados ao presidente, que designará dia para julgamento, ordenando a publicação da pauta no órgão oficial (CPC, art. 934).[13]

Entre a data de publicação da pauta e a da sessão de julgamento haverá um prazo de, no mínimo, 5 (cinco) dias, incluindo-se em nova pauta os processos que não tenham sido julgados, salvo aqueles cujo julgamento tiver sido expressamente adiado para a primeira sessão seguinte. Nesse intervalo, as partes poderão ter acesso aos autos que permanecerão em cartório após a publicação da pauta de julgamento, pauta esta que será afixada na entrada da sala, no dia da sessão de julgamento (CPC, art. 935).[14]

Ressalvadas as preferências legais e regimentais, os recursos, a remessa necessária e os processos de competência originária, serão julgados primeiro os processos cujos advogados tenham feito inscrição para sustentação oral, na ordem de inscrição. Depois serão julgados aqueles em que os interessados tenham pedido "preferência".

---

12. CPC, Art. 933. Se o relator constatar a ocorrência de fato superveniente a decisão recorrida ou a existência de questão apreciável de ofício ainda não examinada que devam ser considerados no julgamento do recurso, intimará as partes para que se manifestem no prazo de 5 (cinco) dias.
    § 1º Se a constatação ocorrer durante a sessão de julgamento, esse será imediatamente suspenso a fim de que as partes se manifestem especificamente.
    § 2º Se a constatação se der em vista dos autos, deverá o juiz que a solicitou encaminhá-los ao relator, que tomará as providências previstas no caput e, em seguida, solicitará a inclusão do feito em pauta para prosseguimento do julgamento, com submissão integral da nova questão aos julgadores.
13. CPC, Art. 934. Em seguida, os autos serão apresentados ao presidente, que designará dia para julgamento, ordenando, em todas as hipóteses previstas neste Livro, a publicação da pauta no órgão oficial.
14. CPC, Art. 935. Entre a data de publicação da pauta e a da sessão de julgamento decorrerá, pelo menos, o prazo de 5 (cinco) dias, incluindo-se em nova pauta os processos que não tenham sido julgados, salvo aqueles cujo julgamento tiver sido expressamente adiado para a primeira sessão seguinte.
    § 1º Às partes será permitida vista dos autos em cartório após a publicação da pauta de julgamento.
    § 2º Afixar-se-á a pauta na entrada da sala em que se realizar a sessão de julgamento.

Em seguida os processos cujo julgamento tenha iniciado em sessão anterior e, por fim, outros eventuais casos previstos em leis esparsas (CPC, art. 936).[15]

8. SUSTENTAÇÃO ORAL

Os advogados tanto do recorrente quando do recorrido, assim também o membro do Ministério Público quando lhe cabe intervir, tem o direito de sustentar oralmente as suas razões, pelo prazo improrrogável de 15 (quinze) minutos, no dia da sessão de julgamento (CPC, art. 937).[16]

Porém não é em todo e qualquer recurso que é cabível a sustentação oral. O CPC estabelece que cabe sustentação no recurso de apelação; no recurso ordinário; no recurso especial; no recurso extraordinário; nos embargos de divergência; na ação rescisória, no mandado de segurança e na reclamação; bem como no agravo de instrumento que tenham sido interpostos contra decisões interlocutórias que versem sobre tutelas provisórias de urgência ou da evidência.

Além destas hipóteses taxativamente previstas no CPC, pode haver outras hipóteses previstas em lei ou mesmo no regimento interno dos tribunais.

---

15. CPC, Art. 936. Ressalvadas as preferências legais e regimentais, os recursos, a remessa necessária e os processos de competência originária serão julgados na seguinte ordem:
    I – aqueles nos quais houver sustentação oral, observada a ordem dos requerimentos;
    II – os requerimentos de preferência apresentados até o início da sessão de julgamento;
    III – aqueles cujo julgamento tenha iniciado em sessão anterior; e
    IV – os demais casos.
16. CPC, Art. 937. Na sessão de julgamento, depois da exposição da causa pelo relator, o presidente dará a palavra, sucessivamente, ao recorrente, ao recorrido e, nos casos de sua intervenção, ao membro do Ministério Público, pelo prazo improrrogável de 15 (quinze) minutos para cada um, a fim de sustentarem suas razões, nas seguintes hipóteses, nos termos da parte final do caput do art. 1.021:
    I – no recurso de apelação;
    II – no recurso ordinário;
    III – no recurso especial;
    IV – no recurso extraordinário;
    V – nos embargos de divergência;
    VI – na ação rescisória, no mandado de segurança e na reclamação;
    VII – (VETADO);
    VIII – no agravo de instrumento interposto contra decisões interlocutórias que versem sobre tutelas provisórias de urgência ou da evidência;
    IX – em outras hipóteses previstas em lei ou no regimento interno do tribunal.
    § 1º A sustentação oral no incidente de resolução de demandas repetitivas observará o disposto no art. 984, no que couber.
    § 2º O procurador que desejar proferir sustentação oral poderá requerer, até o início da sessão, que o processo seja julgado em primeiro lugar, sem prejuízo das preferências legais.
    § 3º Nos processos de competência originária previstos no inciso VI, caberá sustentação oral no agravo interno interposto contra decisão de relator que o extinga.
    § 4º É permitido ao advogado com domicílio profissional em cidade diversa daquela onde está sediado o tribunal realizar sustentação oral por meio de videoconferência ou outro recurso tecnológico de transmissão de sons e imagens em tempo real, desde que o requeira até o dia anterior ao da sessão.

Aquele que pretender fazer sustentação oral poderá requerer, até o início da sessão, que o processo seja julgado em primeiro lugar, sem prejuízo das preferências legais. Permite-se até que a sustentação oral possa ser feita por videoconferência ou outro meio idôneo quando o advogado tiver domicílio profissional em cidade diversa daquela onde está sediado o tribunal. Para isso o advogado deve requerer e justificar tal fato até o dia anterior à realização da sessão.

> **Atenção:** nos processos de competência originária, caberá excepcionalmente, sustentação oral no agravo interno interposto contra decisão de relator que o extinga.

9. QUESTÃO PRELIMINAR

Tratando-se de questão preliminar, a mesma deverá ser decidida pelo colegiado antes do julgamento do mérito. É importante que seja assim porque o conhecimento da preliminar poderá, em certos casos, inviabilizar o conhecimento do mérito do recurso, especialmente quando for incompatível com a decisão (CPC, art. 938).[17]

Importante lembrar que as preliminares aqui mencionadas são de toda ordem, desde as preliminares recursais (falta dos requisitos intrínsecos ou extrínsecos); preliminares de mérito (aquelas matérias elencadas no art. 337, do CPC); prejudiciais de mérito (prescrição e decadência); e, finalmente, as eventuais nulidades.

10. VÍCIO SANÁVEL E CONVERSÃO DO JULGAMENTO EM DILIGÊNCIA

Se for constatado vício passível de ser sanado, inclusive aquele que possa ser conhecido de ofício, o relator determinará a realização ou a renovação do ato processual, no próprio tribunal ou em primeiro grau de jurisdição, intimando as partes para participarem. Trata-se de hipótese de aproveitamento dos atos processuais já praticados, permitindo-se ao relator do processo no tribunal corrigir os vícios e imperfeições que dificultem ou impossibilitem o julgamento do recurso (ver CPC, art. 938, §§ 1º e 2º).

---

17. CPC, Art. 938. A questão preliminar suscitada no julgamento será decidida antes do mérito, deste não se conhecendo caso seja incompatível com a decisão.

    § 1º Constatada a ocorrência de vício sanável, inclusive aquele que possa ser conhecido de ofício, o relator determinará a realização ou a renovação do ato processual, no próprio tribunal ou em primeiro grau de jurisdição, intimadas as partes.

    § 2º Cumprida a diligência de que trata o § 1º, o relator, sempre que possível, prosseguirá no julgamento do recurso.

    § 3º Reconhecida a necessidade de produção de prova, o relator converterá o julgamento em diligência, que se realizará no tribunal ou em primeiro grau de jurisdição, decidindo-se o recurso após a conclusão da instrução.

    § 4º Quando não determinadas pelo relator, as providências indicadas nos §§ 1º e 3º poderão ser determinadas pelo órgão competente para julgamento do recurso.

Se houver a necessidade de realização de prova, o relator converterá o julgamento em diligência, que se realizará no tribunal ou em primeiro grau de jurisdição, decidindo-se o recurso após a conclusão da instrução. Quando não determinadas pelo relator, as providências aqui indicadas poderão ser determinadas pelo órgão competente para julgamento do recurso (ver CPC, art. 938, 3º e 4º).

Depois de cumprida a diligência que tenha sido determinada, o relator, sempre que possível, prosseguirá no julgamento do recurso.

Se a preliminar for rejeitada ou se a apreciação do mérito for com ela compatível, seguir-se-ão a discussão e o julgamento da matéria principal, sobre a qual deverão se pronunciar os juízes vencidos na preliminar (CPC, art. 939).[18]

11. DO PEDIDO DE VISTAS E DO JULGAMENTO DO RECURSO

O julgamento do recurso no tribunal segue a seguinte ordem: primeiro o relator faz a leitura do relatório de seu voto; em seguida é dada a palavra aos advogados para sustentação oral; depois a palavra volta para o relator que irá proferir seu voto; depois será colhido o votos dos demais participantes do julgamento; e, finalmente, o presidente do órgão colegiado proferirá o resultado.

No momento do julgamento, qualquer dos magistrados que vão participar, até mesmo o relator, poderá pedir vista do processo. Isto significa que o recurso será retirado da pauta de julgamento daquele dia para que o requerente possa melhor estudar a matéria. O prazo máximo do pedido de vista é de 10 (dez) dias e após isso o recurso será reincluído em pauta para julgamento na sessão seguinte à data da devolução (CPC, art. 940).[19]

Se os autos não forem devolvidos tempestivamente ou se não for solicitada pelo juiz prorrogação de prazo de no máximo mais 10 (dez) dias, o presidente do órgão fracionário os requisitará para julgamento do recurso na sessão ordinária subsequente, com publicação da pauta em que for incluído.

---

18. CPC, Art. 939. Se a preliminar for rejeitada ou se a apreciação do mérito for com ela compatível, seguir-se-ão a discussão e o julgamento da matéria principal, sobre a qual deverão se pronunciar os juízes vencidos na preliminar.
19. CPC, Art. 940. O relator ou outro juiz que não se considerar habilitado a proferir imediatamente seu voto poderá solicitar vista pelo prazo máximo de 10 (dez) dias, após o qual o recurso será reincluído em pauta para julgamento na sessão seguinte à data da devolução.

    § 1º Se os autos não forem devolvidos tempestivamente ou se não for solicitada pelo juiz prorrogação de prazo de no máximo mais 10 (dez) dias, o presidente do órgão fracionário os requisitará para julgamento do recurso na sessão ordinária subsequente, com publicação da pauta em que for incluído.

    § 2º Quando requisitar os autos na forma do § 1º, se aquele que fez o pedido de vista ainda não se sentir habilitado a votar, o presidente convocará substituto para proferir voto, na forma estabelecida no regimento interno do tribunal.

Se isso ocorrer e se o magistrado que pediu vistas ainda não se sentir habilitado a votar, o presidente convocará outro magistrado para substituí-lo na votação, na forma estabelecida no regimento interno do tribunal.

Depois de proferidos todos os votos, o presidente anunciará o resultado do julgamento, designando para redigir o acórdão o relator ou, se ele foi vencido, o autor do primeiro voto vencedor (CPC, art. 941).[20]

O voto poderá ser alterado até o momento da proclamação do resultado pelo presidente, salvo aquele já proferido por juiz afastado ou substituído. Significa que se antes do pedido de vista algum magistrado já tenha proferido voto, esse voto pode ser modificado na volta do recurso a pauta de julgamento. O voto vencido será necessariamente declarado e considerado parte integrante do acórdão para todos os fins legais, inclusive de pré-questionamento.

Atenção: no julgamento de apelação ou de agravo de instrumento, a decisão será tomada, no órgão colegiado, pelo voto de 3 (três) juízes.

Importante: se no mesmo processo foi interposto agravo de instrumento e apelação, o agravo será julgado antes da apelação (CPC, art. 946).[21]

12. JULGAMENTO ESTENDIDO DA APELAÇÃO

Quando o julgamento da apelação for por maioria, isto é, não for unânime, o julgamento terá prosseguimento na mesma sessão, ou em sessão a ser designada, com a presença de outros julgadores, que serão convocados nos termos previamente definidos no regimento interno, em número suficiente para garantir a possibilidade de inversão do resultado inicial, assegurado às partes e a eventuais terceiros o direito de sustentar oralmente suas razões perante os novos julgadores (CPC, art. 942).[22]

---

20. CPC, Art. 941. Proferidos os votos, o presidente anunciará o resultado do julgamento, designando para redigir o acórdão o relator ou, se vencido este, o autor do primeiro voto vencedor.

    § 1º O voto poderá ser alterado até o momento da proclamação do resultado pelo presidente, salvo aquele já proferido por juiz afastado ou substituído.

    § 2º No julgamento de apelação ou de agravo de instrumento, a decisão será tomada, no órgão colegiado, pelo voto de 3 (três) juízes.

    § 3º O voto vencido será necessariamente declarado e considerado parte integrante do acórdão para todos os fins legais, inclusive de pré-questionamento.

21. CPC, Art. 946. O agravo de instrumento será julgado antes da apelação interposta no mesmo processo.

    Parágrafo único. Se ambos os recursos de que trata o caput houverem de ser julgados na mesma sessão, terá precedência o agravo de instrumento.

22. CPC, Art. 942. Quando o resultado da apelação for não unânime, o julgamento terá prosseguimento em sessão a ser designada com a presença de outros julgadores, que serão convocados nos termos previamente definidos no regimento interno, em número suficiente para garantir a possibilidade de inversão do resultado inicial, assegurado às partes e a eventuais terceiros o direito de sustentar oralmente suas razões perante os novos julgadores.

    § 1º Sendo possível, o prosseguimento do julgamento dar-se-á na mesma sessão, colhendo-se os votos de outros julgadores que porventura componham o órgão colegiado.

Além da apelação, aplica-se este mesmo procedimento no julgamento das ações rescisórias quando o resultado for a rescisão da sentença, devendo, nesse caso, seu prosseguimento ocorrer em órgão de maior composição previsto no regimento interno; e, nos agravos de instrumento quando houver reforma da decisão que julgar parcialmente o mérito.

Também nessa fase de julgamento é permitido aos magistrados que já tenham votado fazerem a revisão de seus respectivos votos, se for o caso.

A denominação de "julgamento estendido da apelação" é utilizada pelo Des. João Carlos Saletti e tomamos emprestado. Outros doutrinadores atribuem outros nomes ao instituto, tais como: de "embargos de prolongamento do julgamento não unânime"; "julgamento ampliado de votação não unânime"; "remessa necessária de votação não unânime"; ou ainda, "incidente de colegialidade". Contudo, o nome que se dê ao instituto é o que menos importa.

Importante deixar bem claro que esse é apenas um incidente, isto é, não se trata de recurso, mas de mero prosseguimento de julgamento com ampliação do quórum de juízes que proferirão voto.

O ideal é o prosseguimento do julgamento na mesma sessão, tomando-se voto de outros componentes do órgão colegiado que estejam presentes. Contudo, se isso não for possível, o julgamento deverá prosseguir em nova sessão, convocando-se outros julgadores, devendo ser assegurado o direito a nova sustentação oral.

Alguns doutrinadores têm defendido o instituto afirmando que ele, a um só tempo, busca conciliar a celeridade processual, evitando a interposição de mais um recurso, com o duplo grau de jurisdição e a uniformidade e estabilidade da jurisprudência. Dessa forma, em julgamentos não unânimes, mesmo sem a previsão de interposição de embargos infringentes, as partes têm a garantia de que o voto divergente, bem como toda a matéria em discussão, será analisada de forma minudente por um órgão colegiado ampliado, que buscará aplicar a melhor solução ao caso concreto.[23]

---

§ 2º Os julgadores que já tiverem votado poderão rever seus votos por ocasião do prosseguimento do julgamento.

§ 3º A técnica de julgamento prevista neste artigo aplica-se, igualmente, ao julgamento não unânime proferido em:

I – ação rescisória, quando o resultado for a rescisão da sentença, devendo, nesse caso, seu prosseguimento ocorrer em órgão de maior composição previsto no regimento interno;

II – agravo de instrumento, quando houver reforma da decisão que julgar parcialmente o mérito.

§ 4º Não se aplica o disposto neste artigo ao julgamento:

I – do incidente de assunção de competência e ao de resolução de demandas repetitivas;

II – da remessa necessária;

III – não unânime proferido, nos tribunais, pelo plenário ou pela corte especial.

23. Dentre eles merece destaque Marcus Vinicius Furtado Coêlho. Art. 942 do CPC - Técnica de ampliação do colegiado. Disponível em: https://www.migalhas.com.br/coluna/cpc-marcado/296489/art--942-do-cpc---%20tecnica-de-ampliacao-do-colegiado – Acesso 21/1/25.

Repita-se: não se confunda este instituto com recurso, pois de recurso não se trata. Trata-se apenas de uma nova técnica de julgamento que visa valorizar o voto minoritário.

Curiosidade: no Código de Processo Civil de 1973 (revogado) havia algo parecido que era um recurso chamado de "embargos infringentes".

13. O ACÓRDÃO E SUA PUBLICAÇÃO

Os votos, os acórdãos e os demais atos processuais podem ser registrados em documento eletrônico inviolável e assinados eletronicamente, na forma da lei. Se os autos do processo do qual se originou o recurso não for eletrônico, deverá ser impresso o acórdão para juntada aos autos (CPC, art. 943).[24]

Todo acórdão é composto de duas partes: ementa e inteiro teor. A emenda é um pequeno resumo estruturado do que foi tratado no recurso e do que foi decidido. Já o inteiro teor é a parte do acórdão que contém todas as informações referentes ao recurso, tais como: qual foi a decisão que originou a irresignação do recorrente; quais as suas razões fáticas e jurídicas para recorrer; o que disse o recorrido em suas contrarrazões; qual o pensamento do relator com relação a questão com os fundamentos legais, jurisprudenciais e doutrinários aplicáveis à espécie, dentre outras questões.

Toda decisão deve ser publicada para conhecimento público. Costumamos dizer que enquanto não for publicada a decisão ela não existe para o mundo dos fatos. Quando se trata de acórdão, o que é publicado é apenas a sua ementa, cujo prazo será de 10 (dez) dias.

Atenção: se o acórdão não for publicado no prazo de 30 (trinta) dias, contado da data da sessão de julgamento, as notas taquigráficas o substituirão, para todos os fins legais, independentemente de revisão. Neste caso, o presidente do tribunal lavrará, de imediato, as conclusões e a ementa e mandará publicar o acórdão (CPC, art. 944).[25]

---

24. CPC, Art. 943. Os votos, os acórdãos e os demais atos processuais podem ser registrados em documento eletrônico inviolável e assinados eletronicamente, na forma da lei, devendo ser impressos para juntada aos autos do processo quando este não for eletrônico.

   § 1º Todo acórdão conterá ementa.

   § 2º Lavrado o acórdão, sua ementa será publicada no órgão oficial no prazo de 10 (dez) dias.

25. CPC, Art. 944. Não publicado o acórdão no prazo de 30 (trinta) dias, contado da data da sessão de julgamento, as notas taquigráficas o substituirão, para todos os fins legais, independentemente de revisão.

   Parágrafo único. No caso do *caput*, o presidente do tribunal lavrará, de imediato, as conclusões e a ementa e mandará publicar o acórdão.

Repita-se: não se confunda este instituto com recurso, pois de recurso não se trata. Trata-se apenas de uma nova técnica de julgamento que visa valorizar o voto minoritário.

Curiosidade: no Código de Processo Civil de 1973 (revogado) havia algo parecido que era um recurso chamado de "embargos infringentes".

15. O ACÓRDÃO E SUA PUBLICAÇÃO

Os votos, os acórdãos e os demais atos processuais podem ser registrados em documento eletrônico inviolável e assinados eletronicamente, na forma da lei. Se os autos do processo do qual se originou o recurso não for eletrônico, deverá ser impresso o acórdão para juntada aos autos (CPC, art. 943).[23]

Todo acórdão é composto de duas partes: ementa e inteiro teor. A ementa é um pequeno resumo estruturado do que foi tratado no recurso e do que foi decidido. Já o inteiro teor é a parte do acórdão que contém todas as informações referentes ao recurso, tais como: qual foi a decisão que originou a interposição do recurso; quais as suas razões fáticas e jurídicas; para se chegar ao que disse respeito em suas conclusões; qual o pensamento do relator com relação a questão; quais os fundamentos legais, jurisprudenciais e doutrinários aplicáveis a espécie, dentre outras questões.

Todo acórdão deve ser publicado para conhecimento público. Costumamos dizer que enquanto não for publicada a decisão ela não existe para o mundo dos fatos. Quando se trata de acórdão, o que é publicado é apenas a sua ementa, cujo prazo será de 10 (dez) dias.[24]

Atenção: se o acórdão não for publicado no prazo de 30 (trinta) dias, contado da data da sessão de julgamento, as notas taquigráficas o substituirão, para todos os fins legais, independentemente de revisão. Neste caso, o presidente do tribunal lavrará, de imediato, as conclusões e a ementa e mandará publicar o acórdão (CPC, art. 944).[25]

---

23. CPC, Art. 943. Os votos, os acórdãos e os demais atos processuais podem ser registrados em documento eletrônico inviolável e assinados eletronicamente, na forma da lei, devendo-se imprimi-los para juntada aos autos do processo quando esse não for eletrônico.

§ 1º Todo acórdão conterá ementa.

24. CPC, Art. 943, § 2º Lavrado o acórdão, sua ementa será publicada no órgão oficial no prazo de 10 (dez) dias.

25. CPC, Art. 944. Não publicado o acórdão no prazo de 30 (trinta) dias, contado da data da sessão de julgamento, as notas taquigráficas o substituirão, para todos os fins legais, independentemente de revisão.

Parágrafo único. No caso do caput, o presidente do tribunal lavrará de imediato, as conclusões e a ementa e mandará publicar o acórdão.

PARTE III
DOS PROCESSOS DE COMPETÊNCIA ORIGINÁRIA DOS TRIBUNAIS

PART III
DOS PROCESSOS DE COMPETÊNCIA
ORIGINÁRIA DOS TRIBUNAIS

LIÇÃO 3
DO INCIDENTE DE ASSUNÇÃO DE COMPETÊNCIA (IAC)

Sumário: 1. Notas introdutórias – 2. Legitimidade para suscitar o instituto e papel do relator – 3. Do julgamento – 4. Formação do precedente vinculante – 5. O STJ e o primeiro incidente de assunção de competência – 6. O Incidente de Assunção de Competência (Tema IAC 14/STJ).

1. NOTAS INTRODUTÓRIAS

Cumpre esclarecer inicialmente que o incidente de assunção de competência é instituto relacionado aos recursos, porém não é recurso propriamente dito. Aliás, apesar de relacionado aos recursos, como visto, ele não se aplica somente a eles, mas também à remessa necessária (que não é recurso) e aos processos de competência originária dos Tribunais (que também não são recursos).

Será admissível quando o julgamento de recurso, de remessa necessária ou de processo de competência originária envolver relevante questão de direito, com grande repercussão social, sem repetição em múltiplos processos (CPC, art. 947).[1]

O objetivo é evitar que ocorram decisões dispares em questões iguais julgadas em um mesmo tribunal. Quer dizer, vai funcionar como uma espécie de uniformização de jurisprudência.

---

1. CPC, Art. 947. É admissível a assunção de competência quando o julgamento de recurso, de remessa necessária ou de processo de competência originária envolver relevante questão de direito, com grande repercussão social, sem repetição em múltiplos processos.

   § 1º Ocorrendo a hipótese de assunção de competência, o relator proporá, de ofício ou a requerimento da parte, do Ministério Público ou da Defensoria Pública, que seja o recurso, a remessa necessária ou o processo de competência originária julgado pelo órgão colegiado que o regimento indicar.

   § 2º O órgão colegiado julgará o recurso, a remessa necessária ou o processo de competência originária se reconhecer interesse público na assunção de competência.

   § 3º O acórdão proferido em assunção de competência vinculará todos os juízes e órgãos fracionários, exceto se houver revisão de tese.

   § 4º Aplica-se o disposto neste artigo quando ocorrer relevante questão de direito a respeito da qual seja conveniente a prevenção ou a composição de divergência entre câmaras ou turmas do tribunal.

2. LEGITIMIDADE PARA SUSCITAR O INSTITUTO E PAPEL DO RELATOR

Tem legitimidade para provocar o incidente as partes, o Ministério Público, a Defensoria Pública e o próprio relator do processo no tribunal. Atente-se para o fato de que o relator pode provocar o incidente independente de provocação das partes interessada (de ofício).

Se dúvida restar, veja-se que nos termos como estatuído no parágrafo primeiro do art. 947 o relator, de ofício ou a requerimento de quem seja interessado (partes, Ministério Público ou Defensoria Pública) pode avocar o processo e determinar que o mesmo seja processado como "incidente de assunção de competência", quando o julgamento de recurso, de remessa necessária ou de processo de competência originária envolver relevante questão de direito, com grande repercussão social, sem repetição em múltiplos processos.

A decisão do relator é apenas valorativa da tese de que aquele determinado processo pode ser julgado como incidente de assunção de competência. Quer dizer, ele irá tão somente avaliar se o processo tem possibilidade de ser encaminhado ou não ao órgão colegiado, que é quem, em última análise, irá efetivamente julgar a questão e proferir o acórdão com efeito vinculante.

Proposto o incidente pelo relator, de ofício ou por requerimentos dos interessados, o órgão colegiado encarregado de julgar o incidente precisa reconhecer o interesse público e, se assim entender, julgará o recurso para o qual não tinha competência originária.

Assim, assunção de competência vai implicar no deslocamento da competência funcional de órgão fracionário que seria originariamente competente para julgar o recurso, processo de competência originário ou remessa necessária, para um órgão colegiado de maior composição definido no regimento interno como competente para o julgamento desta matéria (ver CPC, art. 947, § 2º).

3. DO JULGAMENTO

Se tal fato ocorrer, o processo será remetido para ser julgado pelo órgão colegiado que o regimento do tribunal indicar, de sorte a uniformizar a jurisprudência com relação à questão *sub judice*.

Nesse caso o acórdão proferido no julgamento terá efeito vinculante em relação a todos os juízes e órgãos fracionários, exceto se houver revisão de tese. De outro lado, se o órgão entender que não é o caso de aplicar as regras do incidente, o processo será devolvido ao órgão fracionário de origem para o julgamento de forma regular.

4. FORMAÇÃO DO PRECEDENTE VINCULANTE

O julgamento proferido no incidente de assunção de competência é vinculante e obriga todos os juízes a aplicarem a mesma tese nos recursos e processo em andamento quando da prolação da decisão, assim como aos processos que futuramente venham a ser propostos com base na mesma tese jurídica.

5. O STJ E O PRIMEIRO INCIDENTE DE ASSUNÇÃO DE COMPETÊNCIA

Em 22 de fevereiro de 2017 foi noticiado no site do STJ que aquele tribunal admitiu pela primeira vez em recurso especial, o incidente de assunção de competência, tendo sido afetado o REsp 1.604.412 para ser julgado como caso paradigma.[2]

A divergência, segundo o ministro Marco Aurélio Bellizze, deverá ser definida pela Segunda Seção do STJ. Trata-se de definir se, para o reconhecimento da prescrição intercorrente, é imprescindível a intimação do credor; também deve definir a garantia de oportunidade para que o autor dê andamento ao processo paralisado por prazo superior àquele previsto para a prescrição da pretensão executiva.

O ministro destacou que havia decisões da 3ª turma no sentido da ocorrência de prescrição intercorrente quando o exequente de dívida permanece inerte por prazo superior ao de prescrição do direito material vindicado. Entretanto, o magistrado ressaltou decisões da 4ª turma segundo as quais, para o reconhecimento da prescrição intercorrente, seria imprescindível a comprovação da inércia do exequente, mediante intimação pessoal do autor para diligenciar nos autos.

Dessa forma a divergência existente entre a terceira e a quarta turma do STJ, ainda que não existissem milhares de casos, autorizava o julgamento como incidente de assunção de competência, cabendo agora ao órgão julgador dar a palavra final sobre o tema, cujo resultado terá efeito vinculante.

No julgamento desse primeiro Incidente de Assunção de Competência (IAC), o STJ estabeleceu a tese de que, mesmo nas hipóteses de declaração de ofício da prescrição intercorrente regidas pelo CPC/1973, é imprescindível a prévia intimação do credor para assegurar-lhe a oportunidade de suscitar eventual óbice ao reconhecimento do decurso do prazo prescricional, em virtude da necessidade de observância dos princípios do contraditório e da ampla defesa.

---

2. Disponível em: http://www.stj.jus.br/sites/STJ/default/pt_BR/Comunica%C3%A7%C3%A3º/noticias/Not%C3%ADcias/Tribunal-admite-primeiro-incidente-de-assun%C3%A7%C3%A3º-de-compet%C3%A-Ancia-em-recurso-especial.

6.   O INCIDENTE DE ASSUNÇÃO DE COMPETÊNCIA (TEMA IAC 14/STJ)

Mais recentemente o Superior Tribunal de Justiça, julgou em 12/4/2023, a questão atinente ao litisconsórcio necessário entre os entes federativos (União, Estados e Município) no que diz respeito ao fornecimento de medicamento não incorporado ao SUS, porém com registro na ANVISA.

Conforme informações no site do STJ, a controvérsia consistiu em analisar se compete ao autor a faculdade de eleger contra quem pretende demandar na hipótese de medicamento não incluído nas políticas públicas, mas devidamente registrado na ANVISA, considerando a responsabilidade solidária dos entes federados na prestação de saúde. E, em consequência, examinar se é indevida a inclusão da União no polo passivo da demanda, seja por ato de ofício, seja por intimação da parte para emendar a inicial, sem prévia consulta à Justiça Federal.

Considerando que a obrigatoriedade de se formar litisconsórcio é determinada pela lei ou pela natureza da relação jurídica, não se vislumbram os requisitos para formação do referido instituto nas demandas relativas à saúde propostas com o objetivo de compelir os entes federados ao cumprimento da obrigação de fazer consistente na dispensação de medicamentos não inseridos na lista do SUS, mas registrados na ANVISA. Isso porque, na solidariedade passiva, o credor tem direito a exigir e receber de um ou de alguns dos devedores, parcial ou totalmente, a dívida comum.

Embora seja possível aos entes federais organizarem-se de maneira descentralizada com relação às políticas públicas na área da saúde, essa organização administrativa não afasta o dever legal de o Estado (lato sensu) assegurar o acesso à medicação ou ao tratamento médico a pessoas desprovidas de recursos financeiros, em face da responsabilidade solidária entre eles. Em outras palavras, a possibilidade de o usuário do SUS escolher quaisquer das esferas do Poder para obter a medicação e/ou insumos desejados, de forma isolada e indistintamente - conforme ratificado pelo próprio Supremo no julgamento do Tema n. 793/STF -, afasta a figura do litisconsórcio compulsório ou necessário, por notória antinomia ontológica.[3]

E assim decidiu o STJ:

a)   Nas hipóteses de ações relativas à saúde intentadas com o objetivo de compelir o Poder Público ao cumprimento de obrigação de fazer consistente na dispensação de medicamentos não inseridos na lista do SUS, mas registrado na ANVISA, deverá prevalecer a competência do juízo de acordo com os entes contra os quais a parte autora elegeu demandar.

b)   As regras de repartição de competência administrativa do SUS não devem ser invocadas pelos magistrados para fins de alteração ou ampliação do polo

---

3.   Informe no site do STJ, acessado em 26/11/2024 e disponível em: <https://processo.stj.jus.br/docs_internet/informativos/PDF/Inf0770.pdf>.

passivo delineado pela parte no momento da propositura ação, mas tão somente para fins de redirecionar o cumprimento da sentença ou determinar o ressarcimento da entidade federada que suportou o ônus financeiro no lugar do ente público competente, não sendo o conflito de competência a via adequada para discutir a legitimidade ad causam, à luz da Lei n. 8.080/1990, ou a nulidade das decisões proferidas pelo Juízo estadual ou federal, questões que devem ser analisada no bojo da ação principal.

c) A competência da Justiça Federal, nos termos do art. 109, I, da CF/1988, é determinada por critério objetivo, em regra, em razão das pessoas que figuram no polo passivo da demanda (competência ratione personae), competindo ao Juízo federal decidir sobre o interesse da União no processo (Súmula 150/STJ), não cabendo ao Juízo estadual, ao receber os autos que lhe foram restituídos em vista da exclusão do ente federal do feito, suscitar conflito de competência (Súmula 254/STJ).[4]

---

4. STJ, CC 188.002-SC, Rel. Ministro Gurgel de Faria, Primeira Seção, por unanimidade, julgado em 12/4/2023. (Tema IAC 14/STJ).

Lição 4
DO INCIDENTE DE ARGUIÇÃO DE INCONSTITUCIONALIDADE

> **Sumário:** 1. Controle de constitucionalidade – 2. Do incidente de arguição de inconstitucionalidade – 3. Admissão e julgamento do incidente – 4. Dispensa do incidente – 5. Participação dos legitimados para propor ADIN – 6. Participação do *amicus curiae* – 7. Controle difuso da constitucionalidade.

1. CONTROLE DE CONSTITUCIONALIDADE

Cumpre esclarecer inicialmente que todo o sistema jurídico brasileiro se organiza a partir das normas insculpidas na Constituição Federal. Significa dizer que não é admissível a coexistência de leis ou atos normativos que esteja em desconformidade com a ordem constitucional. Assim, o controle de constitucionalidade nada mais é do que a verificação de compatibilidade de determinada norma com a Constituição Federal.

O sistema de controle é realizado de duas formas diferentes: difusa ou concentrada. Será **difuso** quando for suscitado incidentalmente num determinado processo (nesse caso, a análise e julgamento será feito pelo órgão do Poder Judiciário para isso designado); **concentrado** quando realizado pelo Supremo Tribunal Federal ou pelos tribunais de justiça, a partir de ações específicas visando esse fim quais sejam: ação direta de inconstitucionalidade – ADIn; ação declaratória de constitucionalidade – ADCon; e arguição de descumprimento de preceito fundamental – ADPF (ver CF, arts. 102, I, 'a' e § 1º e 125, § 2º).

Qualquer que seja a hipótese, o julgamento deverá se dar por maioria absoluta de seus membros ou dos membros do respectivo órgão especial. Essa é a chamada "cláusula de reserva de plenário", regra insculpida no art. 97 da nossa Carta Magna.[1]

---

1. STF – Súmula Vinculante nº 10: Viola a cláusula de reserva de plenário (CF, artigo 97) a decisão de órgão fracionário de tribunal que, embora não declare expressamente a inconstitucionalidade de lei ou ato normativo do Poder Público, afasta sua incidência, no todo ou em parte.

Assim, o incidente tratado no Código de Processo Civil é aquele que se presta a sistematizar o procedimento para declaração incidental (*incidenter tantum*) da inconstitucionalidade via controle difuso, de lei ou ato do poder público.

Em conclusão: o controle difuso caracteriza-se pelo fato de ser suscitado a partir de um caso concreto, forçando o Poder Judiciário a se manifestar primeiramente sobre a constitucionalidade ou não da norma questionada, para somente depois disso, ser apreciado o mérito da questão posta *sub judice*.

2. DO INCIDENTE DE ARGUIÇÃO DE INCONSTITUCIONALIDADE

Arguida a inconstitucionalidade de lei ou de ato normativo em processo que esteja no Tribunal, em controle difuso, o relator deverá ouvir o Ministério Público e as partes, para só depois remeter a questão à turma ou câmara responsável pelo julgamento, conforme determine o regimento interno do respectivo tribunal (CPC, art. 948).[2]

O incidente, que pode ser suscitado pelas partes, pelo Ministério Público ou pela Defensoria Pública, será apresentado ao relator do processo no tribunal que irá analisar se acolhe ou não a pretensão. Significa dizer que haverá um "juízo de admissibilidade do incidente" a ser feito pelo relator.

Se o relator rejeitar a arguição, o processo prossegue até julgamento final. De outro lado, se o incidente for admitido, o relator remeterá a questão para o pleno ou ao órgão especial que tenha competência para conhecer da matéria (CPC, art. 949).[3]

3. ADMISSÃO E JULGAMENTO DO INCIDENTE

Admitido o incidente, será remetida cópia do acórdão para todos os juízes que devam participar do julgamento e, em seguida, o presidente do Tribunal designará a data para a sessão de julgamento (CPC, art. 950).[4]

---

2. CPC, Art. 948. Arguida, em controle difuso, a inconstitucionalidade de lei ou de ato normativo do poder público, o relator, após ouvir o Ministério Público e as partes, submeterá a questão à turma ou à câmara à qual competir o conhecimento do processo.

3. CPC, Art. 949. Se a arguição for:

   I – rejeitada, prosseguirá o julgamento;

   II – acolhida, a questão será submetida ao plenário do tribunal ou ao seu órgão especial, onde houver.

   Parágrafo único. Os órgãos fracionários dos tribunais não submeterão ao plenário ou ao órgão especial a arguição de inconstitucionalidade quando já houver pronunciamento destes ou do plenário do Supremo Tribunal Federal sobre a questão.

4. CPC, Art. 950. Remetida cópia do acórdão a todos os juízes, o presidente do tribunal designará a sessão de julgamento.

   § 1º As pessoas jurídicas de direito público responsáveis pela edição do ato questionado poderão manifestar-se no incidente de inconstitucionalidade se assim o requererem, observados os prazos e as condições previstos no regimento interno do tribunal.

LIÇÃO 4 • DO INCIDENTE DE ARGUIÇÃO DE INCONSTITUCIONALIDADE

As pessoas jurídicas de direito público responsáveis pela edição do ato questionado poderão manifestar-se no incidente de inconstitucionalidade se assim o requererem, observados os prazos e as condições previstos no regimento interno do tribunal.

Julgado o incidente, a decisão proferida pelo pleno ou órgão especial, conforme o regimento interno do tribunal, deverá ser aplicada pelo órgão fracionário ao caso concreto que motivou a instauração do incidente.

Atente-se para o fato de que o julgamento do recurso é do órgão fracionário onde foi suscitada a inconstitucionalidade. O pleno ou órgão especial somente vai julgar a tese da inconstitucionalidade.

Cabe ainda destacar que da decisão proferida no incidente não cabe recurso. Nesse sentido o STF já editou a súmula de n.º 513. Mais uma vez cabe esclarecer: não cabe recurso da decisão proferida no incidente; do recurso que será julgado pelo órgão fracionário caberá todos os recursos possíveis.

> **Atenção:** durante todo esse processamento o recurso que na sua origem motivou a provocação do incidente, ficará suspenso aguardando o resultado do julgamento do incidente de arguição de inconstitucionalidade.

4. DISPENSA DO INCIDENTE

Nos termos do parágrafo único do art. 949 os órgãos fracionários dos tribunais não submeterão ao plenário ou ao órgão especial a arguição de inconstitucionalidade quando já houver pronunciamento destes ou do plenário do Supremo Tribunal Federal sobre a questão.

A lógica se encontra no fato de que, se o tribunal já decidiu questão igual não se justifica nova provocação porque já se pode antever qual seria a decisão. Da mesma forma se o Supremo Tribunal Federal já tiver se manifestado sobre a questão.

5. PARTICIPAÇÃO DOS LEGITIMADOS PARA PROPOR ADIN

Nos termos do previsto no parágrafo 2° do art. 950 do Código de Processo Civil é assegurado aqueles legitimados do art. 103 da Constituição Federal participação no processo de julgamento do incidente de arguição de inconstitucionalidade.

Só à guisa de esclarecimento os legitimados de que fala a norma constitucional são: o Presidente da República; a Mesa do Senado Federal; a Mesa da Câmara dos

---

§ 2° A parte legitimada à propositura das ações previstas no art. 103 da Constituição Federal poderá manifestar-se, por escrito, sobre a questão constitucional objeto de apreciação, no prazo previsto pelo regimento interno, sendo-lhe assegurado o direito de apresentar memoriais ou de requerer a juntada de documentos.
§ 3° Considerando a relevância da matéria e a representatividade dos postulantes, o relator poderá admitir, por despacho irrecorrível, a manifestação de outros órgãos ou entidades.

Deputados; a Mesa de Assembleia Legislativa ou da Câmara Legislativa do Distrito Federal; o Governador de Estado ou do Distrito Federal; o Procurador-Geral da República; o Conselho Federal da Ordem dos Advogados do Brasil; partido político com representação no Congresso Nacional; e, a confederação sindical ou entidade de classe de âmbito nacional.

A manifestação deverá ser por escrito, sobre a questão constitucional, no prazo previsto pelo regimento interno, sendo-lhes facultado a apresentação de memoriais ou requerer a juntada de documentos.

6. PARTICIPAÇÃO DO *AMICUS CURIAE*

Salutar que o legislador do Código de Processo Civil tenha feito consignar a possibilidade de participação do *amicus curiae*[5] quando, a critério do relator, a questão for considerada relevante (ver CPC, art. 950, § 3°).

A decisão do relator admitindo a participação de órgãos ou entidades é irrecorrível tendo em vista tratar-se apenas de uma ampliação do debate visando uma maior legitimação do resultado final a ser proferido pelo tribunal.

7. CONTROLE DIFUSO DA CONSTITUCIONALIDADE

O controle difuso de constitucionalidade, também conhecido como controle por via de exceção ou defesa, segundo o Ministro Alexandre de Moraes, "caracteriza-se pela permissão a todo e qualquer juiz ou tribunal realizar no caso concreto a análise sobre a compatibilidade do ordenamento jurídico com a Constituição Federal. [...] Na via de exceção, a pronúncia do Judiciário, sobre a inconstitucionalidade, não é feita enquanto manifestação sobre o objeto principal da lide, mas sim sobre questão prévia, indispensável ao julgamento do mérito. Nesta via, o que é outorgado ao interessado é obter a declaração de inconstitucionalidade somente para o efeito de isentá-lo, no caso concreto, do cumprimento da lei ou ato, produzidos em desacordo com a Lei Maior. Entretanto, este ato ou lei permanecem válidos no que se refere à sua força obrigatória com relação a terceiros".[6]

Quer dizer, qualquer magistrado pode, diante de um de um caso concreto, deixar de aplicar a lei se entender que ela é inconstitucional. Essa é uma decisão que irá valer somente para as partes envolvidas naquele determinado processo (*inter partes*) ou seja, não irá atingir terceiros, estranhos à lide submetida a julgamento. Nesse caso, o controle de constitucionalidade vai integrar a motivação da decisão e não seu dispositivo.

---

5. Sobre o *amicus curiae*, ver o art. 138, do CPC.
6. MORAES, Alexandre de. *Direito constitucional*, 19ª. ed. São Paulo: Atlas, 2006, p. 645.

É importante reiterar que no direito brasileiro, qualquer magistrado pode deixar de aplicar norma ou ato normativo do Poder Público que entenda como inconstitucional. Quer dizer, no julgamento de qualquer processo o magistrado pode fazer sua interpretação referente a qualquer norma ou ato normativo do Poder Público, e decidir pela sua aplicação, ou não, ao caso submetido à sua apreciação.

Quando isso ocorre no juízo de primeiro grau, não há nenhum procedimento específico regulando o proceder porque o juiz não irá declarar a inconstitucionalidade da lei ou ato normativo, simplesmente deixará de aplicá-la ao caso *sub judice*. Contudo, quando se trata de matéria afeta a Tribunal, teremos que adotar o procedimento disciplinado no Código de Processo Civil ora estudado.

Esclareça-se por fim que declaração de inconstitucionalidade aqui tratada, vai apenas eximir a parte do cumprimento da lei ou ato produzido em desacordo com a Constituição naquele determinado processo. Quer dizer, a lei ou o ato normativo permanecem perfeitamente válidos e com força obrigatória em relação a terceiros (enquanto não for declarada inconstitucional pelo órgão competente).

> **Em resumo**: esse é um tipo de controle de constitucionalidade, juntamente com o controle concentrado; pode ser exercido por qualquer órgão do Poder Judiciário, dentro de determinado processo; a decisão só é válida *inter partes*, ou seja, não afeta terceiros; e, a lei, nesse caso, não é expurgada do ordenamento jurídico, pois permanece vigente, válida e eficaz.

Lição 5
DO CONFLITO DE COMPETÊNCIA

> **Sumário:** 1. Notas introdutórias – 2. Conflito positivo ou negativo de competência – 3. Legitimidade para suscitar o incidente – 4. Momento de fixação da competência – 5. Provocação – 6. Julgamento e suas consequências – 7. Conflito entre autoridade judiciária e administrativa – 8. Conflito entre tribunais.

1. NOTAS INTRODUTÓRIAS

Chama-se conflito de competência o fato de dois ou mais juízes se dizerem competentes (conflito positivo) ou incompetentes (conflito negativo) para o julgamento de determinada causa. É um incidente que pode ser provocado pelo próprio juiz, pelas partes ou pelo Ministério Público, no qual será provocado o Tribunal competente para apreciar e resolver o conflito.

O conflito de competência pode ocorrer em 3 (três) hipóteses bem delineadas no Código de Processo Civil: quando 2 (dois) ou mais juízes se declararem incompetentes; 2 (dois) ou mais juízes se considerarem incompetentes, atribuindo um ao outro a competência; ou ainda, quando entre 2 (dois) ou mais juízes surgir controvérsia acerca da reunião ou separação de processos (ver CPC, art. 66).

Atenção: se um determinado juiz não acolher a competência declinada deverá suscitar o conflito, a não ser que atribua a competência a outro juízo.

2. CONFLITO POSITIVO OU NEGATIVO DE COMPETÊNCIA

Conforme sejam as circunstâncias o conflito de competência pode ser positivo ou negativo, vejamos:

a) **Positivo:**

O conflito de competência será considerado positivo quando dois ou mais juízes se declararem competentes.

b) **Negativo:**

O conflito será negativo quando dois ou mais juízes se considerarem incompetentes, atribuindo um ao outro a competência.

3. LEGITIMIDADE PARA SUSCITAR O INCIDENTE

A legitimidade para suscitar o conflito de competência é das partes, do Ministério Público ou mesmo do Poder Judiciário, tendo em vista que o juiz pode fazê-lo até mesmo de ofício (CPC, art. 951).[1]

Se houver a declinação de competência e for atribuída a outro magistrado a competência, caso ele não aceite a competência que lhe foi atribuída e, não visualize nenhum outro juiz que poderia ser o competente, deverá provocar o conflito de competência para que o tribunal resolva a questão (ver CPC, art. 66, parágrafo único).

Por uma questão de coerência, estabelece o CPC que a parte que no processo suscitou incompetência relativa, não poderá suscitar o conflito, tendo em vista que se o réu arguiu a incompetência relativa, o fez para dizer qual, em sua opinião, seria o juiz competente para o conhecimento da causa. Isso não impede que a outra parte possa suscitar o conflito (CPC, art. 952).[2]

Atenção: o MP só atua nesse procedimento quando ele for parte ou quando sua atuação for obrigatória nos termos do previsto no art. 178 do CPC.

4. MOMENTO DE FIXAÇÃO DA COMPETÊNCIA

O momento da fixação de competência é o da propositura da ação. Importante destacar que no nosso ordenamento jurídico a ação estará proposta tão logo a petição inicial tenha sido protocolada (ver CPC, art. 312).

Vale rememorar que quando se trata da incompetência relativa, esta poderá ser prorrogada se as partes não suscitarem a questão até o prazo de resposta do réu (ver CPC, art. 65). Já no que diz respeito à incompetência absoluta, esta não se convalida com o tempo podendo ser suscitada a qualquer tempo ou grau de jurisdição (ver CPC, art. 64).

5. PROVOCAÇÃO

O conflito será suscitado ao tribunal ao qual esteja vinculado os magistrados. Se o conflito for suscitado pelo juiz, deverá ser realizado mediante a expedição de

---

1. CPC, Art. 951. O conflito de competência pode ser suscitado por qualquer das partes, pelo Ministério Público ou pelo juiz.

   Parágrafo único. O Ministério Público somente será ouvido nos conflitos de competência relativos aos processos previstos no art. 178, mas terá qualidade de parte nos conflitos que suscitar.

2. CPC, Art. 952. Não pode suscitar conflito a parte que, no processo, arguiu incompetência relativa.

   Parágrafo único. O conflito de competência não obsta, porém, a que a parte que não o arguiu suscite a incompetência.

ofício. Se for provocado pelas partes ou pelo Ministério Público, deverá ser feito por petição (CPC, art. 953).[3]

Qualquer que seja a forma de provocação, com a sua irresignação o requerente deverá instruir seu petitório com todos os documentos necessários a comprovação do conflito.

6. JULGAMENTO E SUAS CONSEQUÊNCIAS

É competente para o julgamento do conflito de competência o tribunal ao qual os magistrados envolvidos estejam vinculados, na forma como o regimento interno estabelecer.

O relator ao qual tenha sido distribuído o incidente determinará que os juízes envolvidos no conflito prestem as informações necessárias a bem instruir o feito, no prazo determinado. Naturalmente que se um deles fci o suscitante, ouvir-se-á apenas o suscitado (CPC, art. 954).[4]

No caso de conflito positivo de competência, o relator poderá, de ofício ou a requerimento das partes, determinar a suspensão do processo. Nesse caso, bem como no conflito negativo, o relator deverá estabelecer qual dos juízes ficará habilitado para resolver, em caráter provisório, as medidas de urgências que se façam necessárias para preservar direitos e evitar danos (CPC, art. 955).[5]

Autoriza o Código de Processo Civil o **julgamento monocrático** do conflito de competência, que será feito pelo relator, quando sua decisão se fundar: em súmula do Supremo Tribunal Federal, do Superior Tribunal de Justiça ou do próprio tribunal; ou em tese firmada em julgamento de casos repetitivos ou em incidente de assunção de competência. Quer dizer, se a matéria que gerou o conflito já tem posicionamento pacificado em precedentes jurisprudenciais do STF, STJ ou do próprio tribunal, não se justifica retardar o conhecimento da matéria, podendo o relator proferir decisão desde logo, solucionando a controvérsia.

---

3. CPC, Art. 953. O conflito será suscitado ao tribunal:
   I – pelo juiz, por ofício;
   II – pela parte e pelo Ministério Público, por petição.
   Parágrafo único. O ofício e a petição serão instruídos com os documentos necessários à prova do conflito.
4. CPC, Art. 954. Após a distribuição, o relator determinará a oitiva dos juízes em conflito ou, se um deles for suscitante, apenas do suscitado.
   Parágrafo único. No prazo designado pelo relator, incumbirá ao juiz ou aos juízes prestar as informações.
5. CPC, Art. 955. O relator poderá, de ofício ou a requerimento de qualquer das partes, determinar, quando o conflito for positivo, o sobrestamento do processo e, nesse caso, bem como no de conflito negativo, designará um dos juízes para resolver, em caráter provisório, as medidas urgentes.
   Parágrafo único. O relator poderá julgar de plano o conflito de competência quando sua decisão se fundar em:
   I – súmula do Supremo Tribunal Federal, do Superior Tribunal de Justiça ou do próprio tribunal;
   II – tese firmada em julgamento de casos repetitivos ou em incidente de assunção de competência.

Não sendo o caso de julgamento monocrático, o relator determinará a oitiva do Ministério Público, no prazo de 5 (cinco) dias, para se manifestar nos termos da lei, independente de os juízes terem prestado as informações determinadas. Em seguida, o conflito irá a julgamento (CPC, art. 956).[6]

Ao decidir o conflito, o órgão colegiado do tribunal deverá declarar qual dos juízos é competente, devendo também se manifestar a respeito da validade dos atos já praticados pelo juízo incompetente. Nesse caso, os atos praticados poderão ser convalidados ou poderão ser declarados nulos com a determinação de refazimento. Pode também ocorrer de alguns atos serem considerados válidos e outros tenham a necessidade de serem refeitos (CPC, art. 957).[7]

Após a decisão os autos do conflito serão remetidos ao juízo competente, evidentemente, nos casos em que o processo tramita em papel (não eletrônico).

> **Atenção:** contra a decisão que resolve o conflito de incompetência é possível manejar os recursos de embargos de declaração, o recurso especial e o recurso extraordinário, desde que preenchidos os pressupostos necessários.

7. CONFLITO ENTRE AUTORIDADE JUDICIÁRIA E ADMINISTRATIVA

Estabelece o nosso Código de Processo Civil que o regimento interno do tribunal regulará o processo e o julgamento do conflito de atribuições entre autoridade judiciária e autoridade administrativa (CPC, art. 959).[8]

> **Curiosidade:** nesse caso, a doutrina não chama de conflito de competência, mas de **conflito de atribuições**.

8. CONFLITO ENTRE TRIBUNAIS

Quando o conflito de competência envolve o STJ e quaisquer outros tribunais, o tribunal competente para dirimir o conflito será o STF. Da mesma forma se o conflito for entre Tribunais Superiores, ou entre estes e qualquer outro tribunal (ver CF, art. 102, I, 'o').

Se o conflito envolve juízes de tribunais diferentes, competente será o STJ. Da mesma forma se o conflito envolver tribunais diferentes. Compete também ao STJ

---

6. CPC, Art. 956. Decorrido o prazo designado pelo relator, será ouvido o Ministério Público, no prazo de 5 (cinco) dias, ainda que as informações não tenham sido prestadas, e, em seguida, o conflito irá a julgamento.

7. CPC, Art. 957. Ao decidir o conflito, o tribunal declarará qual o juízo competente, pronunciando-se também sobre a validade dos atos do juízo incompetente.

   Parágrafo único. Os autos do processo em que se manifestou o conflito serão remetidos ao juiz declarado competente.

8. CPC, Art. 959. O regimento interno do tribunal regulará o processo e o julgamento do conflito de atribuições entre autoridade judiciária e autoridade administrativa.

o julgamento do conflito entre tribunal e juízes a ele não vinculados e entre juízes de vinculação diversa (ver CF, art. 105, I, 'd').

Já os TRFs julgam conflitos entre os juízes vinculados aquele determinado tribunal, porque se a hipótese for de conflito entre juízes federais de diferentes Tribunais Regionais Federais, a competência será do STJ.

Quando o conflito envolver juízes estaduais a competência será do tribunal ao qual o juiz está vinculado. Se o conflito envolver juízes estaduais de diferentes tribunais estaduais competente será o STJ.

Quando o conflito envolver turmas, seções, câmaras, ou mesmo entre juízes em exercício em segundo grau e desembargadores, a questão deverá ser resolvida nos moldes como estabelecido no Regime Interno do respectivo tribunal (CPC, art. 958).[9]

> **Atenção:** quando o conflito existe em face de dois juízes de um mesmo tribunal, estaremos diante do conflito de competência; quando o conflito for entre juízes de tribunais diferentes, estaremos diante de **conflitos de jurisdição**.

---

9. CPC, Art. 958. No conflito que envolva órgãos fracionários dos tribunais, desembargadores e juízes em exercício no tribunal, observar-se-á o que dispuser o regimento interno do tribunal.

LIÇÃO 6
DA HOMOLOGAÇÃO DE DECISÃO ESTRANGEIRA E DA CONCESSÃO DO *EXEQUATUR* À CARTA ROGATÓRIA

> **Sumário:** 1. Notas introdutórias – 2. Ação de homologação de sentença estrangeira – 3. Execução de medidas de urgência estrangeira – 4. Requisitos para homologação – 5. Como requerer. 6. Processamento da ação no STJ – 7. Título executivo judicial. 8. Deslocamento da competência do STF para STJ (EC 45/2004).

1. NOTAS INTRODUTÓRIAS

Cumpre destacar inicialmente que o instituto da homologação de sentença estrangeira é um tema de grande importância tendo em vista o atual momento em que vivemos, considerando o fenômeno da globalização e do mundo cada vez mais interligado, no qual interesses comerciais, econômicos, sociais, culturais e de turismo acabam por impor novas diretrizes ao Direito Internacional Privado.

Paralelamente a isso cada vez mais os Estados estabelecem regras de cooperação nos mais diversos campos dos interesses humanos. Fazer cumprir essas regras respeitando a soberania de cada Estado envolvido é um grande desafio.

Advirta-se ainda que no território brasileiro, como regra, somente vige a lei brasileira e aqui somente se executam as decisões judiciais proferidas pelos órgãos judiciários brasileiro. Como o Brasil é um país soberano, a função de dizer o direito é do Poder Judiciário brasileiro.

Para execução de decisão estrangeira no Brasil, sem ferir a soberania nacional, estabelece a nossa constituição que o Estado brasileiro deverá autorizar essa execução, por meio da homologação, através do órgão nacional determinado para isso, *in casu*, o Superior Tribunal de Justiça (ver CF, art. 105, I, 'i').

A sentença e a carta rogatória serão executadas nos termos como determinados pelo Estado estrangeiro, limitando-se o STJ a verificar de sua regularidade em face do ordenamento jurídico brasileiro.

Reforçando essa ideia da nossa soberania, estabelece a LINDB que a decisão estrangeira tem limite na sua aplicação no Brasil, cabendo ao STJ observar o comando que emana do artigo 17, *in verbis*: "As leis, atos e sentenças de outro país, bem como quaisquer declarações de vontade, não terão eficácia no Brasil, quando ofenderem a soberania nacional, a ordem pública e os bons costumes".

Assim, a decisão estrangeira para ter validade no território brasileiro precisa passar por uma espécie de processo de "validação" que será realizado pelo STJ. Esse procedimento vem disciplinado no Código de Processo Civil e podemos nominar como "homologação de sentença estrangeira".

Atenção: sugerimos que o leitor dê uma lida no capítulo que trata da cooperação internacional insculpida nos arts. 26 a 41 do CPC.

2. AÇÃO DE HOMOLOGAÇÃO DE SENTENÇA ESTRANGEIRA

O pedido de homologação de sentença estrangeira é realizado através de uma ação denominada "ação de homologação de decisão estrangeira". Esta é a regra, porém poderá haver exceções se houver disposições específicas em tratados internacionais do qual o Brasil seja signatário (CPC, art. 960).[1]

O processamento será realizado tendo em conta o que dispuser sobre a matéria os tratados em vigor no Brasil, bem como as disposições constantes do Regimento Interno do Superior Tribunal de Justiça.

Importante deixar bem claro que a decisão estrangeira somente terá eficácia no Brasil após a homologação de sentença estrangeira ou a concessão do *exequatur* às cartas rogatórias, salvo disposição em sentido contrário de lei ou tratado (CPC, art. 961).[2]

---

1. CPC, Art. 960. A homologação de decisão estrangeira será requerida por ação de homologação de decisão estrangeira, salvo disposição especial em sentido contrário prevista em tratado.

   § 1º A decisão interlocutória estrangeira poderá ser executada no Brasil por meio de carta rogatória.

   § 2º A homologação obedecerá ao que dispuserem os tratados em vigor no Brasil e o Regimento Interno do Superior Tribunal de Justiça.

   § 3º A homologação de decisão arbitral estrangeira obedecerá ao disposto em tratado e em lei, aplicando-se, subsidiariamente, as disposições deste Capítulo.

2. CPC, Art. 961. A decisão estrangeira somente terá eficácia no Brasil após a homologação de sentença estrangeira ou a concessão do exequatur às cartas rogatórias, salvo disposição em sentido contrário de lei ou tratado.

   § 1º É passível de homologação a decisão judicial definitiva, bem como a decisão não judicial que, pela lei brasileira, teria natureza jurisdicional.

   § 2º A decisão estrangeira poderá ser homologada parcialmente.

   § 3º A autoridade judiciária brasileira poderá deferir pedidos de urgência e realizar atos de execução provisória no processo de homologação de decisão estrangeira.

   § 4º Haverá homologação de decisão estrangeira para fins de execução fiscal quando prevista em tratado ou em promessa de reciprocidade apresentada à autoridade brasileira.

Atenção: excepcionalmente a sentença estrangeira de divórcio consensual produz efeitos no Brasil, independentemente de homologação pelo Superior Tribunal de Justiça, ficando a critério de qualquer juiz brasileiro examinar a validade da decisão, em caráter principal ou incidental, quando essa questão for suscitada em processo de sua competência (ver CPC, art. 961, §§ 5º e 6º).

Importante: nesse caso do divórcio consensual simples ou puro, que não exige homologação pelo STJ, a sentença estrangeira deverá ser levada diretamente ao cartório de registro civil, pelo próprio interessado, para averbação. O procedimento foi regulamentado pelo Provimento 53 da Corregedoria Nacional de Justiça (CNJ).

Cabe ainda assinalar que pode ser homologado tanto a decisão judicial definitiva quanto a decisão não judicial que, pela lei brasileira, teria natureza jurisdicional. Esta homologação pode ser total ou parcial, sem prejuízo a que se possa deferir algum pedido de urgência.

Importante: tratando-se de decisão arbitral estrangeira, a homologação obedecerá ao disposto em tratado e em lei, aplicando-se, subsidiariamente, as disposições do Código de Processo Civil.

3. EXECUÇÃO DE MEDIDAS DE URGÊNCIA ESTRANGEIRA

É passível de execução a decisão estrangeira concessiva de medida de urgência (CPC, art. 962).[3]

Nesse caso, a execução no Brasil de decisão interlocutória estrangeira concessiva de medida de urgência dar-se-á por carta rogatória.

Poderá ser concedida *inaudita altera parte*, isto é, sem audiência do réu, desde que lhe seja garantido o contraditório em momento posterior.

---

§ 5º A sentença estrangeira de divórcio consensual produz efeitos no Brasil, independentemente de homologação pelo Superior Tribunal de Justiça.

§ 6º Na hipótese do § 5º, competirá a qualquer juiz examinar a validade da decisão, em caráter principal ou incidental, quando essa questão for suscitada em processo de sua competência.

3. CPC, Art. 962. É passível de execução a decisão estrangeira concessiva de medida de urgência.

§ 1º A execução no Brasil de decisão interlocutória estrangeira concessiva de medida de urgência dar-se-á por carta rogatória.

§ 2º A medida de urgência concedida sem audiência do réu poderá ser executada, desde que garantido o contraditório em momento posterior.

§ 3º O juízo sobre a urgência da medida compete exclusivamente à autoridade jurisdicional prolatora da decisão estrangeira.

§ 4º Quando dispensada a homologação para que a sentença estrangeira produza efeitos no Brasil, a decisão concessiva de medida de urgência dependerá, para produzir efeitos, de ter sua validade expressamente reconhecida pelo juiz competente para dar-lhe cumprimento, dispensada a homologação pelo Superior Tribunal de Justiça.

O juízo sobre a urgência da medida compete exclusivamente à autoridade jurisdicional prolatora da decisão estrangeira.

4. REQUISITOS PARA HOMOLOGAÇÃO

Vale repisar que o Superior Tribunal de Justiça, no processo de homologação de sentença estrangeira ou de concessão do *exaquatur*, irá verificar apenas a regularidade formal do documento estrangeiro, não adentrando no mérito da questão.

Assim, o Superior Tribunal de Justiça irá apenas verificar se a decisão que se pretende homologar atende aos requisitos considerados indispensáveis à homologação pela nossa lei dos ritos (CPC, art. 963),[4] que são:

a) **Ter sido proferida por autoridade competente:**

Nesse caso irá verificar apenas se o Estado estrangeiro que proferiu a decisão tinha competência para tanto. Por isso mesmo é que estabelece o nosso CPC que não será homologada a decisão estrangeira na hipótese de competência exclusiva da autoridade judiciária brasileira. O mesmo se aplica à concessão do *exequatur* à carta rogatória (CPC, art. 964).[5]

b) **Ser precedida de citação regular, ainda que verificada a revelia:**

Aqui o STJ irá verificar se houve citação regularmente realizada, sendo irrelevante se o réu foi revel ou não.

c) **Ser eficaz no país em que foi proferida:**

Esse requisito tem a ver com a exequibilidade da sentença no país de origem, independente de ter havido trânsito em julgado.

d) **Não ofender a coisa julgada brasileira:**

Nesse caso o que irá se verificar é se houve sobre aquela mesma questão alguma decisão judicial brasileira já transitada em julgado. Se existir, a sentença não será homologada.

---

4. CPC, Art. 963. Constituem requisitos indispensáveis à homologação da decisão:
   I – ser proferida por autoridade competente;
   II – ser precedida de citação regular, ainda que verificada a revelia;
   III – ser eficaz no país em que foi proferida;
   IV – não ofender a coisa julgada brasileira;
   V – estar acompanhada de tradução oficial, salvo disposição que a dispense prevista em tratado;
   VI – não conter manifesta ofensa à ordem pública.
   Parágrafo único. Para a concessão do exequatur às cartas rogatórias, observar-se-ão os pressupostos previstos no caput deste artigo e no art. 962, § 2º.

5. CPC, Art. 964. Não será homologada a decisão estrangeira na hipótese de competência exclusiva da autoridade judiciária brasileira.
   Parágrafo único. O dispositivo também se aplica à concessão do exequatur à carta rogatória.

LIÇÃO 6 • DA HOMOLOGAÇÃO DE DECISÃO ESTRANGEIRA

e) **Estar acompanhada de tradução oficial:**

A regra é que a decisão estrangeira venha acompanhada da tradução realizada por tradutor juramentado. Excepcionalmente esta disposição pode ser dispensada se houver previsão em tratado do qual o Brasil seja signatário.

f) **Não conter manifesta ofensa à ordem pública:**

Quer dizer, não será homologada a decisão estrangeira que contenha disposições contrárias à ordem pública brasileira.

Atenção: há mais uma exigência, porém ela não consta do CPC, mas da Resolução nº 9/2005 do STJ que exige que a sentença esteja autenticada pelo cônsul brasileiro no país de onde emana a decisão.

5. COMO REQUERER[6]

O Procedimento do pedido de homologação está disciplinado nos artigos 216-A a 216-X do Regimento Interno do STJ (RISTJ), introduzidos pela emenda Regimental 18. Requer o pagamento de custas e é ajuizada mediante petição eletrônica assinada por advogado e endereçada ao presidente do STJ.

Os requisitos para a homologação de decisão estrangeira estão previstos no art. 963 do Código de Processo Civil e nos arts.216-c e 216-d do regimento interno do STJ e a petição inicial deve ser instruída com os documentos indispensáveis, tais como: procuração pública em favor do advogado: original da sentença judicial estrangeira legalizada ou apostilada e tradução juramentada da sentença judicial estrangeira.

É facultado ao autor do pedido apresentar a anuência da outra parte, e se fizer isso ganha-se tempo, pois acelera o andamento do processo, uma vez que pode dispensar a citação do requerido. Se não for apresentada a carta de anuência, o presidente do STJ mandará citar a parte contrária por carta rogatória (se a parte a ser citada reside no exterior) ou por carta de ordem (se residente no Brasil) para que responda à ação.

6. PROCESSAMENTO DA AÇÃO NO STJ

Se a petição inicial na ação de homologação de sentença estrangeira estiver em ordem, deverá ser citada a parte contrária para eventual manifestação no prazo de 15 (quinze) dias, podendo apresentar contestação ao pedido de homologação. Advirta-se que se a petição não estiver acompanhada dos documentos exigidos ou apresentar defeitos ou irregularidades que dificultem o julgamento do mérito, o

---

6. Sentença estrangeira. Disponível em <https://www.stj.jus.br/sites/portalp/Processos/Sentenca-estrangeira>. Acesso 19/11/2024.

Presidente do STJ deverá determinar prazo razoável para que o requerente a emende ou complete a sua petição inicial.

Estando a petição inicial perfeitamente em ordem e tendo sido citado a parte contrária, abre-se duas possibilidades (ver Emenda Regimental n° 18 de 17 de dezembro de 2014, do STJ):

a) **A parte contesta:**

Nesse caso o processo será distribuído a um dos Ministros integrantes da Corte Especial que dirigirá o processo com todos os atos instrutórios necessários. Deverá intimar o MP para manifestação no prazo de 10 (dez) dias, podendo impugnar o pedido. Nesse caso o julgamento final será processado pela Corte Especial do Superior Tribunal de Justiça.

b) **A parte não contesta:**

Se a parte não contestar (nem o Ministério Público), o pedido de homologação será decidido pelo Presidente do STJ.

Atenção: admite-se o julgamento monocrático pelo relator nas hipóteses em que já houver jurisprudência consolidada da Corte Especial a respeito do tema.

Aplica-se as mesmas regras para o pedido de concessão do *exequatur* a cartas rogatórias com a diferença que não haverá citação, mas simples intimação da parte requerida que poderá impugnar o pedido.

Importante: a medida solicitada por carta rogatória poderá ser realizada sem ouvir a parte requerida, quando sua intimação prévia puder resultar na ineficiência da cooperação internacional.

7. TÍTULO EXECUTIVO JUDICIAL

Importante esclarecer que a decisão interlocutória estrangeira, após a concessão do *exequatur* pelo Superior Tribunal de Justiça (STJ), bem como a sentença estrangeira depois de homologada pelo mesmo órgão, constitui título executivo judicial, (ver CPC, art. 515, VIII e IX).

Tendo esse título em mãos, o interessado, instruindo seu petitório com cópia autenticada da decisão homologatória ou de *exequatur*, poderá promover o cumprimento de sentença estrangeira, requerendo ao juízo federal competente as providências necessárias (CF, art. 109, X e CPC, art. 965).[7]

---

7. CPC, Art. 965. O cumprimento de decisão estrangeira far-se-á perante o juízo federal competente, a requerimento da parte, conforme as normas estabelecidas para o cumprimento de decisão nacional.
    Parágrafo único. O pedido de execução deverá ser instruído com cópia autenticada da decisão homologatória ou do exequatur, conforme o caso.

8. DESLOCAMENTO DA COMPETÊNCIA DO STF PARA STJ (EC 45/2004)

Só a título de curiosidade, até o advento da EC 45/2004 a competência para o procedimento de validação de decisão estrangeira era do Supremo Tribunal Federal (STF) e um dos principais objetivos da Reforma do Judiciário foi promover a celeridade processual.

Apesar disso, se a decisão do Superior Tribunal de Justiça (STJ) for eivada de vícios, a parte interessada poderá interpor Recurso Extraordinário para o Supremo Tribunal Federal (STF), mas deverá provar, de forma escorreita e fundamentada, a existência de afronta à Constituição Federal.

Nesse caso, não se trata de nova instância de julgamento da homologação da decisão estrangeira, pois isso seria um contrassenso imaginar que a EC 45/2004 teria transformado a Corte Suprema em uma nova instância nesta matéria, tornando ainda mais longo e complexo o processo.

Por isso, embora possível em tese, a interposição de recurso extraordinário contra esses acórdãos do STJ deve ser examinada com rigor e cautela. Somente se pode admitir o recurso quando demonstrada, clara e fundamentadamente afronta à Constituição Federal.[8]

---

8. (STF, RE 598.770, Rel. Ministro Roberto Barroso, P, j. 12-2-2014, DJE 113 de 12-6-2014).

8. — DESLOCAMENTO DA COMPETÊNCIA DO STF PARA STJ (EC 45/2004)

São a título de curiosidade, até o advento da EC 45/2004 a competência para o procedimento de validação de decisão estrangeira era do Supremo Tribunal Federal (STF) e um dos principais objetivos da Reforma do Judiciário foi promover a celeridade processual.

Apesar disso, se a decisão do Superior Tribunal de Justiça (STJ) for evada de vícios, a parte interessada poderá interpor Recurso Extraordinário para o Supremo Tribunal Federal (STF), mas deverá provar, de forma escorreita e fundamentada, a existência de afronta à Constituição Federal.

Nesse caso, não se trata da nova instância de julgamento da homologação da decisão estrangeira, pois isso seria um contrassenso imaginar que a EC 45/2004 tenha transformado a Corte Suprema em uma nova instância nesta matéria, tornando ainda mais longo e complexo o processo.

Por isso, embora possível em tese, a interposição de recurso extraordinário contra casos acordados do STJ deve ser examinada com rigor e cautela. Somente se pode admitir o recurso quando demonstrada, clara e fundamentadamente, afronta à Constituição Federal.

Lição 7
DA AÇÃO RESCISÓRIA

Sumário: 1. Notas introdutórias – 2. Do cabimento da ação rescisória – 3. Competência – 4. Dos legitimados – 5. Dos requisitos da petição inicial – 6. Emenda da petição inicial – 7. Improcedência liminar do pedido – 8. Efeito suspensivo – 9. Processamento no tribunal – 10. O prazo para propositura da ação rescisória – 11. Outros meios de impugnação de decisões judiciais transitadas em julgado; 11.1 Ação anulatória; 11.2 *Querela nullitatis*.

1. NOTAS INTRODUTÓRIAS

A ação rescisória é uma ação autônoma que tem como escopo a finalidade de corrigir a eventual injustiça de uma sentença já transitada em julgado, proferida com vício ou grau de imperfeição de tamanha grandeza, que justifique rever e modificar o julgado imperfeito ou viciado. Assim, a finalidade da ação rescisória, em última análise, é a decretação da nulidade de uma sentença, que, por ter passado em julgado, tornou-se irretratável e imutável, com graves danos para a coletividade ou para as partes, em virtude de sua nulidade.[1]

É uma medida de caráter excepcional, tendo em vista que a regra é o respeito e a preservação da coisa julgada que é garantia constitucional de segurança jurídica (ver CF, art. 5º, XXXVI). Admite-se, contudo, a ação rescisória tão somente em face de vícios e defeitos de tal ordem que comprometam a lisura da justiça.

2. DO CABIMENTO DA AÇÃO RESCISÓRIA

Prevê o nosso Código de Processo Civil um rol de nulidades taxativo quanto ao cabimento da ação rescisória. Assim, mesmo que se possa encontrar outras situações onde seja possível identificar vícios ou imperfeições na prolação de uma sentença já transitada em julgado, somente cabe a ação rescisória nas seguintes hipóteses (CPC, art. 966):[2]

---

1. Carvalho dos Santos, *Código de Processo Civil Interpretado*, p. 111.
2. CPC, Art. 966. A decisão de mérito, transitada em julgado, pode ser rescindida quando:
   I – se verificar que foi proferida por força de prevaricação, concussão ou corrupção do juiz;

a) **Decisão proferida por força de prevaricação, concussão ou corrupção:**

Trata-se da hipótese de o juiz ter recebido vantagens ilícitas para proferir decisão, em afronta ao exercício de sua elevada função jurisdicional (ver CP, arts. 316, 317 e 318).

b) **For proferida por juiz impedido ou absolutamente incompetente:**

Veja-se que trata-se de juiz impedido (ver CPC, art. 144 e 147), mas não a prolatada por juiz suspeito (ver CPC, art. 145). Da mesma forma com relação ao juiz absolutamente incompetente, regra que não se aplica ao juiz relativamente incompetente.

c) **Resultar de dolo ou coação da parte vencedora em detrimento da parte vencida ou, ainda, de simulação ou colusão entre as partes:**

Nesse caso de dolo, trata-se do processual, pelo qual a parte agindo com deslealdade acabe por influir a decisão do magistrado para obter um resultado favorável. Também rescindível a decisão judicial fruto de coação da parte vencedora contra a vencida. Temos ainda a hipótese de as partes combinarem entre si a obtenção de um resultado no processo fruto de simulação ou colusão, com o objetivo de fraudar disposição legal.

II – for proferida por juiz impedido ou por juízo absolutamente incompetente;

III – resultar de dolo ou coação da parte vencedora em detrimento da parte vencida ou, ainda, de simulação ou colusão entre as partes, a fim de fraudar a lei;

IV – ofender a coisa julgada;

V – violar manifestamente norma jurídica;

VI – for fundada em prova cuja falsidade tenha sido apurada em processo criminal ou venha a ser demonstrada na própria ação rescisória;

VII – obtiver o autor, posteriormente ao trânsito em julgado, prova nova cuja existência ignorava ou de que não pôde fazer uso, capaz, por si só, de lhe assegurar pronunciamento favorável;

VIII – for fundada em erro de fato verificável do exame dos autos.

§ 1º Há erro de fato quando a decisão rescindenda admitir fato inexistente ou quando considerar inexistente fato efetivamente ocorrido, sendo indispensável, em ambos os casos, que o fato não represente ponto controvertido sobre o qual o juiz deveria ter se pronunciado.

§ 2º Nas hipóteses previstas nos incisos do caput, será rescindível a decisão transitada em julgado que, embora não seja de mérito, impeça:

I – nova propositura da demanda; ou

II – admissibilidade do recurso correspondente.

§ 3º A ação rescisória pode ter por objeto apenas 1 (um) capítulo da decisão.

§ 4º Os atos de disposição de direitos, praticados pelas partes ou por outros participantes do processo e homologados pelo juízo, bem como os atos homologatórios praticados no curso da execução, estão sujeitos à anulação, nos termos da lei.

§ 5º Cabe ação rescisória, com fundamento no inciso V do caput deste artigo, contra decisão baseada em enunciado de súmula ou acórdão proferido em julgamento de casos repetitivos que não tenha considerado a existência de distinção entre a questão discutida no processo e o padrão decisório que lhe deu fundamento. (Incluído pela Lei nº 13.256, de 2016)

§ 6º Quando a ação rescisória fundar-se na hipótese do § 5º deste artigo, caberá ao autor, sob pena de inépcia, demonstrar, fundamentadamente, tratar-se de situação particularizada por hipótese fática distinta ou de questão jurídica não examinada, a impor outra solução jurídica. (Incluído pela Lei nº 13.256, de 2016)

LIÇÃO 7 • DA AÇÃO RESCISÓRIA

d) Ofender a coisa julgada:

Ocorrendo de ser proferido julgamento sobre caso já decidido e sobre o qual já se assentou a coisa julgada, esse segundo julgamento pode ser rescindido, em prestígio a preceito constitucional de garantia da coisa julgada (ver CF, art. 5°, XXXVI).

e) Violar manifestamente norma jurídica:

É importante consignar que devemos compreender por "norma jurídica" não só o texto expresso de lei, como também outros atos normativos, inclusive, os precedentes vinculantes tais quais os acórdãos proferidos em julgamento de casos repetitivos, por exemplo. Significa dizer que a decisão que afrontar expresso texto de lei, ato normativo em geral, ou ainda, desconsiderar a existência de precedentes jurisprudenciais vinculantes poderá ser rescindida.

Atenção: para que dúvidas não pairem, estabelece o § 5° do art. 966 que pode ser rescindida a decisão baseada em enunciado de súmula ou acórdão proferido em julgamento de casos repetitivos que não tenha considerado a existência de distinção entre a questão discutida no processo e o padrão decisório que lhe deu fundamento

f) For fundada em prova cuja falsidade tenha sido apurada em processo criminal ou venha a ser demonstrada na própria ação rescisória:

O permissivo aqui trata da prova falsa que foi determinante para a decisão que se pretende rescindir. Quer dizer, se o resultado da demanda seria a mesma independente da prova falsa, não se poderá falar em ação rescisória.

g) Obtiver o autor, posteriormente ao trânsito em julgado, prova nova cuja existência ignorava ou de que não pôde fazer uso, capaz, por si só, de lhe assegurar pronunciamento favorável:

Outra hipótese de ação rescisória se funda no fato de o autor da ação rescisória, tendo sido perdedor na ação rescindenda, venha a obter prova nova que seria capaz de, por si só, lhe ter dado um resultado favorável naquela ação. Esta prova nova não é a prova superveniente; trata-se da prova que já existia ao tempo da demanda, mas não era do conhecimento do requerente.

h) For fundada em erro de fato verificável do exame dos autos:

Trata-se da hipótese de erro grosseiro quando existia nos autos elementos suficientes de prova de algo facilmente aferível e, por qualquer que seja a razão, não foi considerado quando proferida a decisão. É aquele erro que "até um cego enxergaria", tal qual o fato inexistente considerado como se existente fosse.

Além das hipóteses acima mencionadas, o § 2° do art. 966 do CPC, admite também a ação rescisória para decisões transitada em julgado que, embora não seja de mérito, impeça nova propositura da demanda ou a admissibilidade do recurso correspondente.

Outra hipótese de cabimento da ação rescisória é aquela prevista nos arts. 525, § 15º e 535, § 8º, do CPC, aplicável aos casos em que o Supremo Tribunal Federal tenha considerado lei ou ato normativo como inconstitucional ou incompatível com a Constituição Federal. Nesse caso, o prazo decadencial para propositura da ação conta-se do trânsito em julgado da decisão preferida pelo STF.

Importante: é possível a propositura de ação rescisória contra parte da decisão, isto é, que busque anular apenas um capítulo da decisão.

Atenção: veja-se que a ação rescisória não se presta a discutir se a sentença que se pretende rescindir foi justa ou não, mas se foi proferida com vícios que macularam tal decisão a ponto de torná-la ilegítima.

3. COMPETÊNCIA

Trata-se de ação de competência originária dos tribunais. Quer dizer, a ação rescisória deve ser proposta diretamente no tribunal prolator da decisão que se pretende rescindir. Assim, se a decisão que se quer rescindir foi proferida pelo STF, é neste tribunal que se deve propor a ação rescisória. Se de outro lado foi decisão proferida pelo STJ, é neste tribunal que se deve propor a ação rescisória.

No caso de ação rescisória contra sentença de primeiro grau, competente será o tribunal que seria competente para conhecer de eventual recurso. Se a decisão foi proferida pelos juízes estaduais, competente será o tribunal de justiça do Estado respectivo. Se proferida por juízes federais, a competência será do tribunal regional federal ao qual o juiz esteja vinculado.

4. DOS LEGITIMADOS

Tem legitimidade para propor a ação rescisória, isto é, legitimidade ativa, aqueles expressamente mencionados no art. 967,[3] do CPC, quais sejam:

---

3. CPC, Art. 967. Têm legitimidade para propor a ação rescisória:
   I – quem foi parte no processo ou o seu sucessor a título universal ou singular;
   II – o terceiro juridicamente interessado;
   III – o Ministério Público:
   a) se não foi ouvido no processo em que lhe era obrigatória a intervenção;
   b) quando a decisão rescindenda é o efeito de simulação ou de colusão das partes, a fim de fraudar a lei;
   c) em outros casos em que se imponha sua atuação;
   IV – aquele que não foi ouvido no processo em que lhe era obrigatória a intervenção.
   Parágrafo único. Nas hipóteses do art. 178, o Ministério Público será intimado para intervir como fiscal da ordem jurídica quando não for parte.

LIÇÃO 7 • DA AÇÃO RESCISÓRIA **69**

a) **Quem foi parte no processo ou o seu sucessor a título universal ou singular:**

As partes originárias do processo cuja sentença se pretende rescindir têm legitimidade para a propositura da ação rescisória. A previsão com relação as partes referem-se a todos aqueles que participam do processo e influenciaram no resultado final, pouco importando se eram autores ou réus, vencidos ou vencedores.

b) **O terceiro juridicamente interessado;**

Além do interesse jurídico é necessário que o terceiro tenha um vínculo de dependência com a decisão atingida pela *res iudicata*. Assim, pode ser terceiros juridicamente legitimados para a rescisória, por exemplo, o cessionário em relação à sentença que rescindiu compromisso de compra e venda.

c) **O Ministério Público:**

O MP terá legitimidade nas seguintes hipóteses: se não foi ouvido no processo em que lhe era obrigatória a intervenção; ou, quando a decisão rescindenda é o efeito de simulação ou de colusão das partes, a fim de fraudar a lei; ou ainda, nas outras hipóteses em que se imponha sua atuação.

Atenção: nas hipóteses do art. 178, o Ministério Público será intimado para intervir como fiscal da ordem jurídica quando não for parte.

d) **Aquele que não foi ouvido no processo em que lhe era obrigatória a intervenção:**

Nesse caso trata-se daquele que deveria ter sido ouvido obrigatoriamente no processo, mas não o foi. Não se trata de falta de citação porque o CPC diz claramente "ouvido no processo". Significa dizer que esta previsão não tem nada a ver com as partes, mas algum terceiro que por força de lei tenha a função de participar de determinado processo como, por exemplo, a intervenção do CADE nos processos que versem sobre Sistema Brasileiro de Defesa da Concorrência.[4]

Atenção: alguns doutrinadores mencionam como exemplo o caso do litisconsorte necessário que não tenha sido regularmente citado.[5] Ousamos discordar porque a falta de citação é caso de nulidade da decisão e não de rescindir a decisão.[6]

Quanto à **legitimidade passiva**, embora o Código de Processo Civil nada fale, será legitimada a parte contrária naqueles casos previstos no inciso I do art. 966. Nos casos versados nos incisos II e III do art. 966, serão legitimados todos aqueles que tenham participado do processo originário, pouco importando se atuaram no polo

---

4. Lei nº 12.259/11, Art. 118. Nos processos judiciais em que se discuta a aplicação desta Lei, o Cade deverá ser intimado para, querendo, intervir no feito na qualidade de assistente.
5. Entre estes Cassio Scarpinella Bueno e Alexandre Freitas Câmara.
6. Assim também pensa Fredie Didier Junior.

ativo ou passivo, quer dizer, independente de terem sido ganhadores ou perdedores, agora ocupará o polo passivo da ação rescisória.

5. DOS REQUISITOS DA PETIÇÃO INICIAL

A petição inicial que deverá ser elaborada com observância dos requisitos essenciais do art. 319, do CPC, devendo ainda o autor cumular ao pedido de rescisão, se for o caso, com o de novo julgamento do processo e depositar a importância de 5% (cinco por cento) sobre o valor da causa, limitado a 1.000 (mil) salários-mínimos, que se converterá em multa caso a ação seja, por unanimidade de votos, declarada inadmissível ou improcedente (CPC, art. 968).[7]

A exigência de depósito prévio não se aplica à União, aos Estados, ao Distrito Federal, aos Municípios, às suas respectivas autarquias e fundações de direito público, ao Ministério Público, à Defensoria Pública e aos que tenham obtido o benefício de gratuidade da justiça.

> **Atenção:** além das outras causas de indeferimento da petição inicial (ver CPC, art. 330), a não realização do depósito prévio é motivo para indeferimento da petição inicial na ação rescisória.

6. EMENDA DA PETIÇÃO INICIAL

Se for reconhecida a incompetência do tribunal para julgar a ação rescisória, o autor será intimado para emendar a petição inicial, a fim de adequar o objeto da ação rescisória, quando a decisão apontada como rescindenda: não tiver apreciado

---

7. CPC, Art. 968. A petição inicial será elaborada com observância dos requisitos essenciais do art. 319, devendo o autor:

I – cumular ao pedido de rescisão, se for o caso, o de novo julgamento do processo;

II – depositar a importância de cinco por cento sobre o valor da causa, que se converterá em multa caso a ação seja, por unanimidade de votos, declarada inadmissível ou improcedente.

§ 1º Não se aplica o disposto no inciso II à União, aos Estados, ao Distrito Federal, aos Municípios, às suas respectivas autarquias e fundações de direito público, ao Ministério Público, à Defensoria Pública e aos que tenham obtido o benefício de gratuidade da justiça.

§ 2º O depósito previsto no inciso II do caput deste artigo não será superior a 1.000 (mil) salários-mínimos.

§ 3º Além dos casos previstos no art. 330, a petição inicial será indeferida quando não efetuado o depósito exigido pelo inciso II do caput deste artigo.

§ 4º Aplica-se à ação rescisória o disposto no art. 332.

§ 5º Reconhecida a incompetência do tribunal para julgar a ação rescisória, o autor será intimado para emendar a petição inicial, a fim de adequar o objeto da ação rescisória, quando a decisão apontada como rescindenda:

I – não tiver apreciado o mérito e não se enquadrar na situação prevista no § 2º do art. 966;

II – tiver sido substituída por decisão posterior.

§ 6º Na hipótese do § 5º, após a emenda da petição inicial, será permitido ao réu complementar os fundamentos de defesa, e, em seguida, os autos serão remetidos ao tribunal competente.

LIÇÃO 7 • DA AÇÃO RESCISÓRIA **71**

o mérito e não se enquadrar na situação prevista no § 2º do art. 966; ou, tiver sido substituída por decisão posterior.

Se for emendada a petição inicial, o réu será intimado para complementar os fundamentos de defesa, e, em seguida, os autos serão remetidos ao tribunal competente (ver CPC, art. 968, §§ 5º e 6º).

7. IMPROCEDÊNCIA LIMINAR DO PEDIDO

Nas causas que dispensam instrução probatória, isto é, naquelas causas em que a matéria discutida é exclusivamente de direito ou sendo de fato e de direito os fatos já se encontrarem devidamente provados, o relator está autorizado a, **independentemente da citação do réu**, julgar liminarmente improcedente a ação rescisória que contrariar (ver CPC, art. 332):

a) **Sumulas dos tribunais superiores:**

Se a postulação do autor contrariar enunciado de súmula do Supremo Tribunal Federal ou do Superior Tribunal de Justiça, o relator pode indeferir liminarmente a petição inicial, julgando improcedente o pedido.

b) **Acórdão proferido em julgamento de caso repetitivo:**

Se a matéria objeto do pedido do autor já foi julgada improcedente pelo Supremo Tribunal Federal ou pelo Superior Tribunal de Justiça como caso repetitivo, o resultado desse julgamento é vinculante, quer dizer, obriga todos os juízes a seguir esse entendimento.

c) **Resolução de demandas repetitivas ou assunção de competência:**

Se o pedido contrariar entendimento firmado pelo tribunal (estadual ou federal), proferido em incidente de resolução de demandas repetitivas ou de assunção de competência, também deverá ser liminarmente indeferido.

d) **Sumula do tribunal de justiça sobre direito local:**

Esse é mais uma das hipóteses em que o relator de primeiro grau está autorizado a indeferir liminarmente o pedido do autor, se entender que tal pedido contraria enunciado de súmula de tribunal de justiça sobre direito local.

e) **Prescrição e decadência:**

Se o relator constatar que o direito postulado pelo autor está fulminado pela prescrição ou decadência, também deverá indeferir liminarmente o pedido.

8. EFEITO SUSPENSIVO

A ação rescisória não tem efeito suspensivo. Quer dizer, o fato de ser proposta ação rescisória não impede que o ganhador da ação que se pretende rescindir promova os atos necessários a realização do direito que lhe foi reconhecido (CPC, art. 969).[8]

Advirta-se, contudo, que é possível ao autor obter esse efeito através do pedido de tutela provisória, seja de urgência ou de evidência (ver CPC, arts. 294 a 311).

Atenção: sendo deferido o efeito suspensivo pelo relator, não se pode cogitar de estabilização dessa decisão por incompatibilidade com os objetivos da ação rescisória.

9. PROCESSAMENTO NO TRIBUNAL

Distribuída a ação no tribunal, o relator irá verificar preliminarmente se os requisitos foram devidamente preenchidos oportunizando, se for o caso, ao autor aditar/emendar a petição inicial para eventual correção de vícios. Também verificará se não é o caso de indeferimento liminar.

Sendo admitida a ação rescisória o relator ordenará a citação do réu, designando-lhe prazo nunca inferior a 15 (quinze) dias nem superior a 30 (trinta) dias para, querendo, apresentar resposta, ao fim do qual, com ou sem contestação, observar-se-á, no que couber, o procedimento comum (CPC, art. 970).[9]

Atenção: cabe destacar que **não há revelia** na ação rescisória, isto é, o fato de o réu não responder aos termos da ação não gera nenhum efeito tendo em vista que o mérito da questão será apreciado de qualquer forma. Outro aspecto importante é que neste procedimento **não cabe auto composição**, isto é, não se cogita da realização de audiência de conciliação ou mediação prevista no art. 334, do CPC.

A relatoria será preferencialmente daquele magistrado que não tenha participado do julgamento rescindendo (CPC, art. 971).[10]

Quando a instrução depender de provas, isto é, os fatos alegados dependam de comprovação, o relator poderá colher estas provas ou delegar, através de carta de ordem, a competência ao órgão que proferiu a decisão rescindenda, fixando prazo de 1 (um) a 3 (três) meses para a devolução dos autos (CPC, art. 972).[11]

---

8. CPC, Art. 969. A propositura da ação rescisória não impede o cumprimento da decisão rescindenda, ressalvada a concessão de tutela provisória.

9. CPC, Art. 970. O relator ordenará a citação do réu, designando-lhe prazo nunca inferior a 15 (quinze) dias nem superior a 30 (trinta) dias para, querendo, apresentar resposta, ao fim do qual, com ou sem contestação, observar-se-á, no que couber, o procedimento comum.

10. CPC, Art. 971. Na ação rescisória, devolvidos os autos pelo relator, a secretaria do tribunal expedirá cópias do relatório e as distribuirá entre os juízes que compuserem o órgão competente para o julgamento.

    Parágrafo único. A escolha de relator recairá, sempre que possível, em juiz que não haja participado do julgamento rescindendo.

11. CPC, Art. 972. Se os fatos alegados pelas partes dependerem de prova, o relator poderá delegar a competência ao órgão que proferiu a decisão rescindenda, fixando prazo de 1 (um) a 3 (três) meses para a devolução dos autos.

LIÇÃO 7 • DA AÇÃO RESCISÓRIA **73**

Concluída a instrução, será aberta vista ao autor e ao réu, pelo prazo de 10 (dez) dias sucessivos, para apresentarem suas alegações finais e, em seguida, os autos serão conclusos ao relator, procedendo-se ao julgamento pelo órgão competente (CPC, art. 973).[12]

Se a ação for julgada procedente, o tribunal rescindirá a decisão e, se for o caso, proferirá novo julgamento. Nessa mesma decisão o tribunal determinará a restituição ao autor do depósito prévio realizado.

> **Atenção:** a devolução do depósito prévio também deverá ocorrer se ação for julgada extinta sem resolução do mérito ou mesmo quando for julgada improcedente por decisão não unânime.

De outro lado, se a ação for considerada inadmissível ou improcedente, por votação unânime, o tribunal determinará a reversão, em favor do réu, da importância depositada, sem prejuízo das verbas sucumbenciais (CPC, art. 974).[13]

10. O PRAZO PARA PROPOSITURA DA AÇÃO RESCISÓRIA

O prazo para a propositura de ação rescisória é decadencial e esse prazo é, como regra, de 2 (dois) anos contados do trânsito em julgado da **última decisão proferida no processo**, prorrogando-se esse prazo para o primeiro dia útil imediatamente subsequente quando o prazo expirar durante férias forenses, recesso, feriados ou em dia em que não houver expediente forense. (CPC, art. 975).[14]

Há ainda três formas diferenciadas para contagem deste prazo, nos casos de prova nova e também nos casos de colusão ou simulação das partes, e ainda, nos casos em que o STF tenha considerado inconstitucional texto de lei ou ato normativo, vejamos:

---

12. CPC, Art. 973. Concluída a instrução, será aberta vista ao autor e ao réu para razões finais, sucessivamente, pelo prazo de 10 (dez) dias.

     Parágrafo único. Em seguida, os autos serão conclusos ao relator, procedendo-se ao julgamento pelo órgão competente.

13. CPC, Art. 974. Julgando procedente o pedido, o tribunal rescindirá a decisão, proferirá, se for o caso, novo julgamento e determinará a restituição do depósito a que se refere o inciso II do art. 968.

     Parágrafo único. Considerando, por unanimidade, inadmissível ou improcedente o pedido, o tribunal determinará a reversão, em favor do réu, da importância do depósito, sem prejuízo do disposto no § 2º do art. 82.

14. CPC, Art. 975. O direito à rescisão se extingue em 2 (dois) anos contados do trânsito em julgado da última decisão proferida no processo.

     § 1º Prorroga-se até o primeiro dia útil imediatamente subsequente o prazo a que se refere o caput, quando expirar durante férias forenses, recesso, feriados ou em dia em que não houver expediente forense.

     § 2º Se fundada a ação no inciso VII do art. 966, o termo inicial do prazo será a data de descoberta da prova nova, observado o prazo máximo de 5 (cinco) anos, contado do trânsito em julgado da última decisão proferida no processo.

     § 3º Nas hipóteses de simulação ou de colusão das partes, o prazo começa a contar, para o terceiro prejudicado e para o Ministério Público, que não interveio no processo, a partir do momento em que têm ciência da simulação ou da colusão.

a) **Ação fundada em prova nova:**

Nesse caso, o prazo contar-se-á da data de descoberta da prova nova, contudo não podendo ultrapassar o prazo de 5 (cinco) anos, contado do trânsito em julgado da última decisão proferida no processo.

b) **Hipótese de simulação ou de colusão das partes:**

Nesse caso, o prazo só começa a contar, para o terceiro prejudicado e para o Ministério Público, que não interveio no processo, a partir do momento em que se teve ciência da simulação ou da colusão.

c) **Lei ou ato normativo inconstitucional:**

Nos casos em que o STF venha a declarar lei ou ato normativo inconstitucional ou incompatível com a Constituição Federal, o prazo para a ação rescisória proferida com base nestes dispositivos, conta-se do trânsito em julgado da decisão do STF.

11. OUTROS MEIOS DE IMPUGNAÇÃO DE DECISÕES JUDICIAIS TRANSITADAS EM JULGADO

Além da ação rescisória encontramos no nosso ordenamento jurídico outros meios de impugnação de decisões judiciais já transitadas em julgado tais como a ação anulatória e a *querela nullitatis*, vejamos.

11.1 Ação anulatória

Não se confunda ação rescisória com ação anulatória. A ação rescisória cabe contra decisão na qual foi apreciado o mérito da questão posta *sub judice*. Se a decisão judicial foi simplesmente homologatória, portanto, terminativa, cabível é a ação anulatória (ver CPC, art. 966, § 4°).

Nesse caso, a competência é do juízo de primeiro grau e o prazo para propositura da ação não é aquele decadencial de 2 (dois) anos previsto para a ação rescisória. O prazo é o de prescrição ou de decadência do direito materialmente envolvido, conforme o caso.

11.2 *Querela nullitatis*

A *querela nullitatis* é uma ação declaratória de inexistência de sentença quando se puder demonstrar um vício de tal magnitude que torne a sentença inexistente como, por exemplo, a sentença manifestamente inconstitucional ou a sentença proferida em processo onde não houve regular citação do réu. Trata-se, a bem da verdade, de uma ação de **declaração da inexistência da relação jurídica processual**, quer dizer, de declaração da ineficácia de uma decisão que pode ser considerada inexistente.

Conforme entendimento do Superior Tribunal de Justiça (STJ), a competência para o julgamento da *querela nullitatis* é do juízo prolator da decisão que se pretende declarar viciada, seja o juízo monocrático, seja o tribunal, nos casos em que a decisão foi proferida em processo de sua competência originária.

Quanto ao prazo para propositura desta ação, como se trata de nulidade absoluta, não há que se falar em prazo prescricional como ocorre com a ação rescisória, porque em se tratando de nulidade absoluta esta não se convalesce com o decurso do tempo, por isso alguns autores falam em "**vício transrescisório**". Portanto, é uma ação que poderá ser proposta a qualquer tempo.

Este instituto não está expressamente previsto em lei, mas decorre de construção doutrinária e jurisprudencial. Apesar disso, encontramos ainda que por vias tortas, a presença deste instituto em três artigos do Código de Processo Civil, quando a lei dos ritos trata da impugnação ao cumprimento de sentença e dos embargos à execução fundados na falta ou nulidade da citação no processo de conhecimento, se a ação correu à revelia do executado, quais sejam, art. art. 525, I (cumprimento de sentença), art. 535, I (cumprimento de sentença contra a fazenda pública) e art. 741, i (execução por título executivo extrajudicial).

LIÇÃO 8
DO INCIDENTE DE RESOLUÇÃO DE DEMANDAS REPETITIVAS

Sumário: 1. Conceito e alcance do IRDR – 2. Os legitimados – 3. Competência – 4. Divulgação para a sociedade – 5. Admissibilidade – 6. Atribuições do relator – 7. O julgamento – 8. Efeito vinculante do resultado do julgamento – 9. Revisão da tese jurídica – 10. Recurso cabível contra o julgamento do IRDR – 11. Enunciados do VIII Fórum Permanente de Processualistas Civis – FPPC.

1. CONCEITO E ALCANCE DO IRDR

O incidente de resolução de demandas repetitivas (chamado pela doutrina como "IRDR"), a ser instaurado perante os tribunais estaduais e do distrito federal (TJs) e junto aos tribunais regionais federais (TRFs), é um procedimento que em tudo se assemelha com os institutos da "repercussão geral" e do julgamento dos "recursos repetitivos" no âmbito do STJ (recurso especial) ou do STF (recurso extraordinário). Inclusive visa os mesmos objetivos quais sejam: evitar decisões díspares sobre o mesmo tema de direito, garantindo assim maior segurança jurídica e isonomia; e, otimização de julgamento em face de mesmas questões de direito, o que colabora com a economia e celeridade processual (CPC, art. 976).[1] Quer dizer, **para situações iguais devem-se aplicar decisões iguais**.

---

1. CPC, Art. 976. É cabível a instauração do incidente de resolução de demandas repetitivas quando houver, simultaneamente:
   I – efetiva repetição de processos que contenham controvérsia sobre a mesma questão unicamente de direito;
   II – risco de ofensa à isonomia e à segurança jurídica.
   § 1º A desistência ou o abandono do processo não impede o exame de mérito do incidente.
   § 2º Se não for o requerente, o Ministério Público intervirá obrigatoriamente no incidente e deverá assumir sua titularidade em caso de desistência ou de abandono.
   § 3º A inadmissão do incidente de resolução de demandas repetitivas por ausência de qualquer de seus pressupostos de admissibilidade não impede que, uma vez satisfeito o requisito, seja o incidente novamente suscitado.
   § 4º É incabível o incidente de resolução de demandas repetitivas quando um dos tribunais superiores, no âmbito de sua respectiva competência, já tiver afetado recurso para definição de tese sobre questão de direito material ou processual repetitiva.
   § 5º Não serão exigidas custas processuais no incidente de resolução de demandas repetitivas.

Para entender melhor o incidente: escolhe-se um processo que já esteja no tribunal em grau de recurso e estabelece-se que ele será utilizado como "modelo" ou "padrão" que resolvido, a mesma solução deverá ser aplicada a todos os demais casos similares em tramitação em primeira e segunda instância, bem como para os processos futuros que versem sobre a mesma tese jurídica.

Ocorre que para a instauração do incidente é preciso que haja efetiva repetição de processos que contenham controvérsia sobre a mesma questão unicamente de direito; ou risco de ofensa à isonomia e à segurança jurídica. Quer dizer, o incidente não pode se basear em hipótese, tem que ser lastreado em casos concretos e, pelo menos um dos processos, deve estar no tribunal em grau de recurso. Quer dizer, **não se pode provocar o IRDR preventivo.**

Este incidente de Resolução de Demandas Repetitivas (IRDR) é uma ferramenta jurídica que visa dar uniformidade no que diz respeito a resolver questões de direito que se repetem em vários processos judiciais. O principal objetivo é uniformizar a interpretação de questões de direito e com isso evitar decisões conflitantes, contribuir para diminuir o volume exacerbado de processo no judiciário e, principalmente, oferecer maior segurança jurídica para a sociedade, evitando contradições entre diferentes julgamentos sobre mesma questão de direito.

Importante: neste incidente não haverá exigência de recolhimento das custas processuais.

2. OS LEGITIMADOS

Os legitimados que podem provocar o incidente são: o juiz ou relator, de ofício ou a requerimento das partes; o Ministério Público e a Defensoria Pública, cujo pedido deverá ser dirigido ao presidente de tribunal respectivo (CPC, art. 977).[2]

Essa provocação será por ofício quando se tratar de magistrados ou por petição em se tratando de pedido feito pelas partes, Ministério Público ou Defensoria Pública. O pedido deverá ser instruído com os documentos necessários à demonstração do preenchimento dos pressupostos para a instauração do incidente.

Atenção: o Ministério Público intervirá obrigatoriamente no incidente, mesmo que não o tenha provocado, e deverá assumir sua titularidade em caso de desistência ou de abandono.

---

2. CPC, Art. 977. O pedido de instauração do incidente será dirigido ao presidente de tribunal:

I – pelo juiz ou relator, por ofício;

II – pelas partes, por petição;

III – pelo Ministério Público ou pela Defensoria Pública, por petição.

Parágrafo único. O ofício ou a petição será instruído com os documentos necessários à demonstração do preenchimento dos pressupostos para a instauração do incidente.

LIÇÃO 8 • DO INCIDENTE DE RESOLUÇÃO DE DEMANDAS REPETITIVAS

3. COMPETÊNCIA

O julgamento do incidente caberá ao órgão indicado pelo regimento interno do respectivo tribunal, dentre aqueles responsáveis pela uniformização de jurisprudência do tribunal (CPC, art. 978).[3]

Por uma questão de lógica e coerência, estabelece ainda o CPC que o órgão colegiado ao qual cabe julgar o incidente e fixar a tese jurídica, julgará também o recurso, a remessa necessária ou o processo de competência originária que deu origem ao IRDR.

Atenção: quando envolver hipótese de declaração incidental de inconstitucionalidade, a competência será do plenário do tribunal em questão, tendo em vista a cláusula geral de reserva de plenário insculpida no art. 97 da Constituição Federal.

4. DIVULGAÇÃO PARA A SOCIEDADE

Existe a obrigatoriedade de o tribunal promover a mais ampla divulgação e publicidade sobre a instauração e o julgamento do incidente, inclusive por meio de registro eletrônico no Conselho Nacional de Justiça (CPC, art. 979).[4]

Além disso, todos os tribunais deverão manter um "banco eletrônico de dados", atualizados com informações específicas sobre questões de direito submetidas ao incidente, comunicando-o imediatamente ao Conselho Nacional de Justiça para inclusão no cadastro nacional.

Para possibilitar a identificação dos processos abrangidos pela decisão do incidente, o registro eletrônico das teses jurídicas constantes do cadastro conterá, no mínimo, os fundamentos determinantes da decisão e os dispositivos normativos a ela relacionados.

---

3. CPC, Art. 978. O julgamento do incidente caberá ao órgão indicado pelo regimento interno dentre aqueles responsáveis pela uniformização de jurisprudência do tribunal.

   Parágrafo único. O órgão colegiado incumbido de julgar o incidente e de fixar a tese jurídica julgará igualmente o recurso, a remessa necessária ou o processo de competência originária de onde se originou o incidente.

4. CPC, Art. 979. A instauração e o julgamento do incidente serão sucedidos da mais ampla e específica divulgação e publicidade, por meio de registro eletrônico no Conselho Nacional de Justiça.

   § 1º Os tribunais manterão banco eletrônico de dados atualizados com informações específicas sobre questões de direito submetidas ao incidente, comunicando-o imediatamente ao Conselho Nacional de Justiça para inclusão no cadastro.

   § 2º Para possibilitar a identificação dos processos abrangidos pela decisão do incidente, o registro eletrônico das teses jurídicas constantes do cadastro conterá, no mínimo, os fundamentos determinantes da decisão e os dispositivos normativos a ela relacionados.

   § 3º Aplica-se o disposto neste artigo ao julgamento de recursos repetitivos e da repercussão geral em recurso extraordinário.

Essa mesma obrigatoriedade se aplica, com justa razão, ao julgamento de recursos repetitivos no STJ e STF e na repercussão geral em recurso extraordinário perante o STF.

5. ADMISSIBILIDADE

Caberá ao órgão colegiado competente para julgamento do incidente, fazer a verificação do preenchimento dos pressupostos de admissibilidade, aferindo se o processo preenche todos os requisitos (CPC, art. 981),[5] quais sejam:

a) **Efetiva repetição de processos que contenham controvérsia sobre a mesma questão unicamente de direito:**

   É necessário que se possa provar a existência de vários processos versando sobre a mesma matéria de direito. Questões de fato não interessam nesta seara.

b) **Risco de ofensa à isonomia e à segurança jurídica:**

   É também necessário provar a existência de decisões diferentes para a mesma questão jurídica, o que poderia causar insegurança jurídica.

c) **Que haja pelo menos um processo em grau de recurso versando sobre a matéria:**

   Ainda que existam vários processos em curso em primeira instância, é preciso que já haja algum processo que tenha subido ao tribunal em grau de recurso. Isto não está previsto de maneira direta em lei, mas se pode depreender do fato de que o processo afetado será julgado pelo órgão competente do tribunal, logo não poderá ser processo que ainda esteja em primeira instância (nesse sentido ver o parágrafo único do art. 978).

d) **Que não haja no STF ou STJ, no âmbito de suas respectivas competências, recurso afetado para definição de tese sobre questão de direito material ou processual repetitiva:**

   Trata-se de questão de coerência, explico: este incidente é incabível quando já houver afetação de recurso extraordinário ou especial repetitivo, versando sobre a mesma matéria, nos respectivos tribunais superiores. A questão é de lógica porque se os tribunais superiores firmarem uma determinada orientação, ela vinculará todos os demais tribunais e juízes.

Assim, caberá ao presidente do tribunal submeter o processo piloto ao colegiado que proferirá a decisão final quanto à admissibilidade do incidente.

Atenção: diferentemente de outros processos nos tribunais, nesse caso não cabe decisão monocrática ao relator.

---

5. CPC, Art. 981. Após a distribuição, o órgão colegiado competente para julgar o incidente procederá ao seu juízo de admissibilidade, considerando a presença dos pressupostos do art. 976.

É interessante notar que, em face do interesse público que norteia a questão, a eventual desistência do recurso ou mesmo da ação, ou ainda, o abandono do processo, não impede o exame de mérito do incidente. Quer dizer, se o autor do processo tomado como paradigma desistir ou abandonar o processo, isso não impede a discussão e formação da tese jurídica para aquela questão suscitada no processo. Nesse caso, não haverá julgamento de mérito com relação ao caso particular versado naqueles autos. Tanto é assim, que se houver renúncia ou abandono, o MP deverá assumir a titularidade (ver CPC, art. 976, §§ 1º e 2º).

Ademais, caso o incidente de resolução de demandas repetitivas seja inadmitido por ausência de qualquer de seus pressupostos de admissibilidade, isso não impede que, uma vez satisfeito os requisitos, seja o incidente novamente suscitado, ainda que em outro processo paradigma.

6. ATRIBUIÇÕES DO RELATOR

Admitido o incidente, será o mesmo regularmente distribuído, cabendo ao relator sorteado tomar as seguintes providências (CPC, art. 982):[6]

a) **Suspender os processos similares:**

Deverá o relator mandar suspender todos os processos de iguais teses jurídicas que estejam pendentes de julgamento em primeiro ou segundo grau, sejam eles individuais ou coletivos, que tramitam no Estado (tribunais de justiça) ou na região (tribunais regionais federais), conforme o caso.

b) **Requisitar informações dos órgãos onde tramita o processo:**

Se necessário, o relator poderá requisitar informações aos órgãos em cujo juízo tramitam processos nos quais se discutem o objeto do incidente, que as prestarão no prazo de 15 (quinze) dias.

---

6. CPC, Art. 982. Admitido o incidente, o relator:

I – suspenderá os processos pendentes, individuais ou coletivos, que tramitam no Estado ou na região, conforme o caso;

II – poderá requisitar informações a órgãos em cujo juízo tramita processo no qual se discute o objeto do incidente, que as prestarão no prazo de 15 (quinze) dias;

III – intimará o Ministério Público, para, querendo, manifestar-se no prazo de 15 (quinze) dias.

§ 1º A suspensão será comunicada aos órgãos jurisdicionais competentes.

§ 2º Durante a suspensão, o pedido de tutela de urgência deverá ser dirigido ao juízo onde tramita o processo suspenso.

§ 3º Visando à garantia da segurança jurídica, qualquer legitimado mencionado no art. 977, incisos II e III, poderá requerer, ao tribunal competente para conhecer do recurso extraordinário ou especial, a suspensão de todos os processos individuais ou coletivos em curso no território nacional que versem sobre a questão objeto do incidente já instaurado.

§ 4º Independentemente dos limites da competência territorial, a parte no processo em curso no qual se discuta a mesma questão objeto do incidente é legitimada para requerer a providência prevista no § 3º deste artigo.

§ 5º Cessa a suspensão a que se refere o inciso I do caput deste artigo se não for interposto recurso especial ou recurso extraordinário contra a decisão proferida no incidente.

c) Intimar o Ministério Público:

Deverá ainda, mandar intimar o Ministério Público para, querendo, manifestar-se no prazo de 15 (quinze) dias. Vale lembrar que o MP atuará como requerente ou como *custos legis*, sendo obrigatória a sua intervenção no incidente (ver CPC, art. 976, § 2º).

O relator poderá ainda ouvir, além das partes, todos os possíveis interessados, inclusive pessoas, órgãos e entidades da sociedade civil que possam ter, de alguma forma, interesse na solução da controvérsia. É o típico caso de intervenção do *amicus curiae* (ver Novo CPC, art. 138).

Nesse caso, o prazo para manifestações é comum a todos os interessados e será de 15 (quinze) dias, e todos poderão requerer a juntada de documentos, bem como as diligências que entendam sejam necessárias para a elucidação da questão de direito controvertida. Depois desse prazo, com manifestações ou não desses possíveis interessados, será aberto prazo de 15 (quinze) dias para que o Ministério Público possa se manifestar.

Outro aspecto importantíssimo é que, a critério do relator, poderá ser designada data para realização de **audiência pública**, para ouvir depoimentos de técnicos e profissionais com experiência e conhecimento sobre a matéria.

Depois de concluídas todas as diligências que se fizeram necessárias, o relator solicitará dia para o julgamento do incidente (CPC, art. 983).[7]

7. O JULGAMENTO

O prazo para que seja julgado o incidente é de 1 (um) ano, dispondo ainda o CPC que o mesmo terá preferência sobre os demais feitos, ressalvados os que envolvam réu preso e os pedidos de habeas corpus. Se o incidente não for julgado neste prazo, todos os processos que ficaram suspensos esperando a solução do *lide case*, deverão voltar ao seu curso normal, a não ser que o relator, fundamentadamente, decida em sentido contrário (CPC, art. 980).[8]

---

7. CPC, Art. 983. O relator ouvirá as partes e os demais interessados, inclusive pessoas, órgãos e entidades com interesse na controvérsia, que, no prazo comum de 15 (quinze) dias, poderão requerer a juntada de documentos, bem como as diligências necessárias para a elucidação da questão de direito controvertida, e, em seguida, manifestar-se-á o Ministério Público, no mesmo prazo.

    § 1º Para instruir o incidente, o relator poderá designar data para, em audiência pública, ouvir depoimentos de pessoas com experiência e conhecimento na matéria.

    § 2º Concluídas as diligências, o relator solicitará dia para o julgamento do incidente.

8. CPC, Art. 980. O incidente será julgado no prazo de 1 (um) ano e terá preferência sobre os demais feitos, ressalvados os que envolvam réu preso e os pedidos de habeas corpus.

    Parágrafo único. Superado o prazo previsto no caput, cessa a suspensão dos processos prevista no art. 982, salvo decisão fundamentada do relator em sentido contrário.

LIÇÃO 8 • DO INCIDENTE DE RESOLUÇÃO DE DEMANDAS REPETITIVAS | **83**

No julgamento o relator fará uma exposição do objeto do incidente e apresentará o relatório. Em seguida, será aberta a palavra para sustentação oral dos possíveis interessados, na seguinte ordem: primeiro o autor e o réu do processo originário e, depois, o Ministério Público, pelo prazo de 30 (trinta) minutos cada um. Se houver outros interessados, todos poderão se manifestar, porém o tempo será de 30 (trinta) minutos, divididos entre todos, sendo exigida inscrição prévia com 2 (dois) dias de antecedência. Este último prazo poderá ser ampliado dependendo do número de inscritos (CPC, art. 984).[9]

O conteúdo do acórdão deverá abranger a análise de todos os fundamentos suscitados concernentes à tese jurídica discutida, independentemente se serem favoráveis ou contrários ao argumento por ele adotado como razão para decidir, reforçando a necessidade de fundamentação das decisões judiciais (ver Novo CPC, art. 489, § 1°).

8. EFEITO VINCULANTE DO RESULTADO DO JULGAMENTO

Decidido o mérito do incidente, a tese jurídica firmada no incidente terá força vinculante e obrigará todos os juízes que atuam na área de jurisdição do tribunal, inclusive os dos juizados especiais. Aliás, vinculará até mesmo o próprio tribunal que, nos casos presentes e futuros, deverá seguir a orientação exarada (CPC, art. 985).[10]

É importante esclarecer que, se algum magistrado se recusar a aplicar a orientação firmada pelo tribunal, caberá reclamação contra o mesmo (ver CPC, art. 988).

Outro aspecto relevante é a previsão de que se o incidente tiver por objeto questão relativa à prestação de serviço concedido, permitido ou autorizado, o resultado do julgamento será comunicado ao órgão, ao ente ou à agência reguladora competente

---

9. CPC, Art. 984. No julgamento do incidente, observar-se-á a seguinte ordem:

    I – o relator fará a exposição do objeto do incidente;

    II – poderão sustentar suas razões, sucessivamente:

    a) o autor e o réu do processo originário e o Ministério Público, pelo prazo de 30 (trinta) minutos;

    b) os demais interessados, no prazo de 30 (trinta) minutos, divididos entre todos, sendo exigida inscrição com 2 (dois) dias de antecedência.

    § 1° Considerando o número de inscritos, o prazo poderá ser ampliado.

    § 2° O conteúdo do acórdão abrangerá a análise de todos os fundamentos suscitados concernentes à tese discutida, sejam favoráveis ou contrários.

10. CPC, Art. 985. Julgado o incidente, a tese jurídica será aplicada:

    I – a todos os processos individuais ou coletivos que versem sobre idêntica questão de direito e que tramitem na área de jurisdição do respectivo tribunal, inclusive àqueles que tramitem nos juizados especiais do respectivo Estado ou região;

    II – aos casos futuros que versem idêntica questão de direito e que venham a tramitar no território de competência do tribunal, salvo revisão na forma do art. 986.

    § 1° Não observada a tese adotada no incidente, caberá reclamação.

    § 2° Se o incidente tiver por objeto questão relativa a prestação de serviço concedido, permitido ou autorizado, o resultado do julgamento será comunicado ao órgão, ao ente ou à agência reguladora competente para fiscalização da efetiva aplicação, por parte dos entes sujeitos a regulação, da tese adotada.

para fiscalização da efetiva aplicação por parte dos entes sujeitos a regulação, da tese adotada, estabelecendo uma cooperação entre o órgão jurisdicional e o órgão administrativo respectivo.

9. REVISÃO DA TESE JURÍDICA

A tese jurídica firmada no incidente de resolução de demandas repetitivas poderá ser revista a qualquer tempo, pelo mesmo tribunal. Nesse caso, o tribunal poderá iniciar o procedimento de revisão de ofício ou a requerimento do Ministério Público ou da Defensoria Pública (CPC, art. 986).[11]

É importante destacar que, a teor do que dispõe o CPC, as partes originárias não têm legitimidade para provocar a revisão do entendimento firmado, assim como o magistrado oficiante. Apesar disso, há opiniões doutrinárias respeitáveis que defendem a legitimidade das partes para requerem a revisão da tese jurídica.[12] Aliás, há até o Enunciado 473, da FPPC que reafirma essa posição.[13]

10. RECURSO CABÍVEL CONTRA O JULGAMENTO DO IRDR

Do julgamento do mérito do incidente, caberá recurso extraordinário ao STF se a questão versada ferir a constituição; ou, especial ao STJ se a questão for infraconstitucional (CPC, art. 987).[14]

Interposto qualquer desses dois recursos, o mesmo terá, excepcionalmente, **efeito suspensivo** *ope legis*, e quanto ao recurso extraordinário a repercussão geral de questão constitucional eventualmente discutida, é presumida.

11. ENUNCIADOS DO VIII FÓRUM PERMANENTE DE PROCESSUALISTAS CIVIS – FPPC

Cumpre esclarecer que o Fórum Permanente de Processualistas Civis é um evento que reúne diversos especialistas, sob a coordenação do eminente jurista

---

11. CPC, Art. 986. A revisão da tese jurídica firmada no incidente far-se-á pelo mesmo tribunal, de ofício ou mediante requerimento dos legitimados mencionados no art. 977, inciso III.

12. Nesse sentido Cassio Scarpinella Bueno e Alexandre Freitas Câmara.

13. FPPC, Enunciado 473: (art. 986) A possibilidade de o tribunal revisar de ofício a tese jurídica do incidente de resolução de demandas repetitivas autoriza as partes a requerê-la. (Grupo: Precedentes, IRDR, Recursos Repetitivos e Assunção de competência).

14. CPC, Art. 987. Do julgamento do mérito do incidente caberá recurso extraordinário ou especial, conforme o caso.

    § 1º O recurso tem efeito suspensivo, presumindo-se a repercussão geral de questão constitucional eventualmente discutida.

    § 2º Apreciado o mérito do recurso, a tese jurídica adotada pelo Supremo Tribunal Federal ou pelo Superior Tribunal de Justiça será aplicada no território nacional a todos os processos individuais ou coletivos que versem sobre idêntica questão de direito.

LIÇÃO 8 • DO INCIDENTE DE RESOLUÇÃO DE DEMANDAS REPETITIVAS **85**

Fredie Didier Jr, cujo objetivo principal foi o de discutir aspectos relevantes da Lei n° 13.105, de 16 de março de 2015, que estabeleceu o Código de Processo Civil de 2015.

Neste VIII evento, realizado nos dias 24, 25 e 26 de março de 2017, em Florianópolis, os participantes firmaram diversas teses e, pela importância do tema, vamos relacionar os Enunciados aprovados que se referem ao IRDR, vejamos:

> **Enunciado 87.** A instauração do incidente de resolução de demandas repetitivas não pressupõe a existência de grande quantidade de processos versando sobre a mesma questão, mas preponderantemente o risco de quebra da isonomia e de ofensa à segurança jurídica.

> **Enunciado 88.** Não existe limitação de matérias de direito passíveis de gerar a instauração do incidente de resolução de demandas repetitivas e, por isso, não é admissível qualquer interpretação que, por tal fundamento, restrinja seu cabimento.

> **Enunciado 89.** Havendo apresentação de mais de um pedido de instauração do incidente de resolução de demandas repetitivas perante o mesmo tribunal todos deverão ser apensados e processados conjuntamente; os que forem oferecidos posteriormente à decisão de admissão serão apensados e sobrestados, cabendo ao órgão julgador considerar as razões neles apresentadas.

> **Enunciado 90.** É admissível a instauração de mais de um incidente de resolução de demandas repetitivas versando sobre a mesma questão de direito perante tribunais de 2° grau diferentes.

> **Enunciado 91.** Cabe ao órgão colegiado realizar o juízo de admissibilidade do incidente de resolução de demandas repetitivas, sendo vedada a decisão monocrática.

> **Enunciado 342.** O incidente de resolução de demandas repetitivas aplica-se a recurso, a remessa necessária ou a qualquer causa de competência originária.

> **Enunciado 343.** O incidente de resolução de demandas repetitivas compete a tribunal de justiça ou tribunal regional.

> **Enunciado 344.** A instauração do incidente pressupõe a existência de processo pendente no respectivo tribunal.

> **Enunciado 345.** O incidente de resolução de demandas repetitivas e o julgamento dos recursos extraordinários e especiais repetitivos formam um microssistema de solução de casos repetitivos, cujas normas de regência se complementam reciprocamente e devem ser interpretadas conjuntamente.

> **Enunciado 346.** A Lei n° 13.015, de 21 de julho de 2014, compõe o microssistema de solução de casos repetitivos.

Enunciado 473: A possibilidade de o tribunal revisar de ofício a tese jurídica do incidente de resolução de demandas repetitivas autoriza as partes a requerê-la.

Enunciado 556. É irrecorrível a decisão do órgão colegiado que, em sede de juízo de admissibilidade, rejeita a instauração do incidente de resolução de demandas repetitivas, salvo o cabimento dos embargos de declaração.

Enunciado 605. Os juízes e as partes com processos no Juizado Especial podem suscitar a instauração do incidente de resolução de demandas repetitivas.

Cumpre esclarecer que os enunciados do FPPC têm caráter eminentemente doutrinário, não são jurisprudência e, evidentemente, não possuem nenhuma força vinculante. Apesar disso são muito importantes porque são elaborados após amplos debates sobre a prática jurídica processual.

LIÇÃO 9
DA RECLAMAÇÃO

> **Sumário:** 1. Notas introdutórias – 2. Não cabe reclamação – 3. Competência – 4. Procedimentos do relator – 5. Impugnação à reclamação – 6. Atuação do Ministério Público – 7. Julgamento da reclamação.

1. NOTAS INTRODUTÓRIAS

Importantíssimo o instituto da reclamação que poderá ser manejada pela parte interessada ou pelo Ministério Público, com a finalidade preservar a competência do tribunal; para garantir a autoridade das decisões do tribunal; garantir a observância de decisão do Supremo Tribunal Federal em controle concentrado de constitucionalidade; ou ainda, garantir a observância de enunciado de súmula vinculante e de precedente proferido em julgamento de casos repetitivos ou em incidente de assunção de competência (CPC, art. 988).[1]

---

1. CPC, Art. 988. Caberá reclamação da parte interessada ou do Ministério Público para:

I – preservar a competência do tribunal;

II – garantir a autoridade das decisões do tribunal;

III – garantir a observância de enunciado de súmula vinculante e de decisão do Supremo Tribunal Federal em controle concentrado de constitucionalidade; (Redação dada pela Lei nº 13.256, de 2016)

IV – garantir a observância de acórdão proferido em julgamento de incidente de resolução de demandas repetitivas ou de incidente de assunção de competência; (Redação dada pela Lei nº 13.256, de 2016)

§ 1º A reclamação pode ser proposta perante qualquer tribunal, e seu julgamento compete ao órgão jurisdicional cuja competência se busca preservar ou cuja autoridade se pretenda garantir.

§ 2º A reclamação deverá ser instruída com prova documental e dirigida ao presidente do tribunal.

§ 3º Assim que recebida, a reclamação será autuada e distribuída ao relator do processo principal, sempre que possível.

§ 4º As hipóteses dos incisos III e IV compreendem a aplicação indevida da tese jurídica e sua não aplicação aos casos que a ela correspondam.

§ 5º É inadmissível a reclamação: (Redação dada pela Lei nº 13.256, de 2016)

I – proposta após o trânsito em julgado da decisão reclamada; (Incluído pela Lei nº 13.256, de 2016)

II – proposta para garantir a observância de acórdão de recurso extraordinário com repercussão geral reconhecida ou de acórdão proferido em julgamento de recursos extraordinário ou especial repetitivos, quando não esgotadas as instâncias ordinárias. (Incluído pela Lei nº 13.256, de 2016)

§ 6º A inadmissibilidade ou o julgamento do recurso interposto contra a decisão proferida pelo órgão reclamado não prejudica a reclamação.

Cumpre salientar que o atual CPC ampliou substancialmente o cabimento da reclamação que antes era matéria que constava apenas da Lei nº 8.038/90, cujos arts. 13 a 18 foram revogados com a entrada em vigor do Novo CPC, e aplicava-se apenas aos tribunais superiores. Tem também previsão na Constituição Federal (ver CF, art. 102, I, alínea l; art. 103-A, § 3º; e, art. 105, I, alínea f).

Não se confunda a reclamação com recurso. A reclamação é uma ação de competência originária dos tribunais. Nesse sentido é pacífica a posição do Superior Tribunal de Justiça (STJ) que já decidiu que a Reclamação é destinada a preservar a competência e autoridade das decisões dos tribunais, não se prestando ao reexame de decisões judiciais. Assim, constatando-se o uso inadequado da Reclamação, isto é, fora das hipóteses de cabimento, deve resultar em sua inadmissibilidade, reforçando a necessidade de observância dos limites processuais estabelecidos pelo artigo 988 do Código de Processo Civil.[2]

Também o Supremo Tribunal Federal (STF) que já decidiu que, uma vez acobertada pela imutabilidade, presente o trânsito em julgado da ação de origem, impossível se revela pela via reclamatória a discussão de matéria que fora objeto de debate específico no processo de origem, dada a vedação contida na norma do art. 988, § 5º, I, do Código de Processo Civil e na Súmula 734 do STF, cujo teor é o seguinte: "Não cabe reclamação quando já houver transitado em julgado o ato judicial que se alega tenha desrespeitado decisão do Supremo Tribunal Federal". Sendo assim, é inadmissível o uso da reclamação constitucional como sucedâneo de recurso ou ação rescisória.[3]

Cumpre, pois, reafirmar que é impossível discutir uma matéria que já foi objeto de debate no processo de origem por meio de reclamação após o trânsito em julgado da ação. Isso acontece porque o trânsito em julgado torna a decisão judicial imutável, ou seja, definitiva, e não mais passível de recurso.

2. NÃO CABE RECLAMAÇÃO

É importante alertar que a reclamação não se presta à defesa dos interesses das partes, nem contra eventual injustiça de qualquer decisão judicial. Presta-se, isso sim, à garantia do próprio sistema judicial e da efetividade das decisões emanadas dos tribunais.

Da mesma forma, não será admitida reclamação visando garantir a obediência de acórdão do STF, proferido em acórdão de recurso extraordinário proferido com base em repercussão geral ou mesmo de acórdão proferido em julgamento de

---

2. (STJ – REsp: 1703129 SP 2017/0216792-0, Relator: Ministro Herman Benjamin, Data de Julgamento: 28/11/2017, T2 – Segunda Turma, Data de Publicação: DJe 18/12/2017).

3. (STF – Rcl: 62787 MA, Relator: Min. Edson Fachin, Data de Julgamento: 13/05/2024, Segunda Turma, Data de Publicação: Processo Eletrônico DJe-s/n Divulg 23-05-2024 Publicação 24-05-2024).

LIÇÃO 9 • DA RECLAMAÇÃO

recursos extraordinário ou especial repetitivos, quando não esgotadas ainda todas as instâncias ordinárias.

Também não será admitida reclamação contra decisão que já tenha transitado em julgado, em perfeita consonância com o disposto na súmula 734, do STF, que assim foi editada: "Não cabe reclamação quando já houver transitado em julgado o ato judicial que se alega tenha desrespeitado decisão do supremo tribunal federal". Disso decorre a obrigatoriedade de a parte, simultaneamente, recorrer da decisão que se pretende reclamar para que não ocorra o trânsito em julgado, razão porque a eventual inadmissibilidade ou o julgamento do recurso interposto contra a decisão proferida pelo órgão reclamado não prejudica a reclamação (ver especialmente o art. 966, § 5º, I e § 6º, do CPC).

> **Atenção:** vale lembrar que para desconstituir decisão judicial transitada em julgado o instrumento apropriado é a ação rescisória.

3. COMPETÊNCIA

A reclamação pode ser proposta perante qualquer tribunal e seu julgamento compete ao órgão jurisdicional cuja competência se busca preservar ou cuja autoridade se pretenda garantir.

Para isso o requerente deverá instruir a reclamação com prova documental de que houve a violação e a petição será dirigida ao presidente do tribunal.

Recebida a reclamação, a mesma será autuada e distribuída ao relator do processo principal, sempre que possível.

4. PROCEDIMENTOS DO RELATOR

Recebida a petição pelo relator, lhe cabe requisitar informações da autoridade a quem for imputada a prática do ato impugnado, que as prestará no prazo de 10 (dez) dias. Deverá também, se necessário, determinar a suspensão do processo ou do ato impugnado para evitar dano irreparável (CPC, art. 989).[4]

Por fim, deverá determinar a citação do beneficiário da decisão impugnada, que terá prazo de 15 (quinze) dias para apresentar a sua contestação.

---

4. CPC, Art. 989. Ao despachar a reclamação, o relator:

I– requisitará informações da autoridade a quem for imputada a prática do ato impugnado, que as prestará no prazo de 10 (dez) dias;

II – se necessário, ordenará a suspensão do processo ou do ato impugnado para evitar dano irreparável;

III – determinará a citação do beneficiário da decisão impugnada, que terá prazo de 15 (quinze) dias para apresentar a sua contestação.

5. IMPUGNAÇÃO À RECLAMAÇÃO

Além da própria parte beneficiária da decisão que se pretende impugnar, tem legitimidade para impugnar o pedido do reclamante qualquer pessoa interessada (CPC, art. 990).[5]

Significa dizer que o terceiro, portanto estranho ao processo, que se sinta prejudicado pela interposição da reclamação tem legitimidade para se contrapor às razões do reclamante.

6. ATUAÇÃO DO MINISTÉRIO PÚBLICO

O Ministério Público, mesmo que não seja o requerente, será chamado a atuar no processo como guardião da ordem jurídica e, nessa condição, terá vista do processo pelo prazo de 5 (cinco) dias úteis, após o decurso do prazo para informações e para o oferecimento da contestação pelo beneficiário do ato impugnado (CPC, art. 991).[6]

7. JULGAMENTO DA RECLAMAÇÃO

Se o tribunal julgar procedente a reclamação, determinará a cassação da decisão exorbitante de seu julgado ou determinará medida adequada à solução da controvérsia (CPC, art. 992).[7]

Além disso, o presidente do tribunal terá a incumbência de fazer valer o cumprimento imediato da decisão prolatada na reclamação, lavrando-se o acórdão posteriormente (CPC, art. 993).[8]

---

5. CPC, Art. 990. Qualquer interessado poderá impugnar o pedido do reclamante.
6. CPC, Art. 991. Na reclamação que não houver formulado, o Ministério Público terá vista do processo por 5 (cinco) dias, após o decurso do prazo para informações e para o oferecimento da contestação pelo beneficiário do ato impugnado.
7. CPC, Art. 992. Julgando procedente a reclamação, o tribunal cassará a decisão exorbitante de seu julgado ou determinará medida adequada à solução da controvérsia.
8. CPC, Art. 993. O presidente do tribunal determinará o imediato cumprimento da decisão, lavrando-se o acórdão posteriormente.

Parte IV
DOS RECURSOS EM ESPÉCIES

Lição 10
DA APELAÇÃO E DO RECURSO ADESIVO[1]

Sumário: 1. Notas introdutórias – 2. Nova hipótese de cabimento da apelação – 3. Requisitos recursais – 4. Do juízo de admissibilidade – 5. Efeitos da apelação; 5.1 O efeito devolutivo; 5.2 O efeito suspensivo; 5.3 Efeito translativo; 5.4 Efeito expansivo; 5.5 Efeito substitutivo – 6. Interposição da apelação – 7. Prazo para interposição e resposta do apelado – 8. Matérias que não sofrem o efeito da preclusão – 9. Legitimados – 10. Processamento final da apelação – 11. Questões de fato não proposta no juízo *a quo* – 12. Julgamento da apelação e a teoria da causa madura – 13. Recurso adesivo; 13.1 Cabimento; 13.2 Quem tem legitimidade; 13.3 Momento de interposição; 13.4 Processamento do recurso adesivo; 13.5 Acessoriedade do recurso; 13.6 Julgamento.

1. NOTAS INTRODUTÓRIAS

A apelação é o recurso adequado para impugnar a sentença proferida por juiz de primeiro grau, seja ela definitiva (que resolve o mérito, pois acolhe ou rejeita o pedido do autor, como disposto no art. 487 do CPC) ou terminativa (que extingue o processo sem resolução de mérito nas hipóteses elencadas no art. 485 do CPC) é o que prescreve expressamente o *caput* do art. 1.009, do CPC.[2]

A apelação, dentre todos os recursos elencados taxativamente no art. 994, do CPC, é o de maior amplitude, porque sua fundamentação é livre e sua aplicação é ampla. Ele representa um meio de veicular a inconformidade da parte sucumbente, dando plena aplicação ao princípio do duplo grau de jurisdição.

Tanto os *erros in procedendo* (erros de natureza processual ou procedimental); como os *erros in judicando* (aqueles que decorrem da interpretação equivocada das

---

1. Esta lição conta com notas da Prof. Marcia Cardoso Simões. In: MELO, Nehemias Domingos de. Manual de prática jurídica civil para graduação e exame da OAB. 5ª. ed. Indaiatuba: Foco, 2022, p. 161/167.
2. CPC, Art. 1.009. Da sentença cabe apelação.

   § 1º As questões resolvidas na fase de conhecimento, se a decisão a seu respeito não comportar agravo de instrumento, não são cobertas pela preclusão e devem ser suscitadas em preliminar de apelação, eventualmente interposta contra a decisão final, ou nas contrarrazões.

   § 2º Se as questões referidas no § 1º forem suscitadas em contrarrazões, o recorrente será intimado para, em 15 (quinze) dias, manifestar-se a respeito delas.

   § 3º O disposto no caput deste artigo aplica-se mesmo quando as questões mencionadas no art. 1.015 integrarem capítulo da sentença.

normas de direito material, e da aplicação dos princípios de direito, como também relativos à interpretação das provas), podem ser suscitados à instância superior com a finalidade de corrigir a sentença.

A apelação é essencial para garantir o direito à ampla defesa e ao contraditório e com ela a parte pode impugnar todo e qualquer tipo de sentença proferida nos processos de conhecimento, no processo de execução ou nos processos de jurisdição contenciosa ou voluntária.

Enfim, podemos afirmar que a apelação representa um novo julgamento da causa, tendo em vista seu **efeito devolutivo**, que implica em devolver ao Tribunal o conhecimento de toda a matéria que tenha sido impugnada pelo recorrente (ver CPC, art. 1.013).

2. NOVA HIPÓTESE DE CABIMENTO DA APELAÇÃO

O Novo Código de Processo Civil, se comparado com o anterior, ampliou ainda mais os temas que podem ser abordados na apelação, tendo em vista que pela nova sistemática a apelação é cabível não só para atacar a sentença propriamente dita, como também é cabível para atacar, em preliminares, as questões resolvidas na fase de conhecimento que não comportavam impugnação por agravo de instrumento, tendo em vista que não são atingidas pela preclusão (ver CPC, art. 1.009, § 1º).

Ademais, o recorrente deve atentar para a possibilidade de o recorrido alegar essas mesmas matérias (que não comportavam agravo de instrumento) em preliminares de suas contrarrazões, fato que irá ampliar a matéria objeto da apelação. Trata-se de observação importante, pois conflita com o que até então considerávamos como princípios norteadores dos recursos: a proibição da *reformatio in pejus* e o princípio da dialeticidade que exigia respeito ao princípio dispositivo e, portanto, enunciava que a petição de interposição do recurso era suficiente para estabelecer os limites do princípio devolutivo.

Quer dizer, as contrarrazões do apelado podem ter também uma feição de recurso na exata medida em que nela se poderá suscitar matérias decididas no curso de processo que, embora contrárias aos interesses da parte, não poderiam ter sido atacadas via agravo de instrumento. Por essa razão e em respeito ao princípio do contraditório, assegura a nossa lei dos ritos que o apelante terá oportunidade de se manifestar sobre estas questões no prazo de 15 (quinze) dias (ver CPC, art. 1.009, § 2º).

3. REQUISITOS RECURSAIS

Ao decidirmos apelar e antes mesmo de elaborar a petição para ajuizamento do recurso é preciso examinar com cuidado a presença dos pressupostos recursais,

LIÇÃO 10 • DA APELAÇÃO E DO RECURSO ADESIVO   **95**

sem os quais nosso recurso não será nem mesmo conhecido, pois todos os recursos, incluindo a apelação, estão sujeitos a um prévio juízo de admissibilidade realizado antes da apreciação do mérito recursal.

A apelação deverá ser interposta por petição dirigida ao juiz que proferiu a decisão da qual a parte está recorrendo (juízo *a quo*) e conterá (CPC, art. 1.010):[3]

a) **Os nomes e a qualificação das partes:**

Esta exigência pode ser relevada porque as partes já estão qualificadas nos autos, a não ser o recurso do terceiro prejudicado.

b) **A exposição do fato e do direito:**

São os fundamentos de fato e de direito que o recorrente entende justificar a revisão da sentença, isto é, a demonstração dos *errores in procedendo* ou *in judicando*. Seria como abrir um tópico específico nas razões recursais para criticar a sentença.

c) **As razões do pedido de reforma ou de decretação de nulidade:**

Corresponde à fundamentação de sua irresignação que deve ser colocada de forma clara e irá culminar com o pedido de revisão da decisão.

d) **O pedido de nova decisão:**

É o fecho da apelação, momento no qual o recorrente expressa de maneira clara e objetiva o que pretende com o seu recurso que pode visar a reforma integral da sentença ou apenas parcial.

Além dos requisitos formais acima mencionados, não podemos esquecer que o prazo para interposição da apelação é de 15 (quinze) dias (ver CPC, art. 1.003, § 5º), bem como deverá ser recolhida as devidas custas judiciais (chamada de **preparo**) e outras despesas como, por exemplo, o porte de remessa e de retorno, sob pena de deserção (ver CPC, art. 1.007).

4. DO JUÍZO DE ADMISSIBILIDADE

Cumpre esclarecer que o juízo de admissibilidade da apelação (assim como de qualquer outro recurso) é o ato pelo qual o relator no tribunal irá verificar da regularidade da postulação feita pelo apelante. Quer dizer, antes mesmo de verificar se

---

3. CPC, Art. 1.010. A apelação, interposta por petição dirigida ao juízo de primeiro grau, conterá:

I – os nomes e a qualificação das partes;

II – a exposição do fato e do direito;

III – as razões do pedido de reforma ou de decretação de nulidade; IV – o pedido de nova decisão.

§ 1º O apelado será intimado para apresentar contrarrazões no prazo de 15 (quinze) dias.

§ 2º Se o apelado interpuser apelação adesiva, o juiz intimará o apelante para apresentar contrarrazões.

§ 3º Após as formalidades previstas nos §§ 1º e 2º, os autos serão remetidos ao tribunal pelo juiz, independentemente de juízo de admissibilidade.

a parte tem alguma razão para recorrer (juízo de mérito) o magistrado irá verificar se foram atendidas determinadas exigências legais para a interposição do recurso (juízo de admissibilidade).

No caso da apelação o juízo de admissibilidade é realizado apenas em segundo grau, pelo relator do recurso (CPC, art. 1.011)[4] que, ao receber a apelação poderá, de duas uma:

a) **Decidir monocraticamente:**

O relator decidirá de imediato, isto é, sem submeter o recurso a julgamento no colegiado quando o recurso for por ele considerado inadmissível, prejudicado ou que não tenha impugnado especificamente os fundamentos da decisão recorrida. Além disso, poderá também negar provimento se o recurso for contrário a súmula do Supremo Tribunal Federal, do Superior Tribunal de Justiça ou do próprio tribunal; acórdão proferido pelo Supremo Tribunal Federal ou pelo Superior Tribunal de Justiça em julgamento de recursos repetitivos; ou ainda, contrariar entendimento firmado em incidente de resolução de demandas repetitivas ou de assunção de competência.

Atenção: antes de considerar inadmissível o recurso, o relator concederá o prazo de 5 (cinco) dias ao recorrente para que seja sanado vício ou complementada a documentação exigível (ver CPC, art. 932, parágrafo único).

Importante: da decisão monocrática do relator cabe o recurso de agravo interno para que o órgão colegiado, do qual ele faz parte, possa analisar e eventualmente reformar a sua decisão (CPC, art. 1.021).[5]

---

4. CPC, Art. 1.011. Recebido o recurso de apelação no tribunal e distribuído imediatamente, o relator:

I – decidi-lo-á monocraticamente apenas nas hipóteses do art. 932, incisos III a V;

II – se não for o caso de decisão monocrática, elaborará seu voto para julgamento do recurso pelo órgão colegiado.

5. CPC, Art. 1.021. Contra decisão proferida pelo relator caberá agravo interno para o respectivo órgão colegiado, observadas, quanto ao processamento, as regras do regimento interno do tribunal.

§ 1º Na petição de agravo interno, o recorrente impugnará especificamente os fundamentos da decisão agravada.

§ 2º O agravo será dirigido ao relator, que intimará o agravado para manifestar-se sobre o recurso no prazo de 15 (quinze) dias, ao final do qual, não havendo retratação, o relator levá-lo-á a julgamento pelo órgão colegiado, com inclusão em pauta.

§ 3º É vedado ao relator limitar-se à reprodução dos fundamentos da decisão agravada para julgar improcedente o agravo interno.

§ 4º Quando o agravo interno for declarado manifestamente inadmissível ou improcedente em votação unânime, o órgão colegiado, em decisão fundamentada, condenará o agravante a pagar ao agravado multa fixada entre um e cinco por cento do valor atualizado da causa.

§ 5º A interposição de qualquer outro recurso está condicionada ao depósito prévio do valor da multa prevista no § 4º, à exceção da Fazenda Pública e do beneficiário de gratuidade da justiça, que farão o pagamento ao final.

b) Preparar seu voto para o colegiado:

Não sendo o caso de decisão monocrática, o relator deverá preparar seu voto para ser submetido ao órgão julgador, conforme as normas do respectivo tribunal.

Importante: o quórum para julgamento da apelação é de 3 (três) Desembargadores, pois além do relator vota também dois outros magistrados.

O juízo de admissibilidade positivo costuma ser implícito. Portanto, se estivermos diante de uma solução de procedência ou de improcedência do pedido recursal poderemos com certeza dizer que o recurso obteve juízo de admissibilidade positivo. Já no caso de admissibilidade negativa, a decisão deverá ser expressa e fundamentada.

Várias são as classificações dos pressupostos de admissibilidade encontradas na doutrina. Decidimos por encampar a classificação do mestre Barbosa Moreira.[6]

a) Pressupostos intrínsecos:

São aqueles concernentes à própria existência do poder de recorrer. São eles: cabimento, legitimação, interesse recursal, inexistência de fato impeditivo ou extintivo do poder de recorrer.

b) Pressupostos extrínsecos:

São aqueles que se referem ao modo de exercer o poder de recorrer. São eles: tempestividade, regularidade formal e preparo.

Como a presente obra tem uma abordagem essencialmente prática, não nos deteremos na explicação de cada um dos pressupostos. Não obstante, faremos algumas observações importantes no curso da presente lição.

5. EFEITOS DA APELAÇÃO

O primeiro efeito automático de todos os recursos, incluindo a apelação, é o de obstar o trânsito em julgado da decisão impugnada. Além deste, a apelação possui efeito **devolutivo** (CPC, art. 1.013, *caput*);[7] e, como regra, terá também efeito **sus-**

---

6. MOREIRA. José Carlos Barbosa. *Comentários ao Código de Processo Civil*, 11ª edição. Rio de Janeiro: Forense, 2004, p. 262, v. 5.

7. CPC, Art. 1.013. A apelação devolverá ao tribunal o conhecimento da matéria impugnada.

§ 1º Serão, porém, objeto de apreciação e julgamento pelo tribunal todas as questões suscitadas e discutidas no processo, ainda que não tenham sido solucionadas, desde que relativas ao capítulo impugnado.

§ 2º Quando o pedido ou a defesa tiver mais de um fundamento e o juiz acolher apenas um deles, a apelação devolverá ao tribunal o conhecimento dos demais.

§ 3º Se o processo estiver em condições de imediato julgamento, o tribunal deve decidir desde logo o mérito quando:

I – reformar sentença fundada no art. 485;

II – decretar a nulidade da sentença por não ser ela congruente com os limites do pedido ou da causa de pedir;

pensivo (CPC, art. 1.012, *caput*)[8] além de outros efeitos, os quais merecem menção mais elaborada nos tópicos a seguir.

Vejamos em detalhes cada um dos efeitos possíveis de serem atribuídos ao recurso de apelação: devolutivo, suspensivo, translativo, expansivo e substitutivo.

5.1 O efeito devolutivo

Os órgãos de segundo grau de jurisdição também obedecem ao princípio da inércia da jurisdição e ao princípio dispositivo, segundo o qual aquele que tem a iniciativa da ação ou do recurso é quem tem poder para estabelecer os limites da atuação jurisdicional, de modo que a decisão julgadora deve ficar adstrita (limitada) ao pedido do autor, ou do recorrente.

Em outras palavras o apelante quando elabora a apelação faz um pedido recursal ao qual o magistrado deve ficar atrelado. Esse pedido pode consistir em uma reforma total ou apenas parcial da sentença recorrida. Sendo assim, em regra, no que se refere à parte da sentença que não foi objeto da apelação, não pode haver reforma. Da mesma forma que o CPC, em regra, nega a possibilidade de pedido genérico (ver CPC, art. 324), também o pedido recursal deve ser delimitado e especificado (ver CPC, art. 1.010, III e IV). É o pedido recursal que possibilita o reexame da matéria, é ele quem "devolve" ao Poder Judiciário a possibilidade de revê-la dentro dos limites do pedido.

III – constatar a omissão no exame de um dos pedidos, hipótese em que poderá julgá-lo;

IV – decretar a nulidade de sentença por falta de fundamentação.

§ 4º Quando reformar sentença que reconheça a decadência ou a prescrição, o tribunal, se possível, julgará o mérito, examinando as demais questões, sem determinar o retorno do processo ao juízo de primeiro grau.

§ 5º O capítulo da sentença que confirma, concede ou revoga a tutela provisória é impugnável na apelação.

8. CPC, Art. 1.012. A apelação terá efeito suspensivo.

§ 1º Além de outras hipóteses previstas em lei, começa a produzir efeitos imediatamente após a sua publicação a sentença que:

I – homologa divisão ou demarcação de terras;

II – condena a pagar alimentos;

III – extingue sem resolução do mérito ou julga improcedentes os embargos do executado;

IV – julga procedente o pedido de instituição de arbitragem;

V – confirma, concede ou revoga tutela provisória; VI – decreta a interdição.

§ 2º Nos casos do § 1º, o apelado poderá promover o pedido de cumprimento provisório depois de publicada a sentença.

§ 3º O pedido de concessão de efeito suspensivo nas hipóteses do § 1º poderá ser formulado por requerimento dirigido ao:

I – tribunal, no período compreendido entre a interposição da apelação e sua distribuição, ficando o relator designado para seu exame prevento para julgá-la;

II – relator, se já distribuída a apelação.

§ 4º Nas hipóteses do § 1º, a eficácia da sentença poderá ser suspensa pelo relator se o apelante demonstrar a probabilidade de provimento do recurso ou se, sendo relevante a fundamentação, houver risco de dano grave ou de difícil reparação.

LIÇÃO 10 • DA APELAÇÃO E DO RECURSO ADESIVO

O efeito devolutivo transfere ao órgão *ad quem* o conhecimento da matéria impugnada, de modo que o novo julgamento ficará adstrito ao pedido recursal, representado pela máxima *tantum devolutum quantum appelatum* (ver CPC, art. 1.013, *caput*).

Esse princípio garante a *proibição da reformatio in pejus*, pois é vedado ao tribunal *ad quem* decidir de modo a piorar a situação do recorrente, por extrapolar o limite da devolutividade do recurso interposto.

Não obstante, o CPC tem expressa previsão que admite possa o recorrido ampliar a matéria a ser julgada na apelação por ocasião de suas contrarrazões, já que lhe é dado a oportunidade de rediscutir questões que foram decididas no curso do processo e que não poderiam ser atacadas via agravo de instrumento (ver CPC, art. 1.009, § 1º e 2º).

Outro aspecto importante que releva comentar é que a devolutividade da apelação é tão ampla que o legislador fez prever que o tribunal poderá proferir julgamento, mesmo quando a primeira instância não o tenha feito, se a matéria for exclusivamente de direito ou sendo de direito e fato, não haja necessidade de colheitas de provas. Assim, se o tribunal reformar sentença fundada no art. 485, do CPC; ou, decretar a nulidade da sentença por não ser ela congruente com os limites do pedido ou da causa de pedir; ou, constatar a omissão no exame de um dos pedidos; ou ainda, decretar a nulidade de sentença por falta de fundamentação, deverá decidir desde logo o mérito da questão suscitada nos autos (ver CPC, art. 1.013, § 3º).

Da mesma forma, se reformar a sentença que reconheceu impropriamente a decadência ou a prescrição, o tribunal deverá, sempre que possível, julgar o mérito, examinando as demais questões, sem determinar o retorno do processo ao juízo de primeiro grau (ver CPC, art. 1.013, § 4º).

5.2   O efeito suspensivo

O efeito suspensivo da apelação impede a eficácia da sentença, de modo que durante o trâmite da apelação não poderá haver o cumprimento definitivo da sentença. Quer dizer, interposta a apelação o resultado proferido em primeiro grau fica em suspenso aguardando o resultado do julgamento do recurso.

De regra a apelação tem efeito suspensivo é o que vem preceituado no *caput* do art. 1.012. Quer dizer, atribuir efeito suspensivo à apelação, significa dizer que esse recurso tem força para impedir que a sentença produza efeitos imediatos no mundo dos fatos, devendo o vencedor esperar o julgamento do recurso no tribunal. Esse efeito suspensivo é *ope legis*, quer dizer, decorrente da própria lei.

Contudo, como toda regra de direito tem exceção, aqui não poderia ser diferente. O Código de Processo Civil excepciona a regra do *caput* e não confere o efeito suspensivo às apelações cuja matéria diga respeito às hipóteses expressamente previstas nos incisos I a VI do parágrafo primeiro, do retro citado art. 1.012, quais sejam:

a) Homologa divisão ou demarcação de terras;

b) Condena a pagar alimentos;

c) Extingue sem resolução do mérito ou julga improcedentes os embargos do executado;

d) Julga procedente o pedido de instituição de arbitragem;

e) Confirma, concede ou revoga tutela provisória; e,

f) Decreta a interdição.

Nessas hipóteses o apelado (vencedor em primeira instância) poderá promover desde logo o cumprimento provisório da sentença, mesmo durante o tempo de tramitação da apelação.

Apesar da previsão expressa de que nestas situações a apelação não terá efeito suspensivo, o apelante pode pleitear a atribuição desse efeito, visando suspender a eficácia da sentença, desde que expressamente o requeira e que demonstre a "probabilidade de provimento do recurso ou se, sendo relevante a fundamentação, houver risco de dano grave ou de difícil reparação". É importante atentar para o fato de que tais requisitos são alternativos, tendo em vista que a lei utiliza a conjunção alternativa "ou". Podemos até fazer uma analogia e dizer que no primeiro caso, estamos frente a uma tutela da evidência (não há necessidade de demonstrar *periculum in mora*). Diferentemente no segundo caso, pois aí teremos uma tutela de urgência que, para ser bem-sucedida, faz-se necessário que o requerente demonstre o *fumus boni juris* e o *periculum in mora*. Em ambos os casos, podemos afirmar tratar-se de modalidade de "**tutela provisória recursal**" (ver CPC, art. 1.012, § 4º).

Assim, para o apelante obter efeito suspensivo para aqueles casos em que a apelação não tem esse efeito, poderá fazer o pedido incidentalmente ao relator, se a apelação já tiver sido distribuída; ou por petição dirigida ao tribunal, no período compreendido entre a interposição da apelação e sua distribuição. Neste último caso, fica o relator designado para seu exame prevento para julgá-la (ver CPC, art. 1.012, § 3º).

> **Importante:** a decisão que concede ou nega o efeito suspensivo pode ser enfrentada por agravo interno, visando submeter esta decisão ao colegiado do qual o relator faz parte (ver CPC, art. 1.021).

5.3   Efeito translativo

A apelação também tem o efeito translativo ao permitir que o tribunal possa tomar conhecimento de todas as questões suscitadas e discutidas no processo, ainda que não tenham sido solucionadas, desde que relativas ao capítulo impugnado (ver CPC, art. 1.013, § 1º).

LIÇÃO 10 • DA APELAÇÃO E DO RECURSO ADESIVO **101**

Ademais, o tribunal pode conhecer todas as matérias de ordem pública, mesmo as que não tenham sido suscitadas no recurso, nem tenham sido examinadas em primeiro grau.

Nesse caso pode haver a piora da situação de quem recorreu, mas, nessa hipótese, não se pode falar em *reformatio in pejus*.

Ainda por força do efeito translativo, o tribunal pode também passar direto ao julgamento do mérito nas hipóteses prevista no § 3º do art. 1.013, do CPC, naquilo que a doutrina chama de "**teoria da causa madura**", mas isso merece um tópico especial (ver item 11 da presente lição).

> **Atenção:** outros recursos como, por exemplo, o agravo de instrumento e os embargos de declaração também têm efeito translativo. Só não têm esse efeito os recursos especial e extraordinário e também os embargos de divergência.

5.4   Efeito expansivo

Já vimos que por decorrência do efeito devolutivo o tribunal deve apreciar a apelação nos limites e na extensão do que foi impugnado pelo recorrente. Independente disso há determinadas situações em que o julgamento vai além desses limites.

Assim, quando os efeitos da decisão puder atingir outras pessoas ou mesmo coisa que não havia sido pedida, a isso chamamos de efeito expansivo que pode ocorrer, por exemplo, no caso de apenas um litisconsorte apelar, pois no caso de procedência do apelo todos podem eventualmente se beneficiar do resultado do recurso. É o caso do litisconsórcio unitário ou mesmo no simples quando a matéria for comum a todos.

5.5   Efeito substitutivo

O efeito substitutivo é comum a todos os recursos, incluindo a apelação. Ele é importante para deixar claro que ao final do processo existirá apenas uma decisão definitiva, sem conflitos internos. Assim, o que o tribunal decidiu substitui o que havia sido determinado pela sentença, mas na parte sobre a qual não houve recurso, a sentença subsiste (CPC, art. 1.008).[9]

6.   INTERPOSIÇÃO DA APELAÇÃO

Quanto à forma de interposição, tanto a apelação quanto as contrarrazões são interpostas perante o próprio juiz que julgou à causa (juízo *a quo*) em duas petições

---

9. CPC, Art. 1.008. O julgamento proferido pelo tribunal substituirá a decisão impugnada no que tiver sido objeto de recurso.

distints: uma de interposição (dirigida ao juiz da causa), à qual deverá ser anexada a outra petição com as razões da apelação (dirigida ao Tribunal).

Quanto aos requisitos da petição de interposição da apelação, eles vêm elencados no art. 1.010, *caput* e incisos I a IV do CPC, dos quais já falamos, mas vale melhor explicitar:

a) De acordo com o *caput* do art. 1.010 do CPC, a primeira peça da petição deve ser dirigida ao juiz que julgou a causa. Portanto, o endereçamento que normalmente fazemos no cabeçalho da peça deve ser para o juiz *a quo*.

b) Na segunda petição, da qual constam as razões do recurso deverá conter: nomes e qualificação das partes;[10] os fundamentos de fato e de direito; as razões do pedido de reforma, total ou parcial, ou de anulação da decisão, e o pedido expresso de nova decisão.

No ato de interposição o apelante deverá mencionar, de maneira expressa, que está juntando as respectivas guias de recolhimentos das custas e do porte/retorno dos autos quando necessário (ver CPC, art. 1.007, *caput* e especialmente o § 4°). Trata-se do pressuposto recursal chamado de **preparo**. Se for o caso de justiça gratuita, o apelante estará isento do recolhimento, mas deverá mencionar essa circunstância na sua peça de interposição.

7. PRAZO PARA INTERPOSIÇÃO E RESPOSTA DO APELADO

O prazo para a interposição do recurso de apelação é de 15 (quinze) dias úteis, contados da leitura da sentença em audiência, ou da intimação dos advogados das partes, ou da sociedade de advogados, quando a sentença não for proferida em audiência (ver CPC, art. 1.003).

Igual prazo tem o apelado para apresentar sua resposta à apelação (chamada de contrarrazões) e, eventualmente, seu recurso adesivo. As contrarrazões deverão ser protocoladas mediante petição de interposição dirigida ao juiz da causa, à qual ela deverá ser anexada.

8. MATÉRIAS QUE NÃO SOFREM O EFEITO DA PRECLUSÃO

Se alguma decisão do juiz de primeiro grau causou prejuízo à parte; e, se dessa decisão não cabia agravo de instrumento (ver o rol taxativo do art. 1.015 do CPC), a parte pode suscitá-la em preliminares de sua apelação (ou mesmo nas contrarrazões), para que o tribunal possa reapreciar a matéria.

---

10. Uma curiosidade: na prática forense, como as partes já estão qualificadas no processo, dispensa-se a qualificação, exceto quando tratar-se de recurso do terceiro prejudicado, porém para concurso e exame da OAB o candidato deve ficar atento ao que dispõe o Código de Processado Civil.

LIÇÃO 10 • DA APELAÇÃO E DO RECURSO ADESIVO

Se isso for suscitado pelo apelado em suas contrarrazões, o apelante será intimado para apresentar sua réplica às contrarrazões (ver CPC, art. 1.009, §§ 1º e 2º).

9. LEGITIMADOS

O recurso de apelação pode ser interposto pela parte vencida, ou por ambos os contendores se houver sucumbência recíproca. Também pode ser interposto pelo terceiro prejudicado e até mesmo pelo Ministério Público quando lhe cabe intervir no processo.

10. PROCESSAMENTO FINAL DA APELAÇÃO

Recebida a apelação pelo juízo de primeiro grau (juiz da causa), o apelado será intimado para apresentar contrarrazões e, se for o caso, recurso adesivo. Cumprida ou não essa formalidade, os autos serão remetidos ao Tribunal, independente de qualquer juízo de admissibilidade em primeiro grau (ver CPC, art. 1.010, § 3º).

No Tribunal será feita a distribuição eletrônica e o recurso será distribuído a um dos desembargadores aptos a conhecer da matéria (Seção de Direito Privado ou Direito Público, por exemplo), que será designado como relator.

Ao receber o recurso o relator irá verificar se foi feito algum pedido de urgência, decidindo. Também verificará se é o caso de julgar monocraticamente o recurso (ver CPC, art. 932). Superada esta fase, o relator irá preparar o seu voto e, no prazo de 30 (trinta) dias encaminhará à secretaria para ser incluído na pauta de julgamento da turma.

No dia do julgamento, além do relator participam do julgamento dois outros desembargadores. Nesta oportunidade, os advogados de ambas as partes podem fazer sustentação oral, independente de quem recorreu.

11. QUESTÕES DE FATO NÃO PROPOSTA NO JUÍZO A QUO

Permite ainda a nossa legislação processual, em caráter excepcional, que a parte possa suscitar na apelação matéria que não tenha sido submetida ao juízo de primeiro grau, porém deverá provar que não o fez no momento apropriado por motivo de força maior (CPC, art. 1.014).[11]

Quer dizer, para que a parte possa arguir fatos novos em sede de apelação, sem ofender ao princípio do duplo grau de jurisdição, deve provar que deixou de

---

11. CPC, Art. 1.014. As questões de fato não propostas no juízo inferior poderão ser suscitadas na apelação, se a parte provar que deixou de fazê-lo por motivo de força maior.

apresentar tais questões em primeira instância por motivo de força maior, tendo em vista que a regra é a de que **não se pode inovar na fase recursal**.

Se o relator acolher a alegação deverá, em respeito ao princípio do contraditório, abrir prazo para que a outra parte possa se manifestar.

12. JULGAMENTO DA APELAÇÃO E A TEORIA DA CAUSA MADURA

Já vimos que o relator ao receber o recurso de apelação irá verificar se é o caso de proferir julgamento monocrático ou de preparar o seu voto para o colegiado (ver CPC, art. 1.011).

Já vimos também que no julgamento colegiado da apelação participam 3 (três) desembargadores, dos quais o mais importante é o relator, tendo em vista ser ele quem leva o voto pronto para apreciação dos demais integrantes da turma de julgamento.

Pode ocorrer de a apelação ser provida para o fim de cassar a decisão de primeiro grau. Nesse caso, de duas uma: o tribunal manda o processo de volta para que o juiz da causa proceda a instrução e profira novo julgamento; ou, passará imediatamente ao julgamento se a causa versar sobre matéria exclusivamente de direito ou sendo de direito e de fato, os fatos já se encontrarem provados, por conta do efeito translativo previsto no art. 1.013, do CPC.

Esse julgamento com caráter substitutivo, a doutrina chama de "**teoria da causa madura**", o que se justifica em razão da celeridade e da efetividade da justiça. Porém isso não vai ocorrer de forma indiscriminada. O CPC, em seu art. 1.013, § 3º, elenca as hipóteses em que se pode aplicar essa teoria que são:

a) **Reformar sentença fundada no art. 485:**

Trata-se das várias hipóteses de extinção do processo sem que o julgamento tenha apreciado o mérito da questão posta em apreciação. Quer dizer, se o juiz extinguiu o processo sem julgamento do mérito por reconhecer, por exemplo, a ilegitimidade de parte; se o tribunal entender que a parte é legítima, deverá proferir o julgamento de mérito, se isso for possível.

b) **Decretar a nulidade da sentença por ela ser *extra petita*:**

Se o julgamento de primeiro grau for considerado *extra petita*, o Tribunal anulará a sentença e proferirá outra decisão, agora congruente com os limites do pedido ou da causa de pedir.

Atenção: não se aplica ao caso de julgamento *ultra petita* porque nesse caso basta que o tribunal elimine o excesso (não seria novo julgamento).

c) **Constatar omissão no exame de um dos pedidos (sentença *citra petita*):**

Também para o caso de a sentença ter sido considerada omissa com relação ao exame de alguns dos pedidos, que dizer, sentença *citra petita*, o tribunal está autorizado a proferir julgamento imediato.

LIÇÃO 10 • DA APELAÇÃO E DO RECURSO ADESIVO

d) **Decretar a nulidade de sentença por falta de fundamentação:**

Esse é também outro caso de efeito translativo da apelação, pois se o tribunal reconhecer que a sentença não atende a exigência legal de ser bem fundamentada (ver CPC, art. 489, § 1º c/c CF, art. 93, IX) deverá cassar a decisão e proferir novo julgamento.

e) **Reformar sentença que reconheça a decadência ou a prescrição:**

Se o tribunal reconhecer que o juiz errou ao aplicar a decadência ou prescrição, se possível, julgará o mérito, examinando as demais questões, sem determinar o retorno do processo ao juízo de primeiro grau (ver CPC, art. 1.013, § 4º).

Importante: em todos esses casos de julgamento imediato pelo tribunal, é importante destacar que isso somente poderá ocorrer se o processo estiver devidamente instruído e em condições de julgamento. Além disso, é preciso verificar se as partes se manifestaram sobre as questões que serão objeto de julgamento, para evitar aquilo que chamamos de "decisão surpresa".

Atenção: alguns autores defendem a aplicação da teoria da causa madura para o julgamento do agravo de instrumento, embora a previsão desta teoria esteja expressamente prevista no capítulo que trata da apelação.

13. RECURSO ADESIVO

O recurso adesivo é um tipo bem característico de recurso, cabível somente nos casos em que haja sucumbência recíproca, quando uma das partes, tendo se conformado com a decisão, deixa de interpor o recurso próprio no momento oportuno vindo a ser surpreendido pela parte contrária, que interpõe o seu próprio recurso no prazo que era comum a ambos (CPC, art. 997, § 1º).[12]

Vamos imaginar que o Autor ingressou com uma ação pedindo indenização por danos materiais e morais e a sentença reconhece apenas o dano material. Nesse caso tanto o autor quanto o réu poderiam recorrer. O autor para pedir a reavaliação do cabimento do dano moral que lhe foi negado e o réu para pedir a reavaliação do dano material. Se o autor quedar-se silente e a parte contrária impugnar a sentença

---

12. CPC, Art. 997. Cada parte interporá o recurso independentemente, no prazo e com observância das exigências legais.

§ 1º Sendo vencidos autor e réu, ao recurso interposto por qualquer deles poderá aderir o outro.

§ 2º O recurso adesivo fica subordinado ao recurso independente, sendo-lhe aplicáveis as mesmas regras deste quanto aos requisitos de admissibilidade e julgamento no tribunal, salvo disposição legal diversa, observado, ainda, o seguinte:

I – será dirigido ao órgão perante o qual o recurso independente fora interposto, no prazo de que a parte dispõe para responder;

II – será admissível na apelação, no recurso extraordinário e no recurso especial;

III – não será conhecido, se houver desistência do recurso principal ou se for ele considerado inadmissível.

por conta do dano material, o autor terá nova oportunidade de pedir o dano moral agora através do recurso adesivo.

Quer dizer, o recurso adesivo só é cabível se houver sucumbência recíproca como expressamente previsto no artigo 997, § 1º, do Código de Processo Civil.

Veja-se que o recurso adesivo é um recurso que poderia ter sido proposto de forma independente, porém a parte vencedora se satisfez com a vitória parcial. Podemos dizer que é uma forma subsidiária de interposição de recurso. A doutrina refere-se ao recurso adesivo como sendo um recurso "subordinado". Alguns autores falam em recurso "dependente". Isso é facilmente explicável porque como vimos acima há uma clara relação de dependência do recurso adesivo em relação ao recurso principal, tanto que se o recurso principal não for conhecido, o adesivo não será apreciado.

Importante deixar claro que a subordinação é apenas com relação à interposição, não quanto à matéria a ser alegada. Quer dizer, há uma relação de dependência quanto à interposição, mas não há relação de subordinação quanto às matérias suscitadas no recurso principal.

Exemplo: o réu recorre da decisão que lhe é parcialmente desfavorável, porém não recolhe as custas, isto é, o preparo, mesmo após o relator lhe conceder novo prazo para o recolhimento (ele não é beneficiário da gratuidade de justiça). Esse recurso principal não será conhecido e se o autor tiver adesivado, seu recurso, ainda que regular, também não será conhecido, pois é dependente do principal. Nesse caso o recurso principal não será conhecido e o recurso adesivo será considerado prejudicado.

13.1 Cabimento

É cabível na apelação, no recurso extraordinário e no recurso especial. Contudo, mais comumente é interposto em face da apelação, razão por que incluímos este recurso nesta lição.

O recurso adesivo deve ser interposto por petição simples e dirigida ao juízo que proferiu a sentença, dentro do prazo legal para as contrarrazões que é de 15 (quinze) dias úteis, no qual a parte declarará sua intenção de aderir ao recurso já apresentado pela parte contrária.

Quer dizer, o aderente deve apresentar em peças separadas as contrarrazões e o recurso adesivo, porém deve protocolar ambos simultaneamente.

13.2 Quem tem legitimidade

Quando ambas as partes são vencidas e vencedoras (sucumbência recíproca), tanto o autor quanto o réu podem recorrer da decisão, bem como o Ministério (como parte ou como fiscal da ordem jurídica) e o terceiro interessado desde que demonstre que a decisão sobre a relação jurídica submetida à apreciação judicial irá atingir direito de que se afirme titular ou que possa discutir em juízo como substituto processual (CPC, art. 996).[13]

Porém, em se tratando de recurso adesivo somente as partes podem utilizar deste instrumento. Segundo entendimento do Superior Tribunal de Justiça (STJ), o recurso adesivo é um instrumento processual que só pode ser interposto pelo autor e pelo réu de uma ação.

Importante registrar que, embora haja divergências doutrinárias e jurisprudenciais, defendemos a tese de que nem o Ministério Público, nem o terceiro interessado tem legitimidade para interpor recurso adesivo.[14]

13.3 Momento de interposição

Tendo a parte oposta apresentado seu recurso, no mesmo prazo e juntamente com a resposta (contrarrazões), a outra parte pode interpor o recurso adesivo em peça autônoma, cujas regras seguem as mesmas do recurso principal no que diz respeito à admissibilidade, preparo e julgamento.

> **Atenção:** embora não tenha previsão no Código de Processo Civil os tribunais exigem que a parte recorrente recolha as custas do recurso adesivo. No caso do estado de São Paulo esta exigência vem expressa na Lei Estadual nº 11.608, de 29 de dezembro de 2003, art. 4º, II.

13.4 Processamento do recurso adesivo

Interposto o recurso adesivo, o juiz ao recebê-lo, mandará dar vistas à parte contrária para apresentar suas contrarrazões cujo prazo será de 15 (quinze) dias úteis.

Findo o prazo de 15 (quinze) dias, com ou sem resposta da parte contrária, o juízo de primeiro grau encaminhará os autos para a instância superior que fará a análise quanto a sua admissibilidade.

13.5 Acessoriedade do recurso

O recurso adesivo é dependente do principal e somente será conhecido se este apresentar regularidade, logo, se o recurso principal não for conhecido (por deserção

---

13. CPC, Art. 996. O recurso pode ser interposto pela parte vencida, pelo terceiro prejudicado e pelo Ministério Público, como parte ou como fiscal da ordem jurídica.
    Parágrafo único. Cumpre ao terceiro demonstrar a possibilidade de a decisão sobre a relação jurídica submetida à apreciação judicial atingir direito de que se afirme titular ou que possa discutir em juízo como substituto processual.
14. A título de informação filia-se a essa nossa corrente os juristas Humberto Theodoro Júnior (*Curso de Direito Processual Civil*, 56ª ed. Rio de Janeiro: Forense, 2023) e Luiz Guilherme Marinoni. Sérgio Cruz Arenhart e Daniel Mitidiero (*Manual do processo civil*, 5ª ed. São Paulo: Thomson Reuters Brasil, 2020).

ou inadmissibilidade ou qualquer outra razão) ou se houver desistência da parte, o adesivo não chegará a ser apreciado.

Importante lembrar que a parte pode desistir do recurso interposto a qualquer tempo e para isso não dependerá da anuência da parte contrária ou dos litisconsortes (CPC, art. 998).[15]

13.6 Julgamento

Os dois recursos, isto é, o principal e o adesivo, serão julgados na mesma sessão, pelo mesmo órgão judiciário, sendo apreciado primeiro o recurso principal e após o recurso adesivo.

---

15. CPC, Art. 998. O recorrente poderá, a qualquer tempo, sem a anuência do recorrido ou dos litisconsortes, desistir do recurso.

Parágrafo único. A desistência do recurso não impede a análise de questão cuja repercussão geral já tenha sido reconhecida e daquela objeto de julgamento de recursos extraordinários ou especiais repetitivos.

LIÇÃO 11
DO AGRAVO DE INSTRUMENTO

Sumário: 1. Noções históricas – 2. Cabimento do agravo de instrumento – 3. Atenção para o instituto da preclusão – 4. Formação do instrumento – 5. Comunicação ao juiz da causa – 6. Efeito do agravo de instrumento – 7. Processamento – 8. Recomendações importantes.

1. NOÇÕES HISTÓRICAS

O agravo de instrumento é o recurso cabível contra decisões interlocutórias, isto é, contra decisões proferidas em primeiro grau de jurisdição, nas situações expressamente autorizada por lei.

Na sistemática do CPC/73, das decisões interlocutórias proferidas no curso do processo, cabia agravo, tanto na forma retida quanto na forma de instrumento. Toda decisão que fosse prejudicial à parte deveria obrigatoriamente ser desafiada por agravo sob pena de preclusão.

O **agravo retido** tinha esse nome porque era interposto perante o próprio juiz que proferiu a decisão agravada e, depois de respondido, ficava retido nos próprios autos. O juiz da causa tinha a possibilidade de rever a decisão. Caso não revisse a decisão, o agravo ficava nos autos para eventual aproveitamento quando da apelação, ou contrarrazões, se fosse o caso.

Havia também no CPC/73 a figura do **agravo oral** que poderia ser interposto verbalmente de decisões proferidas em audiências. Nesse caso o advogado da parte protestava da decisão do juiz que, por exemplo, indeferiu a oitiva de uma determinada testemunha e fazia consignar na ata de audiência que estava interpondo agravo contra aquela decisão. Se a sentença proferida naqueles autos fosse prejudicial à parte por falta de provas, cabia ao advogado suscitar em sua apelação que havia protestado contra isso, conforme o agravo oralmente interposto que se encontrava retido nos autos.

Importante consignar que no CPC de 2015 só foi mantido o agravo de instrumento. Quer dizer, o novo Código de Processo acabou com o agravo retido e também com o agravo oral. Assim, na sistemática atual, qualquer decisão que seja prejudicial à parte e que não seja possível manejar agravo de instrumento, não sofrerá mais os efeitos da preclusão e poderá ser suscitada em preliminares da apelação ou contrarrazões.

2. CABIMENTO DO AGRAVO DE INSTRUMENTO

Com relação ao agravo de instrumento é importante deixar claro que, embora conste como cabível em situações muito especiais, conforme expressamente descrito, em *numerus clausus*, no art. 1.015[1] do Código de Processo Civil, o STJ tem flexibilizado essa regra para admitir o agravo de instrumento, para situações que mesmo não previsto naquele rol, possa haver risco ou urgência, de sorte que esse rol pode ser ampliado, sendo aquilo que a doutrina chama de "**taxatividade mitigada**", nos seguinte termos: "O rol do art. 1.015 do CPC é de taxatividade mitigada, por isso admite a interposição de agravo de instrumento quando verificada a urgência decorrente da inutilidade do julgamento da questão no recurso de apelação".[2]

Contudo, vamos analisar cada uma das situações que estão expressamente previstas no referido artigo, vejamos:

a) **Tutelas Provisórias:**

Tanto a decisão que concede quanto a que nega ou revoga tutela provisória, tanto de urgência quanto de evidência, pode ser enfrentada por agravo de instrumento, através do qual a parte pode buscar reverter a situação junto ao tribunal.

---

1. CPC, Art. 1.015. Cabe agravo de instrumento contra as decisões interlocutórias que versarem sobre:
   I – tutelas provisórias;
   II – mérito do processo;
   III – rejeição da alegação de convenção de arbitragem;
   IV – incidente de desconsideração da personalidade jurídica;
   V – rejeição do pedido de gratuidade da justiça ou acolhimento do pedido de sua revogação;
   VI – exibição ou posse de documento ou coisa;
   VII – exclusão de litisconsorte;
   VIII – rejeição do pedido de limitação do litisconsórcio;
   IX – admissão ou inadmissão de intervenção de terceiros;
   X – concessão, modificação ou revogação do efeito suspensivo aos embargos à execução;
   XI – redistribuição do ônus da prova nos termos do art. 373, § 1º;
   XII – (VETADO);
   XIII – outros casos expressamente referidos em lei.
   Parágrafo único. Também caberá agravo de instrumento contra decisões interlocutórias proferidas na fase de liquidação de sentença ou de cumprimento de sentença, no processo de execução e no processo de inventário.
2. (STJ – Resp 1.704.520, Relator Nancy Andrighi, repetitivo Tema 988, julgado em 5 de dezembro de 2018).

b) Mérito do processo:

Durante o curso do processo pode haver decisão de mérito que, se transitada em julgado, autoriza a parte vencedora a executá-la imediatamente. Nesses casos, como a decisão é interlocutória, o recurso cabível é o agravo de instrumento. É o caso, só para exemplificar, de julgamento antecipado parcial de mérito (ver CPC, art. 356).

c) Rejeição da alegação de convenção de arbitragem:

Se as partes estabeleceram em contrato que as dúvidas e controvérsias sobre o negócio jurídico que realizaram seriam resolvidos por arbitragem, não cabe ir bater as portas do judiciário para dirimir questões. Se a parte o fizer, cabe a outra arguir em preliminares de sua contestação a existência de convenção de arbitragem. Da decisão do juiz acolhendo ou rejeitando a alegação, cabe a parte contrária agravar de instrumento.

d) Incidente de desconsideração da personalidade jurídica:

A decisão que acolhe ou rejeita o pedido de desconsideração pode ser contestada através do agravo de instrumento. Pode ser manejado pelo sócio e/ou pela empresa no caso de acolhimento da pretensão; ou mesmo pela parte que requereu, no caso de indeferimento do pleito.

e) Rejeição do pedido de gratuidade da justiça ou acolhimento do pedido de sua revogação:

Pelo expresso texto de lei, não cabe agravo contra a decisão que defere o pedido de gratuidade de justiça. Quer dizer, não cabe agravo contra a decisão de deferimento ou de manutenção da gratuidade. Somente cabe agravo de instrumento se o pedido da parte for rejeitado ou se já tenha sido concedido, venha a ser revogado posteriormente.

f) Exibição ou posse de documento ou coisa:

Também é agravável a decisão que versar sobre a exibição ou posse de documento ou coisa. Importa anotar que a exibição de documento ou coisa pode ser requerida por qualquer das partes, como também pode ser determinada de ofício pelo juiz da causa.

g) Exclusão de litisconsorte e rejeição do pedido de limitação do litisconsórcio:

Nestas duas situações aquele que se sentir prejudicado poderá manejar o agravo de instrumento para tentar reverter a decisão do juiz.

h) Admissão ou inadmissão de intervenção de terceiros:

Qualquer decisão que verse sobre intervenção de terceiro é agravável exceto na intervenção do *amicus curiae* por expressa exclusão constante do art. 138, § 1º, do CPC.

i) **Concessão, modificação ou revogação do efeito suspensivo aos embargos à execução:**

A decisão que atribui efeito suspensivo aos embargos à execução é agravável, assim como as decisões posteriores que versem sobre modificação ou revogação da medida.

j) **Redistribuição do ônus da prova:**

É agravável a decisão que altera as regras normais de distribuição do ônus da prova (ver CPC, art. 373, § 1º). Na aplicação regular do instituto, não cabe o recurso.

k) **Todas as decisões interlocutórias proferidas na fase de liquidação de sentença, cumprimento de sentença, processo de execução e inventário:**

Nestas fases processuais, qualquer decisão interlocutória pode ser desafiada por agravo de instrumento e isso se justifica em face das peculiaridades dos procedimentos.

l) **Outros casos previstos em lei especial:**

Também será possível manejar o agravo de instrumentos nas situações em que seja autorizado por regramento em leis esparsas tal qual acontece com a Lei de Improbidade Administrativa que expressamente prevê a sua aplicação (ver Lei nº 8.429/92, art. 17, § 10).

Embora seja questão controvertida, tem sido utilizado mandado de segurança contra decisão interlocutória que possa gerar risco de graves danos à parte, em situações não previstas naquele rol do art. 1.015 do CPC. Essa poderá ser uma solução para evitar danos irreparáveis tanto de ordem material quanto processual.

3. ATENÇÃO PARA O INSTITUTO DA PRECLUSÃO

Se o juiz profere uma decisão prejudicial à parte, a primeira coisa que seu advogado deve fazer é verificar se daquela decisão cabe agravo. Se couber, tem que agravar sob pena de preclusão.

De outro lado, se contra aquela decisão não é possível manejar o agravo de instrumento, o advogado deve se resguardar e esperar a sentença final do processo para ver se será necessário suscitar aquela questão a seu favor na apelação ou nas contrarrazões.

Vejam que interessante: no primeiro caso, deve obrigatoriamente agravar sob pena de preclusão; mas, no segundo caso não é necessário agravar porque as decisões que não podem ser agravadas não precluem e podem ser suscitadas em preliminares tanto na apelação quanto nas contrarrazões do apelado (ver CPC, art. 1.009, § 1º).

LIÇÃO 11 • DO AGRAVO DE INSTRUMENTO

113

4. FORMAÇÃO DO INSTRUMENTO

O agravo de instrumento será dirigido diretamente ao tribunal competente por meio de petição que deverá conter, além dos nomes das partes, a exposição do fato e do direito no qual se baseia a irresignação do agravante, encerrando com o pedido de reforma ou de invalidação da decisão e o próprio pedido, além dos nomes e endereços dos advogados constantes do processo (CPC. art. 1.016).[3]

Além disso, a petição do agravo de instrumento deverá ser instruída obrigatoriamente com as seguintes peças: cópias da petição inicial, da contestação, da petição que ensejou a decisão agravada, da própria decisão agravada, da certidão da respectiva intimação ou outro documento oficial que comprove a tempestividade e das procurações outorgadas aos advogados do agravante e do agravado.

Deverá também fazer a juntada da guia que comprova o recolhimento das respectivas custas e do porte de retorno, quando devidos, conforme tabela publicada pelos tribunais (CPC, art. 1.017).[4]

Atenção: na impossibilidade de instruir a petição do agravo de instrumento com os documentos necessários, o advogado da parte, sob as penas da lei,

---

3. CPC, Art. 1.016. O agravo de instrumento será dirigido diretamente ao tribunal competente, por meio de petição com os seguintes requisitos:

 I – os nomes das partes;

 II – a exposição do fato e do direito;

 III – as razões do pedido de reforma ou de invalidação da decisão e o próprio pedido;

 IV – o nome e o endereço completo dos advogados constantes do processo.

4. CPC, Art. 1.017. A petição de agravo de instrumento será instruída:

 I – obrigatoriamente, com cópias da petição inicial, da contestação, da petição que ensejou a decisão agravada, da própria decisão agravada, da certidão da respectiva intimação ou outro documento oficial que comprove a tempestividade e das procurações outorgadas aos advogados do agravante e do agravado;

 II – com declaração de inexistência de qualquer dos documentos referidos no inciso I, feita pelo advogado do agravante, sob pena de sua responsabilidade pessoal;

 III – facultativamente, com outras peças que o agravante reputar úteis.

 § 1º Acompanhará a petição o comprovante do pagamento das respectivas custas e do porte de retorno, quando devidos, conforme tabela publicada pelos tribunais.

 § 2º No prazo do recurso, o agravo será interposto por:

 I – protocolo realizado diretamente no tribunal competente para julgá-lo;

 II – protocolo realizado na própria comarca, seção ou subseção judiciárias;

 III – postagem, sob registro, com aviso de recebimento;

 IV – transmissão de dados tipo fac-símile, nos termos da lei;

 V – outra forma prevista em lei.

 § 3º Na falta da cópia de qualquer peça ou no caso de algum outro vício que comprometa a admissibilidade do agravo de instrumento, deve o relator aplicar o disposto no art. 932, parágrafo único.

 § 4º Se o recurso for interposto por sistema de transmissão de dados tipo fac-símile ou similar, as peças devem ser juntadas no momento de protocolo da petição original.

 § 5º Sendo eletrônicos os autos do processo, dispensam-se as peças referidas nos incisos I e II do caput, facultando-se ao agravante anexar outros documentos que entender úteis para a compreensão da controvérsia.

poderá juntar uma declaração dizendo da inexistência daquele determinado documento.

Importante: a obrigatoriedade de juntadas das peças acima relacionadas só se aplica no caso de autos físicos. Sendo eletrônicos os autos do processo, dispensam-se juntada das peças.

É também permitido ao agravante a juntada ao recurso das peças ditas facultativas que, a seu critério, possam ser úteis à perfeita compreensão da questão posta em discussão.

Na eventualidade de o recorrente não juntar as cópias necessárias ou mesmo tendo o recurso algum outro vício que comprometa a admissibilidade do agravo de instrumento, o relator determinará que a parte promova a regularização, visando com isso o aproveitamento do ato processual, somente indeferindo o recurso se a parte não cumprir com essa determinação (ver CPC, art. 932, parágrafo único).

5. COMUNICAÇÃO AO JUIZ DA CAUSA

Pela dicção da nova lei, a parte "poderá" requerer a juntada, aos autos do processo, de cópia da petição do agravo de instrumento, do comprovante de sua interposição e da relação dos documentos que instruíram o recurso (CPC, art. 1.018).[5]

Veja-se que pelo que consta expressamente no *caput* do art. 1.018, a comunicação é facultativa, porém isso só é valido para os autos eletrônicos. Quer dizer, se o agravo se origina de autos físicos a comunicação é obrigatória, no prazo de 3 (três) dias, a contar da interposição do recurso, sob pena de o seu recurso ser inadmitido, desde que arguido e provado pelo agravado o descumprimento dessa exigência.

Em síntese: interposto o agravo de instrumento em processo eletrônico, a comunicação é opcional; sendo autos físicos, a comunicação é obrigatória.

Essa comunicação deve ser feita por petição na qual o recorrente deve informar ao juiz da causa, no prazo de três dias, que interpôs tal recurso, juntando na sua petição a cópia do agravo, o comprovante de sua interposição e a relação dos documentos que instruíram o recurso.

---

5. CPC, Art. 1.018. O agravante poderá requerer a juntada, aos autos do processo, de cópia da petição do agravo de instrumento, do comprovante de sua interposição e da relação dos documentos que instruíram o recurso.

§ 1º Se o juiz comunicar que reformou inteiramente a decisão, o relator considerará prejudicado o agravo de instrumento.

§ 2º Não sendo eletrônicos os autos, o agravante tomará a providência prevista no caput, no prazo de 3 (três) dias a contar da interposição do agravo de instrumento.

§ 3º O descumprimento da exigência de que trata o § 2º, desde que arguido e provado pelo agravado, importa inadmissibilidade do agravo de instrumento.

Cumpre ainda esclarecer que a justificativa dessa comunicação é oportunizar ao juiz da causa a possibilidade de reforma da decisão. Se o juiz comunicar ao tribunal que reformou inteiramente a decisão, o relator considerará prejudicado o agravo de instrumento, por perda do objeto.

6. EFEITO DO AGRAVO DE INSTRUMENTO

O agravo de instrumento não tem efeito suspensivo, e e é recebido tão-somente no efeito devolutivo, isto é, não suspende o curso do processo.

Assim, se a decisão agravada for daquelas que pode causar prejuízos irreparáveis ao agravante, será importante requerer ao relator do recurso no Tribunal que lhe atribua o efeito suspensivo para sobrestar o andamento do feito até que o agravo seja julgado (CPC, art. 1.019, I).[6]

O Relator além de poder atribuir o efeito suspensivo ao recurso, poderá também deferir em antecipação de tutela, total ou parcial, a pretensão recursal.

Importante consignar que essa é uma faculdade atribuída ao relator e não uma determinação legal, consoante se extrai da interpretação literal do art. 1.019, I, do CPC, que utiliza a locução 'poderá atribuir efeito suspensivo', e não 'atribuirá efeito suspensivo', ou 'deverá atribuir efeito suspensivo'. O efeito suspensivo, total ou parcial, será atribuído se estiverem presentes os requisitos do *fumus boni iuris* e do *periculum in mora*.[7]

7. PROCESSAMENTO

Recebido o agravo no tribunal e depois de distribuído, o relator, no prazo de 5 (cinco) dias, ordenará a intimação do agravado pelo Diário da Justiça, na pessoa de seu procurador constituído nos autos, para que responda aos termos do recurso, no prazo de 15 (quinze) dias úteis, sendo possível a juntada de documentos que possa comprovar suas alegações. Se a parte não tiver advogado nos autos, deverá ser intimado pessoalmente, por carta com aviso de recebimento (ver CPC, art. 1.019).

---

6. CPC, Art. 1.019. Recebido o agravo de instrumento no tribunal e distribuído imediatamente, se não for o caso de aplicação do art. 932, incisos III e IV, o relator, no prazo de 5 (cinco) dias:

I – poderá atribuir efeito suspensivo ao recurso ou deferir, em antecipação de tutela, total ou parcialmente, a pretensão recursal, comunicando ao juiz sua decisão;

II – ordenará a intimação do agravado pessoalmente, por carta com aviso de recebimento, quando não tiver procurador constituído, ou pelo Diário da Justiça ou por carta com aviso de recebimento dirigida ao seu advogado, para que responda no prazo de 15 (quinze) dias, facultando-lhe juntar a documentação que entender necessária ao julgamento do recurso;

III – determinará a intimação do Ministério Público, preferencialmente por meio eletrônico, quando for o caso de sua intervenção, para que se manifeste no prazo de 15 (quinze) dias.

7. (TJ-SP – AGT: 21372513120208260000 SP 2137251-31.2020.8.26.0000, Relator: Artur Marques, Data de Julgamento: 29/07/2020, 35ª Câmara de Direito Privado, Data de Publicação: 29/07/2020).

Nesse mesmo prazo, o relator determinará a intimação do Ministério Público, preferencialmente por meio eletrônico, quando for o caso de sua intervenção, para que se manifeste no prazo de 15 (quinze) dias.

Cumpridas estas providências, o relator solicitará dia para julgamento em prazo não superior a 1 (um) mês da intimação do agravado (CPC, art. 1.020).[8]

8. RECOMENDAÇÕES IMPORTANTES

Para interpor o agravo de instrumento, o agravante deverá observar as seguintes recomendações:

a) O prazo para interpor o agravo de instrumento é de 15 (quinze) dias úteis, contados da intimação do advogado ou da sociedade de advogados que representa a parte, da decisão que se pretende agravar (ver CPC, art. 1.003);

b) Deverá ser interposto através de petição dirigida diretamente ao tribunal competente;

c) A petição deverá conter a exposição do fato e do direito; as razões do pedido de reforma da decisão; e o nome e o endereço completo dos advogados das partes;

d) Deverá também instruir a petição do agravo de instrumento, obrigatoriamente, com cópias da petição inicial, da contestação, da petição que motivou a decisão agravada, da certidão da respectiva intimação e das procurações outorgadas aos advogados do agravante e do agravado (isto somente se aplica nos autos físicos);

e) Tanto nos processos físicos quanto eletrônicos a parte poderá, ainda, facultativamente, juntar à petição de interposição outras peças do processo que possam ser importantes para o reconhecimento do direito do agravante;

f) Deverá juntar cópia da procuração do Agravante e do Agravado, documento obrigatório no processo físico, mas que entendemos ser necessário também nos processos eletrônicos para provar quais são os advogados que atuam no processo.

g) Finalmente, deverá juntar à petição o comprovante do recolhimento das custas, bem como o pagamento das despesas de porte e retorno (se houver) ou requerer, se for o caso, os benefícios da gratuidade de justiça.

---

8. CPC, Art. 1.020. O relator solicitará dia para julgamento em prazo não superior a 1 (um) mês da intimação do agravado.

Lição 12
DO AGRAVO INTERNO

Sumário: 1. Notas introdutórias – 2. Prazo para interposição e resposta – 3. Processamento e julgamento – 4. Litigância de má-fé – 5. Decisões irrecorríveis.

1. NOTAS INTRODUTÓRIAS

Contra toda e qualquer decisão monocrática proferida pelo relator do recurso, em qualquer tribunal, caberá agravo interno para o respectivo órgão colegiado, do qual o relator faça parte, com o objetivo de que aquela decisão seja submetida ao referendo do colegiado, observadas, quanto ao processamento, as regras do regimento interno daquele tribunal (CPC, art. 1.021).[1]

Já vimos que o relator, em qualquer tribunal, pode decidir diversas questões sozinho, isto é, monocraticamente (ver CPC, art. 932, como exemplo). Essas decisões podem ter consequências graves para as partes, por isso da importância deste instrumento.

É importantíssima a previsão legal de existência desse recurso porque unifica o procedimento para que a parte que se sinta prejudicada pela decisão do relator possa contra ela se manifestar.

---

1. CPC, Art. 1.021. Contra decisão proferida pelo relator caberá agravo interno para o respectivo órgão colegiado, observadas, quanto ao processamento, as regras do regimento interno do tribunal.

   § 1º Na petição de agravo interno, o recorrente impugnará especificadamente os fundamentos da decisão agravada.

   § 2º O agravo será dirigido ao relator, que intimará o agravado para manifestar-se sobre o recurso no prazo de 15 (quinze) dias, ao final do qual, não havendo retratação, o relator levá-lo-á a julgamento pelo órgão colegiado, com inclusão em pauta.

   § 3º É vedado ao relator limitar-se à reprodução dos fundamentos da decisão agravada para julgar improcedente o agravo interno.

   § 4º Quando o agravo interno for declarado manifestamente inadmissível ou improcedente em votação unânime, o órgão colegiado, em decisão fundamentada, condenará o agravante a pagar ao agravado multa fixada entre um e cinco por cento do valor atualizado da causa.

   § 5º A interposição de qualquer outro recurso está condicionada ao depósito prévio do valor da multa prevista no § 4º, à exceção da Fazenda Pública e do beneficiário de gratuidade da justiça, que farão o pagamento ao final.

Excepcionalmente, cabe também agravo interno contra decisão monocrática proferida não pelo relator, mas pelo presidente ou vice-presidente de tribunais nas situações que são especificadas em lei (ver CPC, art. 1.030, § 2º e art. 1.035, §7º).[2]

É importante destacar que, como regra, não há recolhimento de custas recursais para interposição do agravo interno, porém é preciso ter muito cuidado porque alguns tribunais podem ter previsão de recolhimento de custas previsto em leis estaduais.

O CPC é silente quanto à exigência de preparo para esse tipo de recurso e, talvez por isso, esse tema acabou sendo objeto de muita discussão principalmente porque alguns juristas entendem que as custas judiciais têm natureza de taxa e, em sendo assim, a legislação local poderia estabelecer a sua exigibilidade.

Essa questão chegou ao Superior Tribunal de Justiça (STJ) que decidiu: "cabe ao Estado instituir, quando entender necessário, taxa judiciária, pois tal competência lhe é dada pela Constituição Federal. Não é dado ao STJ colocar-se na condição de legislador local e afastar a exigência da Lei".[3]

Em síntese: Este é o recurso apropriado para enfrentar as decisões monocráticas proferidas pelo relator de processos nos tribunais.

2. PRAZO PARA INTERPOSIÇÃO E RESPOSTA

O prazo para interposição do agravo interno, assim como dos demais recursos, é de 15 (quinze) dias, nos termos como estatuído no art. 1.003, § 5º, do CPC, prazo esse que deverá ser contado da publicação da decisão monocrática do relator que se pretende impugnar.

Observação: o legislador foi redundante, por assim dizer, pois apesar do prazo geral para todos os recursos previsto no art. 1.003, § 5º, do CPC (exceto embargos de declaração), fez questão de reafirmar esse prazo de 15 (quinze) dias para todo e qualquer tipo de agravo, contra decisão de relator ou outra decisão unipessoal proferida em tribunal (CPC, art. 1.070).[4]

Este também será o prazo para o agravado, querendo, apresentar sua resposta que será contada a partir da intimação que será feita pelo relator (ver CPC, art. 1.021, § 2º).

---

2. Há também previsão de agravo interno no art. 39, da Lei nº 8.038/90; no art. 4º, § 3º da Lei nº 8.437/92 e, art. 15 da Lei nº 12.016/09.

3. (STJ – AgInt no AREsp: 1079649 ES 2017/0074205-0, Relator: Ministra Nancy Andrighi, Data de Julgamento: 22/08/2017, T3 – Terceira Turma, Data de Publicação: DJe 04/09/2017).

4. CPC, Art. 1.070. É de 15 (quinze) dias o prazo para a interposição de qualquer agravo, previsto em lei ou em regimento interno de tribunal, contra decisão de relator ou outra decisão unipessoal proferida em tribunal.

3. PROCESSAMENTO E JULGAMENTO

O agravo será dirigido ao relator do processo que intimará o agravado para manifestar-se sobre o recurso e, ao final do prazo, com ou sem resposta, levá-lo-á a julgamento pelo órgão colegiado, com inclusão em pauta.

Depois do prazo para manifestação do agravado, o relator poderá rever sua decisão. Quer dizer, o relator pode se retratar, isto é, pode rever ele próprio a sua decisão. Se não o fizer, é que levará o recurso a julgamento pelo órgão colegiado.

Na petição de agravo interno, o recorrente deverá ter o cuidado de impugnar especificadamente os fundamentos da decisão agravada, ou seja, deve apontar com clareza qual o desacerto existente na decisão prolatada. O recorrente deverá ter o cuidado de evitar a repetição dos argumentos que apresentou no recurso principal, devendo se ater especificamente a enfrentar a decisão do relator.

No julgamento do agravo interno, o relator está proibido de repetir os mesmos argumentos que utilizou na fundamentação da decisão que foi agravada. Ou seja, o relator não pode negar provimento ao agravo interno repetindo, pura e simplesmente, a mesma argumentação utilizada anteriormente na decisão que foi agravada. Com isso o que se pretende é evitar o famoso "copiar e colar", o que se coaduna com os elevados princípios do novo processo civil brasileiro que exige, por assim dizer, que as decisões sejam fundamentadas de verdade.

Importante: o agravo interno não tem efeito suspensivo, mas nada obsta que o relator mantenha o efeito suspensivo eventualmente concedido no recurso originário; ou ainda, que conceda efeito suspensivo se a parte preencher os requisitos exigidos para tal (ver CPC, art. 995, parágrafo único).

4. LITIGÂNCIA DE MÁ-FÉ

Se o agravo interno for declarado manifestamente inadmissível ou improcedente em votação unânime, o órgão colegiado, em decisão fundamentada, condenará o agravante a pagar ao agravado multa fixada entre 1 (um) a 5% (cinco por cento) do valor atualizado da causa. Esta é a pena para o *improbus litigator* por abuso de direito.

Já decidiu o Superior Tribunal de Justiça (STJ) que a aplicação da multa não é automática, não se tratando de mera decorrência lógica do desprovimento do agravo interno em votação unânime. A condenação do agravante ao pagamento da aludida multa, deve ser analisada em cada caso concreto, em decisão fundamentada e, somente deve ser aplicada se ficar evidente que o agravo interno se mostra manifestamente inadmissível ou que sua improcedência seja de tal forma evidente que a simples interposição do recurso possa ser tida, de plano, como abusiva ou protelatória.[5]

---

5. (STJ – AgInt no AREsp: 1957955 AL 2021/0248773-5, Relator: Ministro Marco Aurélio Bellizze, Data de Julgamento: 09/05/2022, T3 - Terceira Turma, Data de Publicação: DJe 11/05/2022).

O Supremo Tribunal Federal (STF) também já deixou assentado que "a utilização indevida das espécies recursais, consubstanciada na interposição de recursos manifestamente inadmissíveis, improcedentes ou contrários à jurisprudência desta Suprema Corte como mero expediente protelatório, desvirtua o próprio postulado constitucional da ampla defesa e configura abuso do direito de recorrer, a ensejar a aplicação da penalidade prevista no art. 1.021, § 4º, do CPC, calculada à razão de 1% (um por cento) sobre o valor atualizado da causa.[6]

> **Atenção:** a aplicação da multa é uma forma de evitar recursos protelatórios, porém é importante atentar para o fato de que a aplicação da multa não é automática, tendo em vista que somente será cabível se o recurso for declarado inadmissível ou improcedente em votação unânime.

Se houver a condenação por litigância de má-fé, a interposição de qualquer outro recurso estará sujeito à comprovação prévia de que foi realizado o depósito do valor da condenação, exceto se a parte for a Fazenda Pública ou o agravante for beneficiário de gratuidade da justiça, que farão o pagamento ao somente ao final do processo (ver CPC, art. 1.021, § 4º).

A finalidade desta previsão legislativa deve ser aplaudida porque visa evitar que a parte interponha recurso tão somente com objetivo procrastinatório. De outro lado, colabora para a celeridade processual, obstando a interposição de recurso que somente serviria para retardar o regular andamento do processo.

Pela importância do tema, cabe destacar dois enunciados do VII Fórum Permanente dos Processualistas Civis – FPPC:

a) Enunciado 358. A aplicação da multa prevista no art. 1.021, § 4º, exige manifesta inadmissibilidade ou manifesta improcedência; e,

b) Enunciado 359. A aplicação da multa prevista no art. 1.021, § 4º, exige que a manifesta inadmissibilidade seja declarada por unanimidade.

Apenas para ilustrar a matéria, vejamos alguns exemplos de agravo interno que podem ser considerados manifestamente inadmissíveis:

a) Agravo interno com fundamentação deficiente;

b) Agravo interno que repete os argumentos do agravo de instrumento;

c) Agravo interno interposto contra decisão fundamentada em precedente julgado sob o regime da Repercussão Geral;

d) Agravo interno interposto contra decisão que já tem jurisprudência mansa e pacífica das Turmas dos Tribunais Superiores; e,

---

6. (STF, ARE 951.191-AgR, Rel. Min. Marco Aurélio, 1ª Turma, DJe 23.6.2016; e ARE 955.842-AgR, Rel. Min. Dias Toffoli, 2ª Turma, DJe 28.6.2016).

e) Agravo interno contra acórdão sob o argumento de fundamentação indevida ou incorreta quanto a aplicação de tese firmada em precedente qualificado, sem provas suficientes da alegação.

Com relação ao último item acima mencionado é importante atentar para o fato de que quando o relator nega provimento a um recurso com base em precedente vinculante deverá fazê-lo de forma fundamentada. Quer dizer, não basta o relator simplesmente mencionar a existência de precedente vinculante aplicável ao caso *sub judice*. Se o recorrente vai interpor agravo interno contra este tipo de decisão, deverá fundamentar muito bem seu recurso, sob pena de sofrer a multa por procrastinação. Essa questão é tão importante que está sob análise no STJ, pelo rito de repetitivo (Tema 1.201, afetado em 20/06/2023), sob a relatoria do Ministro Mauro Campbell Marques.

5. DECISÕES IRRECORRÍVEIS

Só título de curiosidade devemos destacar que embora a regra seja de que as decisões do relator podem ser enfrentadas por agravo interno, essa regra comporta exceções, senão vejamos.

Existem previsões legislativas de decisões proferidas pelo relator que são irrecorríveis. Dentre estas podemos destacar a decisão que admite o *amicus curiae* (ver CPC, art. 138, *caput* e art. 950, § 3º); a decisão que releva a pena de deserção e concede prazo para o recolhimento das custas processuais relativa ao preparo do recurso (ver CPC, art. 1.007, § 6º); e, a decisão do relator no STJ sobre a prejudicialidade do recurso extraordinário, quando interposto conjuntamente com o recurso especial, assim como a rejeição dessa mesma prejudicialidade pelo STF (ver CPC, art. 1.031, §§ 2º e 3º).

Lição 13
DOS EMBARGOS DE DECLARAÇÃO[1]

> **Sumário:** 1. Notas introdutórias – 2. Cabimento dos embargos de declaração – 3. Da interposição do recurso – 4. Eventual contraditório – 5. Efeitos em que é recebido o recurso – 6. Julgamento – 7. Embargos com a finalidade de prequestionamento – 8. Multa por litigância de má-fé – 9. Conversão dos embargos de declaração em agravo interno.

1. NOTAS INTRODUTÓRIAS

É o recurso cabível visando esclarecer os vícios de obscuridade, contradição ou omissão que possam atingir qualquer decisão judicial, seja ela interlocutória ou sentença, bem como nas decisões dos tribunais, seja monocrática ou colegiada (CPC, art. 1.022),[2] que deverão ser interpostos no prazo de 5 (cinco) dias, dirigido diretamente ao juiz ou relator que tenha prolatado a decisão que se pretende ver esclarecida (CPC, art. 1.023).[3]

Cumpre esclarecer que ocorre omissão quando o juiz ou relator não se pronuncia sobre o pedido ou mesmo qualquer ponto suscitado por qualquer das partes; já a obscuridade pode ser entendida como a falta de clareza fazendo com que a decisão

---

1. Neste capítulo conto com notas da Profa. Estefânia Viveiros. In: MELC, Nehemias Domingos de. *Código de Processo Civil – Anotado e Comentado*, 4ª. ed. Indaiatuba: Foco, 2025, pp. 926/934. Também notas da Profa. Marcia Cardoso Simões. In: MELO, Nehemias Domingos de. *Manual de prática jurídica civil para graduação e exame da OAB*, 5ª. ed. Indaiatuba: Foco, 2022, pp. 145/146
2. CPC, Art. 1.022. Cabem embargos de declaração contra qualquer decisão judicial para:
   I – esclarecer obscuridade ou eliminar contradição;
   II – suprir omissão de ponto ou questão sobre o qual devia se pronunciar o juiz de ofício ou a requerimento;
   III – corrigir erro material.
   Parágrafo único. Considera-se omissa a decisão que:
   I – deixe de se manifestar sobre tese firmada em julgamento de casos repetitivos ou em incidente de assunção de competência aplicável ao caso sob julgamento;
   II – incorra em qualquer das condutas descritas no art. 489, § 1º.
3. CPC, Art. 1.023. Os embargos serão opostos, no prazo de 5 (cinco) dias, em petição dirigida ao juiz, com indicação do erro, obscuridade, contradição ou omissão, e não se sujeitam a preparo.
   § 1º Aplica-se aos embargos de declaração o art. 229.
   § 2º O juiz intimará o embargado para, querendo, manifestar-se, no prazo de 5 (cinco) dias, sobre os embargos opostos, caso seu eventual acolhimento implique a modificação da decisão embargada.

possa ser considerada ambígua; e, a contradição ocorre quando a decisão é proferida, por exemplo, em desacordo com tudo que está contido no relatório.

2. CABIMENTO DOS EMBARGOS DE DECLARAÇÃO

A finalidade precípua deste recurso é o aprimoramento da prestação jurisdicional, esclarecendo obscuridade, eliminando contradição, suprimindo omissões e corrigindo erro material. Isto porque a decisão judicial precisa ser límpida, clara, compreensível, completa. A ausência de clareza e de difícil compreensão na decisão gera obscuridade, que deve ser combatida por meio do recurso de embargos de declaração. O outro vício refere-se à contradição na própria decisão proferida pelo magistrado. Não se trata aqui de contradição entre decisões diferentes e diversas constantes no processo. O contrassenso e a incoerência acarretam decisões contraditórias, que dificultam até a execução da decisão judicial. Já com relação à omissão, considera-se omissa a decisão quando o juiz deixa de se pronunciar sobre ponto ou questão a requerimento ou *ex officio* (ver CPC, art. 1.022, I e II).

Os embargos de declaração também servem para arguir as questões que envolvam matérias de ordem pública, que não foram apreciadas, embora se permita ao magistrado analisá-las de ofício.

O legislador também incluiu a modalidade de erro material como requisito de mérito deste recurso. Cumpre esclarecer que o erro material ocorre quando, por exemplo, na sentença grafou-se o nome das partes erroneamente ou apresentou algum erro de cálculo (ver CPC, art. 1.022, III).

Outra hipótese de cabimento dos embargos declaratórios por omissão refere-se a decisão judicial que não se pronunciou sobre tese firmada em julgamento de recursos repetitivos, nele inclusos o incidente de resolução de demanda repetitiva (ver CPC, art. 976 a 987) e os recursos especial e extraordinário repetitivos (ver CPC, art. 1.036 a 1.041) e o incidente de assunção de competência aplicável ao caso concreto (ver CPC, art. 947).

Além disso, a decisão também será considerada omissa se não for fundamentada adequadamente, nos termos do art. 489, § 1º, do CPC. Aliás, a obrigatoriedade de fundamentação das decisões judicial e administrativa, está explicita na nossa Constituição Federal (ver CF, art. 93, IX e X). A partir desta premissa, legislador fez consignar na norma infraconstitucional que uma decisão judicial que não tenha sido adequadamente fundamentada, desafia embargos de declaração para que seja completada a fundamentação que se exige para qualquer decisão judicial.

3. DA INTERPOSIÇÃO DO RECURSO

Os embargos de declaração devem ser interpostos no prazo de 5 (cinco) dias em petição dirigida ao órgão judiciário prolator da decisão que se pretende ver es-

LIÇÃO 13 • DOS EMBARGOS DE DECLARAÇÃO **125**

clarecida. Se houver procuradores distintos nos mesmos autos, o prazo será contado em dobro (ver CPC, art. 229).

Por ser recurso de natureza vinculada, o embargante deverá, de maneira muito clara, indicar qual a imperfeição torna a decisão incompreensível. Se a parte não indicar com clareza a omissão, obscuridade ou contradição poderá ter o seu recurso inadmitido porque esses vícios e erros são considerados matéria de mérito do recurso, cuja ausência acarreta o desprovimento do recurso.

Não há necessidade de preparo para a interposição dos embargos de declaração, isto é, dispensa-se o recolhimento de custas. Afinal de contas a parte já pagou custas, pela qual faz jus a uma prestação jurisdicional perfeita, isto é, sem obscuridade, contradição ou omissão.

4. EVENTUAL CONTRADITÓRIO

A regra geral nesse tipo de recurso é que não há o contraditório, ou seja, a parte contrária não é instada a se manifestar em contrarrazões, pois sua finalidade é apenas corrigir o julgado sem inverter a sucumbência.

Porém, excepcionalmente os embargos de declaração podem ter "**efeitos infringentes**", isto é, modificativos, pois ao ser corrigida a omissão, a contradição ou a obscuridade, temos como consequência uma eventual modificação no conteúdo do julgado que, inclusive, poderá inverter o polo vencedor.

Caso eventual acolhimento dos embargos implique a modificação da decisão embargada, deverá o magistrado garantir o contraditório, intimando o embargado para, querendo, manifestar-se no prazo de 5 (cinco) dias, sobre os embargos opostos.

Na eventualidade de o embargado já ter interposto outro recurso contra a decisão originária, assegura o nosso CPC que se possa complementar ou alterar suas razões recursais, nos exatos limites da modificação, no prazo de 15 (quinze) dias, contados da intimação da decisão proferida nos embargos de declaração que teve reconhecido os efeitos infringentes. De outro lado, se os declaratórios em nada alterou a conclusão do julgamento anterior, o recurso que já tiver sido interposto pelo embargado, não sofrerá nenhuma modificação e será julgado independente de qualquer ratificação (CPC, art. 1.024, §§ 4º e 5º).[4]

---

4. CPC, Art. 1.024. O juiz julgará os embargos em 5 (cinco) dias.

§ 1º Nos tribunais, o relator apresentará os embargos em mesa na sessão subsequente, proferindo voto, e, não havendo julgamento nessa sessão, será o recurso incluído em pauta automaticamente.

§ 2º Quando os embargos de declaração forem opostos contra decisão de relator ou outra decisão unipessoal proferida em tribunal, o órgão prolator da decisão embargada decidi-los-á monocraticamente.

§ 3º O órgão julgador conhecerá dos embargos de declaração como agravo interno se entender ser este o recurso cabível, desde que determine previamente a intimação do recorrente para, no prazo de 5 (cinco) dias, complementar as razões recursais, de modo a ajustá-las às exigências do art. 1.021, § 1º.

5. EFEITOS EM QUE É RECEBIDO O RECURSO

Os embargos de declaração **não possuem efeito suspensivo** como regra, mas é possível obter esse efeito através de tutela antecipada recursal se a parte preencher os requisitos com a demonstração da probabilidade de provimento do recurso (típico caso de tutela de evidência) ou, sendo relevante a fundamentação (*fumus boni júris*), se houver risco de dano grave ou de difícil reparação (*periculum in mora*). Veja-se que são duas situações distintas: concede-se o efeito suspensivo por ser muito provável o provimento do recurso ou em face do risco de graves danos (ver CPC, art. 1.026).

O pedido de efeito suspensivo pode ser feito no próprio recurso ou por petição avulsa formulada a qualquer momento até o julgamento dos embargos de declaração, desde que indique com precisão os requisitos que autorizam a concessão de tal efeito.

Os embargos de declaração também possuem **efeito interruptivo**. Por força desse efeito, o prazo para os recursos a serem interpostos posteriormente contra a decisão embargada permanece interrompido desde a oposição dos embargos até a data da intimação das partes acerca de seu julgamento. A partir da publicação da decisão sobre os embargos é que começará a correr o prazo para o recurso posterior.

Cumpre esclarecer que interrupção e a suspensão dos prazos são coisas distintas. Na interrupção, os prazos podem ser recontados a partir do primeiro dia após o término do efeito da interrupção, não computando os dias consumidos pela oposição dos declaratórios. A suspensão de prazos, diferentemente, cessa o prazo em curso e volta a contar apenas os dias que sobejar. No caso da interrupção, a regra é sempre interromper o prazo para todos que participam do processo, exceto no caso de intempestividade. Esse caso – intempestividade – seria a única exceção. Tal raciocínio não se estende as hipóteses diversas de não conhecimento do recurso.

> **Atenção:** o efeito interruptivo só ocorrerá se a parte interpuser os embargos de declaração tempestivamente, isto é, dentro do prazo legal, pouco importando se ele será provido ou não.

Há ainda que esclarecer que os embargos de declaração podem ter **efeito modificativo**, na exata medida que é perfeitamente possível haver uma nova decisão que modifique a primeira.

---

§ 4º Caso o acolhimento dos embargos de declaração implique modificação da decisão embargada, o embargado que já tiver interposto outro recurso contra a decisão originária tem o direito de complementar ou alterar suas razões, nos exatos limites da modificação, no prazo de 15 (quinze) dias, contado da intimação da decisão dos embargos de declaração.

§ 5º Se os embargos de declaração forem rejeitados ou não alterarem a conclusão do julgamento anterior, o recurso interposto pela outra parte antes da publicação do julgamento dos embargos de declaração será processado e julgado independentemente de ratificação.

6. JULGAMENTO

Diferentemente dos demais recursos, os declaratórios, quando oposto contra decisão de primeiro grau, serão julgados pelo próprio juiz que proferiu a decisão contra a qual se insurge o embargante.

Nos tribunais há duas situações distintas: serão julgados pelo colegiado quando os embargos forem opostos contra acórdão; se oposto contra decisão monocrática, quem julga é o próprio magistrado que prolatou a decisão (ver CPC, art. 1.024, §§ 1º e 2º).

O prazo para julgamento dos embargos de declaração é de 5 (cinco) dias, embora se trate de prazo impróprio, já que dirigido ao magistrado. Esse prazo, pela própria dicção da lei, refere-se ao juiz de primeiro grau.

No tribunal, também o magistrado tem prazo de 5 (cinco) dias, porém para levá-los em mesa na sessão logo subsequente. Ao não o fazer, a consequência jurídica é a inclusão em pauta do recurso de embargos de declaração, que poderá ser acompanhando pelas partes no dia da sessão. Os advogados terão ciência do dia certo do julgamento deste recurso e o serventuário se desincumbirá da função de informação diária acerca do possível julgamento de todos os recursos de embargos de declaração.

7. EMBARGOS COM A FINALIDADE DE PREQUESTIONAMENTO

Os embargos de declaração também servem para prequestionar matérias que tenham sido submetidas à apreciação junto aos tribunais inferiores quando seja necessário interpor recurso especial para o STJ ou recurso extraordinário para o STF. Nesse caso, ainda que os embargos sejam apenas para prequestionar a matéria, não poderá ser considerado protelatório.[5]

Quer dizer, quando o tribunal de origem não se manifestou sobre matéria que vai ser levadas ao conhecimento e apreciação dos tribunais superiores, a parte deve interpor embargos de declaração junto ao tribunal de origem para que o mesmo se manifestado expressamente sobre o ponto ou artigo de lei que a parte entende ter sido violado. Se não o fizer, o seu recurso especial ou extraordinários não será admitido, por supressão de instância.

É muito importante destacar que, independentemente da manifestação do tribunal, considera-se incluídos no acórdão os elementos que o embargante suscitou, para fins de pré-questionamento, ainda que os embargos de declaração sejam inadmitidos ou rejeitados, caso o tribunal superior considere existente erro, omissão,

---

5. Nesse sentido ver Súmula 98 do STJ e Súmula 282 do STF.

contradição ou obscuridade. A isso a doutrina chama de **prequestionamento ficto** (CPC, art. 1.025).[6]

Significa dizer que se os tribunais de segundo grau não admitirem ou rejeitarem os embargos de declaração poderão os tribunais superiores, ao enxergarem o vício apontado, considerar a matéria incluída no acórdão como devidamente prequestionada. Tal norma gera economicidade e porque não dizer redução de tempo ao evitar o retorno dos processos ao tribunal de segunda instância para julgar novamente o recurso de embargos de declaração e, em razão de nova interposição de recurso especial, retornar para os tribunais superiores novamente. Neste caso, o vai e vem dos processos consume anos, a depender do Estado, prejudicando a duração razoável do processo prevista no art. 5°, inciso LXXVIII, da Constituição Federal.

8. MULTA POR LITIGÂNCIA DE MÁ-FÉ

Exatamente em face do efeito interruptivo dos embargos declaratórios, é possível que o mesmo seja manejado tão-somente com o intuito de retardar o regular andamento do feito. Nessa circunstância, caberá ao magistrado (seja o juiz de primeiro grau, seja o relator no Tribunal), aferir se o recurso tem caráter procrastinatório e, se assim for, aplicar multa autorizada pelo Código de Processo Civil que poderá chegar a 12% (doze por cento) do valor atualizado da causa (até 2% no primeiro recurso; e, até 10% no segundo) conforme expresso em lei (CPC, art. 1.026, §§ 2° e 3°).[7]

Ademais, o pagamento da multa é condição de admissibilidade para a interposição de qualquer recurso, exceto com relação à Fazenda Pública e do beneficiário da gratuidade de justiça que recolherão o valor da multa ao final do processo.

A fim de evitar os embargos procrastinatórios o novo Código de Processo Civil limitou a proposição de embargos de declaração sobre a decisão julgadora de em-

---

6. CPC, Art. 1.025. Consideram-se incluídos no acórdão os elementos que o embargante suscitou, para fins de pré-questionamento, ainda que os embargos de declaração sejam inadmitidos ou rejeitados, caso o tribunal superior considere existentes erro, omissão, contradição ou obscuridade.

7. CPC, Art. 1.026. Os embargos de declaração não possuem efeito suspensivo e interrompem o prazo para a interposição de recurso.

    § 1° A eficácia da decisão monocrática ou colegiada poderá ser suspensa pelo respectivo juiz ou relator se demonstrada a probabilidade de provimento do recurso ou, sendo relevante a fundamentação, se houver risco de dano grave ou de difícil reparação.

    § 2° Quando manifestamente protelatórios os embargos de declaração, o juiz ou o tribunal, em decisão fundamentada, condenará o embargante a pagar ao embargado multa não excedente a dois por cento sobre o valor atualizado da causa.

    § 3° Na reiteração de embargos de declaração manifestamente protelatórios, a multa será elevada a até dez por cento sobre o valor atualizado da causa, e a interposição de qualquer recurso ficará condicionada ao depósito prévio do valor da multa, à exceção da Fazenda Pública e do beneficiário de gratuidade da justiça, que a recolherão ao final.

    § 4° Não serão admitidos novos embargos de declaração se os 2 (dois) anteriores houverem sido considerados protelatórios.

bargos de declaração. Assim, não serão admitidos novos embargos de declaração se os 2 (dois) anteriores houverem sido considerados protelatórios.

9. CONVERSÃO DOS EMBARGOS DE DECLARAÇÃO EM AGRAVO INTERNO

Outra situação curiosa é a que permite ao órgão julgador converter os embargos de declaração em agravo interno, se entender que este seria o recurso apropriado para dirimir aquela determinada questão levantada pelo embargante.

Se assim entender, o relator deverá previamente abrir prazo de 5 (cinco) dias para que o recorrente possa complementar as razões recursais, de modo a ajustá-las às previsões do agravo interno (ver CPC, art. 1.024, § 3º). Embora a lei seja silente, entendemos que a parte recorrida também deverá se manifestar e, por analogia, também no prazo de 5 (cinco) dias.

Se o embargante não complementar seus embargos de declaração para melhor ajustá-lo ao agravo interno, o entendimento do Superior Tribunal de Justiça (STJ) é pelo não conhecimento do recurso.[8]

Importante informar que a jurisprudência do Superior Tribunal de Justiça (STJ) também já admitiu que os embargos de declaração podem ser recebidos como agravo regimental. Quer dizer, nos termos do artigo 1.024, § 3º, do NCPC, após intimado o recorrente para complementar as razões recursais, os embargos declaratórios opostos com o intuito de conferir efeitos infringentes à decisão embargada devem ser recebidos como agravo regimental.[9]

E essa conversão do recurso de embargos de declaração em agravo interno ou mesmo agravo regimental, seria possível mesmo sem a previsão expressa do Código de Processo Civil, com base em dois princípios muitos importante juridicamente falando: o princípio da fungibilidade recursal e o princípio da instrumentalidade das formas, especialmente quando os declaratórios têm caráter nitidamente infringente.

> **Atenção**: não cabe a condenação ao pagamento de honorários advocatícios recursais no âmbito do agravo interno, conforme jurisprudência pacífica do Superior Tribunal de Justiça (STJ).

---

8. (STJ – AgInt no AREsp: 2208124 MT 2022/0288522-1, Relator: Ministro Marco Buzzi, Data de Julgamento: 03/04/2023, T4 – Quarta Turma, Data de Publicação: DJe 11/04/2023).

9. (STJ, EDcl no REsp 1635581/PE, Relator: Ministro Francisco Falcão, Segunda Turma, J. em 22/11/2022, DJe 28/11/2022).

bargos de declaração. Assim, não serão admitidos novos embargos de declaração se os 2 (dois) anteriores houverem sido considerados protelatórios.

9. CONVERSÃO DOS EMBARGOS DE DECLARAÇÃO EM AGRAVO INTERNO

Outra situação curiosa é a que permite ao órgão julgador converter os embargos de declaração em agravo interno, se entender que este seria o recurso apropriado para dirimir aquela determinada questão levantada pelo embargante.

Se assim entender, o relator deverá previamente abrir prazo de 5 (cinco) dias para que o recorrente possa complementar as razões recursais, de modo a ajustá-las às previsões do agravo interno (ver CPC, art. 1.024, § 3º). Embora a lei seja silente, entendemos que a parte recorrida também deverá se manifestar e, por analogia, também no prazo de 5 (cinco) dias.

Se o embargante não complementar suas embargos de declaração para melhor ajustá-lo ao agravo interno, o entendimento do Superior Tribunal de Justiça (STJ) é pelo não conhecimento do recurso.

Importante informar que a jurisprudência do Superior Tribunal de Justiça (STJ) também já admitiu que os embargos de declaração podem ser recebidos como agravo regimental (quer dizer, nos termos do artigo 1.024, § 3º, do NCPC, após intimado o recorrente para complementar as razões recursais, os embargos declaratórios opostos com o intuito de conferir efeitos infringentes à decisão embargada devem ser recebidos como agravo regimental.

Essa conversão dos recursos de embargos de declaração em agravo interno ou mesmo agravo regimental, seria até possível mesmo sem a previsão expressa do Código de Processo Civil, com base em dois princípios muito importante juridicamente - falando o princípio da fungibilidade recursal e o princípio da instrumentalidade das formas, especialmente quando os declaratórios têm caráter nitidamente infringente.

Atenção: não cabe a condenação ao pagamento de honorários advocatícios recursais no âmbito do agravo interno, conforme jurisprudência pacífica do Superior Tribunal de Justiça (STJ).

LIÇÃO 14
RECURSOS AOS TRIBUNAIS SUPERIORES

Sumário: 1. Esclarecimentos iniciais – 2. Recurso ordinário constitucional; 2.1 Da interposição do recurso; 2.2 Do processamento do recurso – 3. Do recurso especial; 3.1 Pressupostos de admissibilidade; 3.2 Demonstração de relevância; 3.3 Processamento do REsp; 3.4 Contrarrazões ao recurso especial; 3.5 Interposição de recurso especial e recurso extraordinário conjuntamente; 3.6 Recurso especial versando sobre matéria constitucional; 4. Do recurso extraordinário; 4.1 Pressupostos de admissibilidade; 4.2 Processamento do RE; 4.3 Ofensa reflexa à constituição; 4.4 Repercussão geral – 5. Do julgamento dos recursos extraordinário e especial repetitivos; 5.1 Processamento do recurso repetitivo; 5.2 Poderes do relator; 5.3 Resultado do julgamento do recurso repetitivo – 6. Do agravo em recurso especial e em recurso extraordinário; 6.1 Interposição do agravo; 6.2 Julgamento do agravo – 7. Dos embargos de divergência; 7.1 Cabimento; 7.2 Requisitos; 7.3 Súmulas do STJ sobre a matéria; 7.4 Processamento dos embargos de divergência.

1. ESCLARECIMENTOS INICIAIS

Nesta lição vamos tratar dos recursos aos tribunais superiores (STJ e STF), quais sejam: recurso ordinário (CPC, arts. 1.027/1.028); recurso especial e recurso extraordinário, tanto os convencionais (CPC, arts. 1.029/1.035), quanto os repetitivos (CPC, art. 1.036/1041); o agravo em recurso especial e em recurso extraordinário (CPC, art. 1.042); e, embargos de divergência (CPC, art. 1.043).

Além desses é bom lembrar que sempre cabe embargos de declaração contra qualquer decisão judicial e, por conseguinte, também cabe no âmbito dos tribunais superiores, sempre que houver omissão, obscuridade, contradição ou haja necessidade de correção de erro material (ver CPC, art. 1.022).[1]

Também será possível o manejo do recurso de agravo interno contra eventual decisão monocrática do relator no processamento de qualquer dos recursos objeto da presente lição.[2]

---

1. Maiores detalhes sobre os embargos de declaração ver Lição 13 do presente livro.
2. Sobre o agravo interno remetemos o leitor à lição nº 12 do presente livro.

2. RECURSO ORDINÁRIO CONSTITUCIONAL

Tanto o STF quanto o STJ têm competência para conhecer e julgar o recurso ordinário nos termos como previsto na Constituição Federal nos arts. 102, II e 105, II, respectivamente.

Serão julgados em recurso ordinário, pelo Supremo Tribunal Federal, os mandados de segurança, os habeas data e os mandados de injunção decididos em única instância pelos tribunais superiores (STJ, TST, TSE e STM), quando denegatória a decisão. Já pelo Superior Tribunal de Justiça, serão julgados os mandados de segurança decididos em única instância pelos tribunais regionais federais ou pelos tribunais de justiça dos Estados e do Distrito Federal, quando denegatória a decisão, e também, os processos em que forem partes, de um lado, Estado estrangeiro ou organismo internacional e, de outro, Município ou pessoa residente ou domiciliada no País (CPC, art. 1.027).[3]

O recurso ordinário vai funcionar como se fosse uma espécie de apelação, sendo certo que tanto o STF quanto o STJ, conforme o caso, irão atuar como órgão de 2ª instância. Tanto é verdade que o próprio CPC, no seu art. 1.027, § 2º, manda aplicar ao recurso ordinário o disposto nos art. 1.013, § 3º, que trata do efeito translativo da apelação. Dessa forma, o Novo CPC passa a prever, expressamente, a aplicação da "teoria da causa madura" no recurso ordinário.

> **Atenção:** A doutrina chama este recurso de "recurso ordinário constitucional", cuja abreviatura é ROC, isso para evitar confusão com o "recurso ordinário" da justiça trabalhista.

2.1 Da interposição do recurso

A petição de interposição do recurso deverá ser endereçada ao Presidente do Tribunal que proferiu a decisão denegatória. As razões recursais deverão ser anexadas à petição de interposição, devendo ser dirigidas ao STF ou STJ, conforme o caso.

---

3. CPC, Art. 1.027. Serão julgados em recurso ordinário:

    I – pelo Supremo Tribunal Federal, os mandados de segurança, os habeas data e os mandados de injunção decididos em única instância pelos tribunais superiores, quando denegatória a decisão;

    II – pelo Superior Tribunal de Justiça:

    a) os mandados de segurança decididos em única instância pelos tribunais regionais federais ou pelos tribunais de justiça dos Estados e do Distrito Federal e Territórios, quando denegatória a decisão;

    b) os processos em que forem partes, de um lado, Estado estrangeiro ou organismo internacional e, de outro, Município ou pessoa residente ou domiciliada no País.

    § 1º Nos processos referidos no inciso II, alínea "b", contra as decisões interlocutórias caberá agravo de instrumento dirigido ao Superior Tribunal de Justiça, nas hipóteses do art. 1.015.

    § 2º Aplica-se ao recurso ordinário o disposto nos arts. 1.013, § 3º, e 1.029, § 5º.

LIÇÃO 14 • RECURSOS AOS TRIBUNAIS SUPERIORES

O prazo para a interposição do recurso ordinário constitucional será, como regra, 15 (quinze) dias (ver CPC, art. 1.003, § 5º). Será também de 15 (quinze) dias o prazo para o recorrido apresentar suas contrarrazões (CPC, art. 1.028, § 2º).[4]

No ato de interposição o recorrente deverá comprovar o recolhimento das custas exigidas, bem como de outras despesas, sob pena de ver seu recurso ser declarado deserto (ver CPC, art. 1.007). Se for beneficiário da gratuidade de justiça, deverá informar tal fato indicando com precisão em quais folhas do processo se encontra a decisão concessiva.

Cumpridas todas as formalidades, o Presidente do Tribunal recorrido encaminhará o recurso ao STJ ou STF, independente de juízo de admissibilidade.

2.2 Do processamento do recurso

Recebido o recurso, o presidente ou vice-presidente do tribunal de origem deve determinar a intimação do recorrido para que, no prazo de 15 (quinze) dias, possa, querendo, apresentar suas contrarrazões. Findo esse prazo, com resposta ou não do recorrido, os autos serão remetidos ao respectivo tribunal superior (STJ ou STF), independentemente de juízo de admissibilidade (ver CPC, art. 1.028, §§ 2º e 3º).

Com relação as demais questões, devem ser aplicadas as disposições referentes ao recurso de apelação e aquelas consignadas nos respectivos regimentos internos do STF ou do STJ, conforme o caso.

3. DO RECURSO ESPECIAL

Este recurso é endereçado ao Superior Tribunal de Justiça (STJ), visando reformar decisão dos Tribunais de Justiça dos Estados ou dos Tribunais Regionais Federais, quando eles tiverem decidido questões que (conforme CF, art. 105, III):

a) contrariar tratado ou lei federal ou mesmo negar-lhe vigência;

b) julgar válido ato local contestado em razão de lei federal;

c) der a lei federal interpretação divergente da que lhe haja atribuído outro tribunal;

---

4. CPC, Art. 1.028. Ao recurso mencionado no art. 1.027, inciso II, alínea "b", aplicam-se, quanto aos requisitos de admissibilidade e ao procedimento, as disposições relativas à apelação e o Regimento Interno do Superior Tribunal de Justiça.

§ 1º Na hipótese do art. 1.027, § 1º, aplicam-se as disposições relativas ao agravo de instrumento e o Regimento Interno do Superior Tribunal de Justiça.

§ 2º O recurso previsto no art. 1.027, incisos I e II, alínea "a", deve ser interposto perante o tribunal de origem, cabendo ao seu presidente ou vice-presidente determinar a intimação do recorrido para, em 15 (quinze) dias, apresentar as contrarrazões.

§ 3º Findo o prazo referido no § 2º, os autos serão remetidos ao respectivo tribunal superior, independentemente de juízo de admissibilidade.

134 | LIÇÕES DE PROCESSO CIVIL – VOLUME 3 • Nehemias Domingos de Melo

d) além dessas questões, expressamente previstas na Constituição, o STJ tem entendido que cabe recurso especial para rever os valores das indenizações por danos morais, quando eles forem exorbitantes ou aviltantes.

Este tipo de recurso não se presta a discutir matéria de fato ou de prova,[5] devendo o debate ficar por conta das teses jurídicas utilizadas por ambas as partes no tocante ao direito submetido à apreciação. Quer dizer, só é cabível discutir as matérias de direito.

3.1 Pressupostos de admissibilidade

Além dos requisitos gerais de todos os recursos (tempestividade, preparo etc.), o especial deverá observar os seguintes requisitos específicos, vejamos:

a) que a decisão (acórdão) tenha sido proferido por Tribunal de Justiça dos Estados-membros ou pelos Tribunais Regionais Federais;

b) demonstração de que no julgamento ocorreu alguma das hipóteses previstas no art. 105, III, da Constituição Federal, que são as seguintes: a) contrariar tratado ou lei federal, ou negar-lhes vigência; b) julgar válido ato de governo local contestado em face de lei federal; e, c) der a lei federal interpretação divergente da que lhe haja atribuído outro tribunal;

c) que a matéria tenha sido prequestionada, isto é, que o objeto da controvérsia que autoriza a propositura do especial tenha sido apreciada pelo Tribunal julgador.

Atenção: Se a matéria não tiver sido apreciada pelo Tribunal de origem, antes da propositura do Especial a parte deverá manejar o recurso de Embargos de Declaração para forçar o órgão julgador a se manifestar sobre a tese que fundamentará o recurso Especial. Nesse sentido, súmula STJ 211: Inadmissível recurso especial quanto à questão que, a despeito da oposição de embargos declaratórios, não foi apreciada pelo tribunal *a quo*.

3.2 Demonstração de relevância

Devemos advertir por primeiro que na vida prática os advogados(as) sempre tiveram muita dificuldade em levar uma causa a julgamento no Superior Tribunal de Justiça (STJ). Essa dificuldade ficou ainda muito maior em face da nova exigência de demonstração de relevância da questão suscitada no recurso especial.

Não podemos afirmar com certeza, mas estudiosos do assunto falavam, mesmo antes dessa nova exigência, que 9 (nove) entre cada 10 (dez) recursos

---

5. STJ – Súmula 7: Pretensão de simples reexame de prova não enseja recurso especial.

especiais negados na origem, tinham suas decisões mantidas quando analisadas pelo STJ.[6]

Com a promulgação da Emenda Constitucional 125, em 14 de julho de 2022, o recurso especial passou a contar com mais uma exigência de admissibilidade, por assim dizer, na exata medida em que o recorrente deverá demonstrar a relevância das questões de direito federal infraconstitucional, discutidas no caso concreto. Quer dizer, não demonstrada a relevância da questão *sub judice*, o recurso especial não será conhecido. Se antes já era difícil fazer subir um recurso especial, agora, com essa nova exigência, isso é quase impossível.

Por sua vez o STJ somente poderá inadmitir o recurso especial pela ausência de relevância pelo voto de 2/3 (dois terços) dos membros do órgão competente para conhecer da matéria.

No mesmo texto recém aprovado o legislador fixou alguns temas nos quais já há a presunção da relevância e, são eles: ações penais; ações de improbidade administrativa; ações cujo valor da causa ultrapasse 500 (quinhentos) salários mínimos; ações que possam gerar inelegibilidade; hipóteses em que o acórdão recorrido contrariar jurisprudência dominante do Superior Tribunal de Justiça; e, outras hipóteses que poderão ser previstas em lei.

Justifica-se esta presunção de relevância porque tais matérias têm relevância por si só. Ações penais têm a ver com um bem da vida valiosíssimo, que é a liberdade. Ações de improbidade têm a ver com o bem público e a moralidade administrativa, portanto valores sociais de relevância. Da mesma forma as outras questões envolvidas.

3.3 Processamento do REsp

O Recurso Especial deverá ser interposto, no prazo de 15 (quinze) dias contados da publicação do acórdão, perante o próprio Tribunal que tenha proferido a decisão que se pretende ver reformada, mediante petição de interposição dirigida ao Presidente do Tribunal, à qual deverá ser anexadas as razões do recurso (neste caso endereçada ao STJ) e as guias de comprovação do recolhimento do devido preparo e taxas de porte e retorno (CPC, art. 1.029).[7]

---

6. OLIVON, Beatriz. STJ mantém 92% das decisões que negam análise de recursos. Disponível em: <https://valor.globo.com/legislacao/noticia/2021/05/02/stj-mantem-92percent-das-decisoes-que-negam-analise--de-recursos.ghtml>. Acesso em 26/11/2024.

7. CPC, Art. 1.029. O recurso extraordinário e o recurso especial, nos casos previstos na Constituição Federal, serão interpostos perante o presidente ou o vice-presidente do tribunal recorrido, em petições distintas que conterão:

   I – a exposição do fato e do direito;

   II – a demonstração do cabimento do recurso interposto;

   III – as razões do pedido de reforma ou de invalidação da decisão recorrida.

   § 1º Quando o recurso fundar-se em dissídio jurisprudencial, o recorrente fará a prova da divergência com a certidão, cópia ou citação do repositório de jurisprudência, oficial ou credenciado, inclusive em mídia

Além disso, se o recurso fundar-se em dissídio jurisprudencial, o recorrente deverá fazer a prova da divergência com a certidão, cópia ou citação do repositório de jurisprudência, oficial ou credenciado, inclusive em mídia eletrônica, em que houver sido publicado o acórdão divergente, ou ainda com a reprodução de julgado disponível na rede mundial de computadores, com indicação da respectiva fonte, devendo-se, em qualquer caso, mencionar as circunstâncias que identifiquem ou assemelhem os casos confrontados, nos termos do art. 1.029, § 1º do Novo Código de Processo Civil.

Após a manifestação da parte contrária o Tribunal recorrido verificará da regularidade do recurso e de sua admissibilidade podendo dar ou negar seguimento ao mesmo (ver CPC, art. 1.030, § 1º). Da decisão denegatória de seguimento ao recurso especial, caberá, conforme o caso, agravo nos próprios autos para o tribunal superior (ver CPC, art. 1.042) ou agravo interno (ver CPC, art. 1.021), dependendo das circunstâncias.

Cumpre ainda advertir que tanto o recurso especial quanto o recurso extraordinário serão recebidos tão somente no efeito devolutivo (ver CPC, art. 995), mas o interessado poderá requerer a concessão de efeito suspensivo ao recurso especial: (I) ao tribunal superior respectivo, no período compreendido entre a publicação da decisão de admissão do recurso e sua distribuição, ficando o relator designado para seu exame prevento para julgá-lo; (II) ao relator, se já distribuído o recurso; ou finalmente, (III) ao presidente ou ao vice-presidente do tribunal recorrido, no período compreendido entre a interposição do recurso e a publicação da decisão de admissão do recurso, assim como no caso de o recurso ter sido sobrestado, nos termos do art. 1.037 (ver CPC, art. 1.029, § 5º).

---

eletrônica, em que houver sido publicado o acórdão divergente, ou ainda com a reprodução de julgado disponível na rede mundial de computadores, com indicação da respectiva fonte, devendo-se, em qualquer caso, mencionar as circunstâncias que identifiquem ou assemelhem os casos confrontados.

§ 2º (Revogado). (Redação dada pela Lei nº 13.256, de 2016)

§ 3º O Supremo Tribunal Federal ou o Superior Tribunal de Justiça poderá desconsiderar vício formal de recurso tempestivo ou determinar sua correção, desde que não o repute grave.

§ 4º Quando, por ocasião do processamento do incidente de resolução de demandas repetitivas, o presidente do Supremo Tribunal Federal ou do Superior Tribunal de Justiça receber requerimento de suspensão de processos em que se discuta questão federal constitucional ou infraconstitucional, poderá, considerando razões de segurança jurídica ou de excepcional interesse social, estender a suspensão a todo o território nacional, até ulterior decisão do recurso extraordinário ou do recurso especial a ser interposto.

§ 5º O pedido de concessão de efeito suspensivo a recurso extraordinário ou a recurso especial poderá ser formulado por requerimento dirigido:

I – ao tribunal superior respectivo, no período compreendido entre a publicação da decisão de admissão do recurso e sua distribuição, ficando o relator designado para seu exame prevento para julgá-lo; (Redação dada pela Lei nº 13.256, de 2016)

II – ao relator, se já distribuído o recurso;

III – ao presidente ou ao vice-presidente do tribunal recorrido, no período compreendido entre a interposição do recurso e a publicação da decisão de admissão do recurso, assim como no caso de o recurso ter sido sobrestado, nos termos do art. 1.037. (Redação dada pela Lei nº 13.256, de 2016)

3.4 Contrarrazões ao recurso especial

Em respeito ao princípio do contraditório e da ampla defesa, a parte contrária terá direito de apresentar suas contrarrazões ao Recurso Especial interposto. Quer dizer, o recorrido terá também o prazo de 15 (quinze) dias para responder aos termos do recurso, através das contrarrazões, que também será interposta perante o próprio Tribunal recorrido (CPC, art. 1.030).[8]

Neste caso, o recorrido deverá defender o acerto da decisão do Tribunal, propugnando pela manutenção do acórdão.

Deverá fazer uma petição de interposição endereçada ao presidente ou vice-presidente do tribunal recorrido; e, outra petição com as contrarrazões recursais, endereçada ao STJ.

3.5 Interposição de recurso especial e recurso extraordinário conjuntamente

Pode ocorrer de determinada decisão ofender a um só tempo preceitos infraconstitucionais como preceitos constitucionais. Nessa circunstância, a parte pode recorrer tanto ao STJ (recurso especial) quanto ao STF (recurso extraordinário).

---

8. CPC, Art. 1.030. Recebida a petição do recurso pela secretaria do tribunal, o recorrido será intimado para apresentar contrarrazões no prazo de 15 (quinze) dias, findo o qual os autos serão conclusos ao presidente ou ao vice-presidente do tribunal recorrido, que deverá: (Redação dada pela Lei nº 13.256, de 2016)

    I – negar seguimento: (Incluído pela Lei nº 13.256, de 2016)

    a) a recurso extraordinário que discuta questão constitucional à qual o Supremo Tribunal Federal não tenha reconhecido a existência de repercussão geral ou a recurso extraordinário interposto contra acórdão que esteja em conformidade com entendimento do Supremo Tribunal Federal exarado no regime de repercussão geral; (Incluída pela Lei nº 13.256, de 2016)

    b) a recurso extraordinário ou a recurso especial interposto contra acórdão que esteja em conformidade com entendimento do Supremo Tribunal Federal ou do Superior Tribunal de Justiça, respectivamente, exarado no regime de julgamento de recursos repetitivos; (Incluída pela Lei nº 13.256, de 2016)

    II – encaminhar o processo ao órgão julgador para realização do juízo de retratação, se o acórdão recorrido divergir do entendimento do Supremo Tribunal Federal ou do Superior Tribunal de Justiça exarado, conforme o caso, nos regimes de repercussão geral ou de recursos repetitivos; (Incluído pela Lei nº 13.256, de 2016)

    III – sobrestar o recurso que versar sobre controvérsia de caráter repetitivo ainda não decidida pelo Supremo Tribunal Federal ou pelo Superior Tribunal de Justiça, conforme se trate de matéria constitucional ou infraconstitucional; (Incluído pela Lei nº 13.256, de 2016)

    IV – selecionar o recurso como representativo de controvérsia constitucional ou infraconstitucional, nos termos do § 6º do art. 1.036; (Incluído pela Lei nº 13.256, de 2016)

    V – realizar o juízo de admissibilidade e, se positivo, remeter o feito ao Supremo Tribunal Federal ou ao Superior Tribunal de Justiça, desde que: (Incluído pela Lei nº 13.256, de 2016)

    a) o recurso ainda não tenha sido submetido ao regime de repercussão geral ou de julgamento de recursos repetitivos; (Incluída pela Lei nº 13.256, de 2016)

    b) o recurso tenha sido selecionado como representativo da controvérsia; ou (Incluída pela Lei nº 13.256, de 2016)

    c) o tribunal recorrido tenha refutado o juízo de retratação. (Incluída pela Lei nº 13.256, de 2016)

    § 1º Da decisão de inadmissibilidade proferida com fundamento no inciso V caberá agravo ao tribunal superior, nos termos do art. 1.042. (Incluído pela Lei nº 13.256, de 2016)

    § 2º Da decisão proferida com fundamento nos incisos I e III caberá agravo interno, nos termos do art. 1.021. (Incluído pela Lei nº 13.256, de 2016)

Para isso, a parte deverá interpor os dois recursos simultaneamente, em petições distintas, cada um tratando do seu objeto e fundamento. Em ambos, a parte deverá demonstrar o preenchimento dos requisitos de admissibilidade, além de recolher todas as despesas incidentes.

Se isso ocorrer, os autos serão remetidos primeiramente ao STJ e, só depois do julgamento do recurso especial, os autos serão remetidos ao STF para o julgamento da questão constitucional versada no recurso extraordinário (CPC, art. 1.031).[9]

3.6   Recurso especial versando sobre matéria constitucional

Pode acontecer de a parte interpor recurso especial quando a matéria objeto de sua irresignação ofende diretamente a constituição. Se isso ocorrer, o relator do processo no Superior Tribunal de Justiça deverá conceder prazo de 15 (quinze) dias para que o recorrente demonstre a existência de repercussão geral e se manifeste sobre a questão constitucional, viabilizando que o recurso especial possa ser conhecimento como extraordinário.

Cumprida a diligência, o relator remeterá o recurso ao Supremo Tribunal Federal, que, em juízo de admissibilidade, poderá devolvê-lo ao Superior Tribunal de Justiça (CPC, art. 1.032).[10]

4.   DO RECURSO EXTRAORDINÁRIO

Este tipo de recurso é endereçado ao Supremo Tribunal Federal (STF), visando reformar decisão proferida, em única ou última instância, quando a decisão posta *sub judice* afrontar as previsões contidas na Constituição Federal (art. 102, III), quais sejam:

a)   contrariar dispositivo da Constituição Federal;

b)   declarar inconstitucionalidade de lei federal ou de tratado;

---

9.   CPC, Art. 1.031. Na hipótese de interposição conjunta de recurso extraordinário e recurso especial, os autos serão remetidos ao Superior Tribunal de Justiça.

§ 1º Concluído o julgamento do recurso especial, os autos serão remetidos ao Supremo Tribunal Federal para apreciação do recurso extraordinário, se este não estiver prejudicado.

§ 2º Se o relator do recurso especial considerar prejudicial o recurso extraordinário, em decisão irrecorrível, sobrestará o julgamento e remeterá os autos ao Supremo Tribunal Federal.

§ 3º Na hipótese do § 2º, se o relator do recurso extraordinário, em decisão irrecorrível, rejeitar a prejudicialidade, devolverá os autos ao Superior Tribunal de Justiça para o julgamento do recurso especial.

10.   CPC, Art. 1.032. Se o relator, no Superior Tribunal de Justiça, entender que o recurso especial versa sobre questão constitucional, deverá conceder prazo de 15 (quinze) dias para que o recorrente demonstre a existência de repercussão geral e se manifeste sobre a questão constitucional.

Parágrafo único. Cumprida a diligência de que trata o caput, o relator remeterá o recurso ao Supremo Tribunal Federal, que, em juízo de admissibilidade, poderá devolvê-lo ao Superior Tribunal de Justiça.

c) julgar válida lei ou ato de governo local contestado em face da Constituição Federal; e

d) julgar válida lei local contestada em face de lei federal.

Nesse recurso não é permitido às partes discutirem matéria de fato ou de prova,[11] devendo o debate ficar por conta das teses jurídicas utilizadas por ambas as partes no tocante ao direito submetido à apreciação. Quer dizer, irá se discutir matéria de direito.

A diferença fundamental entre os recursos especial e extraordinário está no objetivo que cada uma visa. No recurso especial (REsp), o objetivo é dar uniformidade à interpretação da legislação infraconstitucional, enquanto que no recurso extraordinário (RE), o objetivo é uniformizar a interpretação dada à Constituição Federal.

4.1 Pressupostos de admissibilidade

Além dos requisitos gerais de todos os recursos (tempestividade, preparo etc.) o extraordinário deverá observar os seguintes requisitos específicos:

a) Que a decisão tenha sido proferida por qualquer Tribunal, como única ou última instância, significando dizer que foram esgotados todos os meios possíveis de impugnação da decisão da qual se recorre;[12]

b) A demonstração de que no julgamento ocorreu alguma das hipóteses previstas no art. 102, III, da Constituição Federal;

c) Que a matéria tenha sido prequestionada, isto é, que o objeto da controvérsia que autoriza a propositura do extraordinário tenha sido devidamente apreciada pelo Tribunal de origem;[13] e por fim;

d) Arguição de relevância demonstrando que a questão se reveste de importância pela sua repercussão geral (ver CF, art. 102, § 3°).

Atenção: em levantamento realizado pelo Gabinete da Vice-Presidência do Superior Tribunal de Justiça (STJ), a quem compete apreciar as petições dirigidas ao STF, verificou-se que 95% dos recursos extraordinários interpostos contra decisões do STJ não são enviados ao Supremo – na maioria dos casos, exatamente em razão da aplicação de entendimentos tomados sob a sistemática da repercussão geral.[14]

---

11. Súmula STF – 279: Para simples reexame de prova não cabe recurso extraordinário.
12. Súmula STF – 281: É inadmissível o recurso extraordinário, quando couber, na Justiça de origem, recurso ordinário da decisão impugnada.
13. Súmula STF – 282: É inadmissível o recurso extraordinário, quando não ventilada, na decisão recorrida, a questão federal suscitada (ver também Súmula 356).
14. Conforme informação posta no site do STJ, publicado na data de 19/11/2023, disponível em: <https://www. stj.jus.br/sites/portalp/Paginas/Comunicacao/Noticias/2023/19112023-95--dos-recursos-extraordinarios--contra-decisoes-do-STJ-tem-seguimento-negado-ou-sao-inadmitidos.aspx>. Acesso em 26/11/2024.

Na estrutura do Poder Judiciário definida pela Constituição Federal de 1988, os tribunais superiores (STJ e STF) foram estabelecidos como instâncias excepcionais, condição que eleva os requisitos necessários para que cada corte superior analise determinado recurso. Um dos efeitos desse estreitamento do sistema recursal é a exigência de que, nos recursos extraordinários (RE) dirigidos ao Supremo Tribunal Federal (STF), seja demonstrada a repercussão geral das questões constitucionais discutidas no caso, conforme previsto no artigo 102, § 3º, da nossa Constituição, com procedimento regulamentado no artigo 1.035 do Código de Processo Civil.

4.2   Processamento do RE

Assim como o recurso especial, o extraordinário deverá ser interposto no prazo de 15 (quinze) dias contados da publicação do acórdão, perante o próprio Tribunal que tenha proferido a decisão que se pretende ver reformada, mediante petição de interposição dirigida ao presidente do Tribunal ou vice-presidente, à qual serão anexadas as razões do recurso (neste caso endereçada ao STF) e as guias de comprovação do recolhimento do devido preparo e taxas de porte e retorno.

A parte contrária terá também o prazo de 15 (quinze) dias para responder aos termos do recurso, através das contrarrazões, que também serão interpostas perante o próprio Tribunal.

Após a manifestação da parte contrária, o Tribunal de origem verificará da regularidade do recurso e de sua admissibilidade, podendo dar ou negar seguimento ao mesmo, em decisão fundamentada (ver CPC, art. 1.030).

4.3   Ofensa reflexa à constituição

Se o Supremo Tribunal Federal considerar como reflexa ou indireta a ofensa à Constituição afirmada no recurso extraordinário, por pressupor a revisão da interpretação de lei federal ou de tratado, remetê-lo-á ao Superior Tribunal de Justiça para julgamento como recurso especial (CPC, art. 1.033).[15]

Significa dizer que somente será aceito o Recurso Extraordinário quando se puder provar a ofensa direta à Constituição, isto é, deve atingir os próprios preceitos constitucionais. Do contrário, se a ofensa for reflexa (indireta ou oblíqua), exigindo que se faça uma análise de legislação infraconstitucional, não será cabível este recurso.

---

15. CPC, Art. 1.033. Se o Supremo Tribunal Federal considerar como reflexa a ofensa à Constituição afirmada no recurso extraordinário, por pressupor a revisão da interpretação de lei federal ou de tratado, remetê-lo-á ao Superior Tribunal de Justiça para julgamento como recurso especial.

4.4 Repercussão geral

Pela importância desse requisito de admissibilidade, cumpre abrir um tópico específico para explicar melhor o conteúdo e alcance desta exigência que representa, na prática, uma barreira a impedir a subida de qualquer recurso extraordinário.

Estabelece o nosso Código de Processo Civil que não se conhecerá do recurso extraordinário se a parte recorrente não demonstrar que a questão versada no recurso tem repercussão geral, isto é, questão de grande relevância, seja do ponto de vista econômico, político, social ou jurídico que ultrapasse os interesses subjetivos versados naquele determinado processo (CPC, art. 1.035).[16]

Cada caso merecerá uma apreciação específica quanto a repercussão geral, mas o CPC criou uma **presunção absoluta** de repercussão geral quando a decisão recorrida contrariar súmula ou jurisprudência dominante do Supremo Tribunal Federal, bem como quando a decisão tenha reconhecido a inconstitucionalidade de tratado ou de lei federal, nos termos do art. 97 da Constituição Federal.

---

16. CPC, art. 1.035. O Supremo Tribunal Federal, em decisão irrecorrível, não conhecerá do recurso extraordinário quando a questão constitucional nele versada não tiver repercussão geral, nos termos deste artigo.

§ 1° Para efeito de repercussão geral, será considerada a existência ou não de questões relevantes do ponto de vista econômico, político, social ou jurídico que ultrapassem os interesses subjetivos do processo.

§ 2° O recorrente deverá demonstrar a existência de repercussão geral para apreciação exclusiva pelo Supremo Tribunal Federal.

§ 3° Haverá repercussão geral sempre que o recurso impugnar acórdão que:

I – contrarie súmula ou jurisprudência dominante do Supremo Tribunal Federal;

II – tenha sido proferido em julgamento de casos repetitivos;

II – (Revogado); (Redação dada pela Lei n° 13.256, de 2016)

III – tenha reconhecido a inconstitucionalidade de tratado ou de lei federal, nos termos do art. 97 da Constituição Federal.

§ 4° O relator poderá admitir, na análise da repercussão geral, a manifestação de terceiros, subscrita por procurador habilitado, nos termos do Regimento Interno do Supremo Tribunal Federal.

§ 5° Reconhecida a repercussão geral, o relator no Supremo Tribunal Federal determinará a suspensão do processamento de todos os processos pendentes, individuais ou coletivos, que versem sobre a questão e tramitem no território nacional.

§ 6° O interessado pode requerer, ao presidente ou ao vice-presidente do tribunal de origem, que exclua da decisão de sobrestamento e inadmita o recurso extraordinário que tenha sido interposto intempestivamente, tendo o recorrente o prazo de 5 (cinco) dias para manifestar-se sobre esse requerimento.

§ 7° Da decisão que indeferir o requerimento referido no § 6° ou que aplicar entendimento firmado em regime de repercussão geral ou em julgamento de recursos repetitivos caberá agravo interno. (Redação dada pela Lei n° 13.256, de 2016)

§ 8° Negada a repercussão geral, o presidente ou o vice-presidente do tribunal de origem negará seguimento aos recursos extraordinários sobrestados na origem que versem sobre matéria idêntica.

§ 9° O recurso que tiver a repercussão geral reconhecida deverá ser julgado no prazo de 1 (um) ano e terá preferência sobre os demais feitos, ressalvados os que envolvam réu preso e os pedidos de habeas corpus.

§ 10. (Revogado). (Redação dada pela Lei n° 13.256, de 2016)

§ 11. A súmula da decisão sobre a repercussão geral constará de ata, que será publicada no diário oficial e valerá como acórdão.

No próprio site do Supremo Tribunal Federal encontramos algumas explicações quanto ao tema de repercussão geral, vejamos:

a) Repercussão Geral: Instituto processual pelo qual se reserva ao STF o julgamento de temas trazidos em recursos extraordinários que apresentem questões relevantes sob o aspecto econômico, político, social ou jurídico e que ultrapassem os interesses subjetivos da causa. Foi incluído no ordenamento jurídico pela Emenda Constitucional n. 45/2004 e regulamentado pelos arts. 322 a 329 do Regimento Interno do Supremo Tribunal Federal e pelos arts. 1.035 a 1.041 do Código de Processo Civil (Lei n. 13.105/2015).

b) Demonstração: A relevância da questão constitucional cuja apreciação pretende o recorrente deve ser demonstrada de forma clara e objetiva no recurso extraordinário e sua análise é da competência exclusiva do Supremo Tribunal Federal (§ 3º do art. 102 da Constituição da República e § 2º do art. 1.035 do Código de Processo Civil).

c) Representativos da controvérsia: São aqueles recursos nos quais a questão jurídica discutida é idêntica e se repetem de forma razoável nos tribunais de origem, que podem destacá-los e identificá-los como representativos da controvérsia para que, encaminhados aos tribunais superiores, tenham solução uniforme. Os relatores desses recursos nos tribunais superiores não estão, entretanto, vinculados a eles, podendo selecionar outros recursos como representativos da controvérsia (§§ 1º, 4º e 5º do art. 1.036 do Código de Processo Civil).

d) Recurso paradigma: Recurso extraordinário – RE ou recurso extraordinário com agravo – ARE no qual trazida a questão de direito, destacada ou não pelos tribunais de origem, e transformada em tema de repercussão geral pelos ministros do Supremo Tribunal Federal.

e) Tema: Categoria processual autônoma, objeto da repercussão geral, que surge com o julgamento da preliminar de repercussão geral. As informações referentes aos temas já existentes e aos recursos paradigma podem ser consultadas no portal do STF.

f) Julgamento da preliminar de repercussão geral: juízo feito pelo STF sobre a existência, ou não, de repercussão geral de determinado tema. Geralmente a votação é realizada no Plenário Virtual, iniciando-se com a inserção do tema pelo relator, seguido dos campos "questão constitucional", "repercussão geral" e "reafirmação de jurisprudência", que devem ser analisados e votados.[17]

A aplicação da repercussão geral tem como seu principal objetivo a redução dos recursos submetidos ao Supremo Tribunal Federal, como forma de uniformizar a interpretação constitucional sem que aquela corte tenha que decidir vários casos semelhantes com a mesma questão constitucional.

---

17. Informações constantes no site do STF. Acesso realizado em 26/11/2024 e disponível em: https://portal.stf.jus.br/textos/verTexto.asp?servico=estatistica&pagina=entendarg.

LIÇÃO 14 • RECURSOS AOS TRIBUNAIS SUPERIORES

Podemos então concluir que, por meio da repercussão geral é possível padronizar os processos no âmbito do STF e dos demais órgãos que compõem o Poder Judiciário brasileiro.

5. DO JULGAMENTO DOS RECURSOS EXTRAORDINÁRIO E ESPECIAL REPETITIVOS

Os recursos extraordinário e especial repetitivos serão cabíveis sempre que houver multiplicidade de recursos extraordinários ou especiais com fundamento em idêntica questão de direito (ver CPC, art. 1.036).

Nesse caso, haverá afetação para julgamento de acordo com as disposições do CPC, observado o disposto no Regimento Interno do Supremo Tribunal Federal e no do Superior Tribunal de Justiça, conforme o caso.

5.1 Processamento do recurso repetitivo

Depois de selecionado o recurso, o relator, no tribunal superior, constatando que preenchem todos os requisitos legais, proferirá decisão de afetação, na qual, dentre outras medidas, identificará com precisão a questão a ser submetida a julgamento; determinará a suspensão do processamento de todos os processos pendentes, individuais ou coletivos, que versem sobre a questão e tramitem no território nacional e poderá requisitar aos presidentes ou aos vice-presidentes dos tribunais de justiça ou dos tribunais regionais federais a remessa de um recurso representativo da controvérsia (CPC, art. 1.037).[18]

---

18. CPC, Art. 1.037. Selecionados os recursos, o relator, no tribunal superior, constatando a presença do pressuposto do caput do art. 1.036, proferirá decisão de afetação, na qual:

    I – identificará com precisão a questão a ser submetida a julgamento;

    II – determinará a suspensão do processamento de todos os processos pendentes, individuais ou coletivos, que versem sobre a questão e tramitem no território nacional;

    III – poderá requisitar aos presidentes ou aos vice-presidentes dos tribunais de justiça ou dos tribunais regionais federais a remessa de um recurso representativo da controvérsia.

    § 1º Se, após receber os recursos selecionados pelo presidente ou pelo vice-presidente de tribunal de justiça ou de tribunal regional federal, não se proceder à afetação, o relator, no tribunal superior, comunicará o fato ao presidente ou ao vice-presidente que os houver enviado, para que seja revogada a decisão de suspensão referida no art. 1.036, § 1º.

    § 2º Revogado. (Redação dada pela Lei nº 13.256, de 2016)

    § 3º Havendo mais de uma afetação, será prevento o relator que primeiro tiver proferido a decisão a que se refere o inciso I do *caput*.

    § 4º Os recursos afetados deverão ser julgados no prazo de 1 (um) ano e terão preferência sobre os demais feitos, ressalvados os que envolvam réu preso e os pedidos de habeas corpus.

    § 5º Revogado. (Redação dada pela Lei nº 13.256, de 2016)

    § 6º Ocorrendo a hipótese do § 5º, é permitido a outro relator do respectivo tribunal superior afetar 2 (dois) ou mais recursos representativos da controvérsia na forma do art. 1.036.

Na eventualidade de haver mais de uma afetação, aquele que primeiro tiver proferido a decisão de afetação, será o prevento para o conhecimento das demais decisões de afetação.

É interessante destacar que as partes deverão ser intimadas da decisão de suspensão de seu processo, a ser proferida pelo respectivo juiz ou relator. Dessa forma, abre-se a oportunidade para que a parte possa peticionar procurando demonstrar a distinção existente entre a questão a ser decidida no seu processo e aquela que será julgada no recurso especial ou extraordinário afetado, requerendo ao final o prosseguimento regular do seu processo. Esse requerimento deverá ser dirigido, conforme o caso, ao juiz da causa, se o processo sobrestado estiver em primeiro grau; ao relator no tribunal de origem, se o processo sobrestado estiver em segundo grau; ou, ao relator do acórdão recorrido, se for sobrestado recurso especial ou recurso extraordinário no tribunal de origem; ou ainda, ao relator, no tribunal superior, de recurso especial ou de recurso extraordinário cujo processamento houver sido sobrestado.

Como garantia do contraditório, a outra parte deverá ser intimada a falar nos autos sobre o requerimento acima, no prazo de 5 (cinco) dias, seguindo depois para julgamento.

Da decisão proferida neste incidente cabe recurso de agravo de instrumento, se o processo estiver em primeiro grau; ou, agravo interno, se a decisão foi de relator de qualquer tribunal.

---

§ 7º Quando os recursos requisitados na forma do inciso III do caput contiverem outras questões além daquela que é objeto da afetação, caberá ao tribunal decidir esta em primeiro lugar e depois as demais, em acórdão específico para cada processo.

§ 8º As partes deverão ser intimadas da decisão de suspensão de seu processo, a ser proferida pelo respectivo juiz ou relator quando informado da decisão a que se refere o inciso II do caput.

§ 9º Demonstrando distinção entre a questão a ser decidida no processo e aquela a ser julgada no recurso especial ou extraordinário afetado, a parte poderá requerer o prosseguimento do seu processo.

§ 10. O requerimento a que se refere o § 9º será dirigido:

I – ao juiz, se o processo sobrestado estiver em primeiro grau;

II – ao relator, se o processo sobrestado estiver no tribunal de origem;

III – ao relator do acórdão recorrido, se for sobrestado recurso especial ou recurso extraordinário no tribunal de origem;

IV – ao relator, no tribunal superior, de recurso especial ou de recurso extraordinário cujo processamento houver sido sobrestado.

§ 11. A outra parte deverá ser ouvida sobre o requerimento a que se refere o § 9º, no prazo de 5 (cinco) dias.

§ 12. Reconhecida a distinção no caso:

I – dos incisos I, II e IV do § 10, o próprio juiz ou relator dará prosseguimento ao processo;

II – do inciso

III do § 10, o relator comunicará a decisão ao presidente ou ao vice-presidente que houver determinado o sobrestamento, para que o recurso especial ou o recurso extraordinário seja encaminhado ao respectivo tribunal superior, na forma do art. 1.030, parágrafo único.

§ 13. Da decisão que resolver o requerimento a que se refere o § 9º caberá:

I – agravo de instrumento, se o processo estiver em primeiro grau;

II – agravo interno, se a decisão for de relator.

5.2 Poderes do relator

Com o objetivo de ampliar o debate sobre as questões suscitadas no recurso repetitivo, autoriza a lei que o relator possa solicitar ou admitir manifestação de pessoas, órgãos ou entidades com interesse na controvérsia, considerando a relevância da matéria e consoante dispuser o regimento interno. Além disso, lhe cabe fixar data para, em audiência pública, ouvir depoimentos de pessoas com experiência e conhecimento na matéria, com a finalidade de instruir o procedimento; e ainda, requisitar informações aos tribunais inferiores a respeito da controvérsia, intimando depois o Ministério Público para manifestar-se (CPC, art. 1.038).[19]

5.3 Resultado do julgamento do recurso repetitivo

Decididos os recursos afetados, os órgãos colegiados declararão prejudicados os demais recursos versando sobre idêntica controvérsia ou os decidirão aplicando a tese firmada (CPC, art. 1.039).[20]

Se for negada a existência de repercussão geral no recurso extraordinário afetado, consequentemente serão considerados automaticamente inadmitidos os recursos extraordinários cujo processamento tenha sido sobrestado.

Publicado o acórdão paradigma, resultante do julgamento do recurso repetitivo, o CPC estabelece algumas premissas, conforme veremos a seguir.

Delega ao presidente ou o vice-presidente do tribunal de origem o poder de negar seguimento aos recursos especiais ou extraordinários sobrestados na origem, se o acórdão recorrido coincidir com a orientação do tribunal superior.

O órgão que proferiu o acórdão recorrido, na origem, reexaminará o processo de competência originária, a remessa necessária ou o recurso anteriormente julgado, se o acórdão recorrido contrariar a orientação do tribunal superior.

---

19. CPC, Art. 1.038. O relator poderá:

    I – solicitar ou admitir manifestação de pessoas, órgãos ou entidades com interesse na controvérsia, considerando a relevância da matéria e consoante dispuser o regimento interno;

    II – fixar data para, em audiência pública, ouvir depoimentos de pessoas com experiência e conhecimento na matéria, com a finalidade de instruir o procedimento;

    III – requisitar informações aos tribunais inferiores a respeito da controvérsia e, cumprida a diligência, intimará o Ministério Público para manifestar-se.

    § 1º No caso do inciso III, os prazos respectivos são de 15 (quinze) dias, e os atos serão praticados, sempre que possível, por meio eletrônico.

    § 2º Transcorrido o prazo para o Ministério Público e remetida cópia do relatório aos demais ministros, haverá inclusão em pauta, devendo ocorrer o julgamento com preferência sobre os demais feitos, ressalvados os que envolvam réu preso e os pedidos de habeas corpus.

    § 3º O conteúdo do acórdão abrangerá a análise dos fundamentos relevantes da tese jurídica discutida. (Redação dada pela Lei nº 13.256, de 2016)

20. CPC, Art. 1.039. Decididos os recursos afetados, os órgãos colegiados declararão prejudicados os demais recursos versando sobre idêntica controvérsia ou os decidirão aplicando a tese firmada.

    Parágrafo único. Negada a existência de repercussão geral no recurso extraordinário afetado, serão considerados automaticamente inadmitidos os recursos extraordinários cujo processamento tenha sido sobrestado.

Já os processos que ficaram suspensos em primeiro e segundo graus de jurisdição retomarão o curso para julgamento e aplicação da tese firmada pelo tribunal superior.

Ademais, se os recursos versarem sobre questão relativa à prestação de serviço público objeto de concessão, permissão ou autorização, o resultado do julgamento será comunicado ao órgão, ao ente ou à agência reguladora competente para fiscalização da efetiva aplicação, por parte dos entes sujeitos a regulação, da tese adotada.

É interessante destacar a previsão contida no § 1º que oportuniza a parte a possibilidade de desistir da ação em curso no primeiro grau de jurisdição, antes de proferida a sentença, se a questão nela discutida for idêntica à resolvida pelo recurso representativo da controvérsia. Nesse caso, a desistência independe de consentimento do réu e a parte ficará isenta do pagamento de custas e de honorários de sucumbência (CPC, art. 1.040).[21]

Mantido o acórdão divergente pelo tribunal de origem, o recurso especial ou extraordinário será remetido ao respectivo tribunal superior, na forma do art. 1.036, § 1º. Realizado o juízo de retratação, com alteração do acórdão divergente, o tribunal de origem, se for o caso, decidirá as demais questões ainda não decididas cujo enfrentamento se tornou necessário em decorrência da alteração (CPC, art. 1.041).[22]

---

21. CPC, Art. 1.040. Publicado o acórdão paradigma:

I – o presidente ou o vice-presidente do tribunal de origem negará seguimento aos recursos especiais ou extraordinários sobrestados na origem, se o acórdão recorrido coincidir com a orientação do tribunal superior;

II – o órgão que proferiu o acórdão recorrido, na origem, reexaminará o processo de competência originária, a remessa necessária ou o recurso anteriormente julgado, se o acórdão recorrido contrariar a orientação do tribunal superior;

III – os processos suspensos em primeiro e segundo graus de jurisdição retomarão o curso para julgamento e aplicação da tese firmada pelo tribunal superior;

IV – se os recursos versarem sobre questão relativa a prestação de serviço público objeto de concessão, permissão ou autorização, o resultado do julgamento será comunicado ao órgão, ao ente ou à agência reguladora competente para fiscalização da efetiva aplicação, por parte dos entes sujeitos a regulação, da tese adotada.

§ 1º A parte poderá desistir da ação em curso no primeiro grau de jurisdição, antes de proferida a sentença, se a questão nela discutida for idêntica à resolvida pelo recurso representativo da controvérsia.

§ 2º Se a desistência ocorrer antes de oferecida contestação, a parte ficará isenta do pagamento de custas e de honorários de sucumbência.

§ 3º A desistência apresentada nos termos do § 1º independe de consentimento do réu, ainda que apresentada contestação.

22. CPC, Art. 1.041. Mantido o acórdão divergente pelo tribunal de origem, o recurso especial ou extraordinário será remetido ao respectivo tribunal superior, na forma do art. 1.036, § 1º.

§ 1º Realizado o juízo de retratação, com alteração do acórdão divergente, o tribunal de origem, se for o caso, decidirá as demais questões ainda não decididas cujo enfrentamento se tornou necessário em decorrência da alteração.

§ 2º Quando ocorrer a hipótese do inciso II do caput do art. 1.040 e o recurso versar sobre outras questões, caberá ao presidente ou ao vice-presidente do tribunal recorrido, depois do reexame pelo órgão de origem e independentemente de ratificação do recurso, sendo positivo o juízo de admissibilidade, determinar a remessa do recurso ao tribunal superior para julgamento das demais questões. (Redação dada pela Lei nº 13.256, de 2016)

6. DO AGRAVO EM RECURSO ESPECIAL E EM RECURSO EXTRAORDINÁRIO[23]

Se o Tribunal recorrido negar seguimento ao recurso especial ou ao recurso extraordinário, isto é, obstar que o mesmo suba ao STJ ou ao STF, utilizando para isso o previsto no inciso V do art. 1.030, caberá agravo nos próprios autos, no prazo de 15 (quinze) dias, em petição que será dirigida ao presidente ou ao vice-presidente do tribunal de origem (ver regimento interno do tribunal em questão), independentemente do pagamento de custas e despesas postais, aplicando-se a ele o regime de repercussão geral e de recursos repetitivos, inclusive quanto à possibilidade de sobrestamento e do juízo de retratação (CPC, art. 1.042, *caput* e § 2°).[24]

6.1 Interposição do agravo

O agravo contra decisão denegatória de seguimento ao recurso especial ou extraordinário será processado nos próprios autos e, como o processo estará no Tribunal de origem, é necessário que se faça através de uma petição de interposição endereçada ao Presidente do Tribunal que negou seguimento e outra com as próprias razões do recurso.

Recebido o recurso, o agravado será intimado para oferecer resposta no mesmo prazo de 15 (quinze) dias, podendo instruí-la com os documentos que entenda necessário e, em seguida, se não houver juízo de retratação, os autos subirão ao Su-

---

23. Só por curiosidade cabe informar que este agravo é também chamado de "agravo nos próprios autos" ou "agravo contra despacho denegatório de seguimento do recurso especial ou extraordinário".

24. CPC, Art. 1.042. Cabe agravo contra decisão do presidente ou do vice-presidente do tribunal recorrido que inadmitir recurso extraordinário ou recurso especial, salvo quando fundada na aplicação de entendimento firmado em regime de repercussão geral ou em julgamento de recursos repetitivos.

(Incisos do caput e o § 1°, foram revogados Lei n° 13.256/16).

§ 2° A petição de agravo será dirigida ao presidente ou ao vice-presidente do tribunal de origem e independe do pagamento de custas e despesas postais, aplicando-se a ela o regime de repercussão geral e de recursos repetitivos, inclusive quanto à possibilidade de sobrestamento e do juízo de retratação. (Redação dada pela Lei n° 13.256, de 2016).

§ 3° O agravado será intimado, de imediato, para oferecer resposta no prazo de 15 (quinze) dias.

§ 4° Após o prazo de resposta, não havendo retratação, o agravo será remetido ao tribunal superior competente.

§ 5° O agravo poderá ser julgado, conforme o caso, conjuntamente com o recurso especial ou extraordinário, assegurada, neste caso, sustentação oral, observando-se, ainda, o disposto no regimento interno do tribunal respectivo.

§ 6° Na hipótese de interposição conjunta de recursos extraordinário e especial, o agravante deverá interpor um agravo para cada recurso não admitido.

§ 7° Havendo apenas um agravo, o recurso será remetido ao tribunal competente, e, havendo interposição conjunta, os autos serão remetidos ao Superior Tribunal de Justiça.

§ 8° Concluído o julgamento do agravo pelo Superior Tribunal de Justiça e, se for o caso, do recurso especial, independentemente de pedido, os autos serão remetidos ao Supremo Tribunal Federal para apreciação do agravo a ele dirigido, salvo se estiver prejudicado.

perior Tribunal de Justiça ou ao Supremo Tribunal Federal, conforme o caso, onde será apreciado o seu cabimento (ver CPC, Art. 1.042, §§ 3º e 4º).

Caso tenha sido interposto tanto o recurso especial quanto o recurso extraordinário e ambos tenham sido inadmitidos, deverá o interessado interpor dois agravos, isto é, um agravo para cada recurso não admitido (ver CPC, art. 1.042, § 6º).

6.2 Julgamento do agravo

No tribunal superior o agravo será julgado, conforme dispõe o respectivo regimento interno, podendo ser realizado em conjunto com o recurso especial ou extraordinário. Se for julgado em conjunto, isto é, o agravo com o próprio recurso, as partes deverão ser intimadas para eventual sustentação oral (ver CPC, art. 1.042, § 5º).

Havendo apenas um agravo, o recurso será remetido ao tribunal competente, e, havendo interposição conjunta, os autos serão remetidos ao Superior Tribunal de Justiça.

Se tiver sido interposto dois recursos distintos, concluído o julgamento do agravo pelo Superior Tribunal de Justiça e, se for o caso, do recurso especial, independentemente de pedido, os autos serão remetidos ao Supremo Tribunal Federal para apreciação do agravo a ele dirigido, salvo se estiver prejudicado.

7. DOS EMBARGOS DE DIVERGÊNCIA[25]

O recurso de embargos de divergência é cabível apenas no Superior Tribunal de Justiça (STJ) e no Supremo Tribunal Federal (STF), restringindo-se o seu cabimento aos recursos especial e extraordinário, com previsão expressa no art. 994 e está regulamentado no arts. 1.043 e 1.044, todos do Código de Processo Civil.

O objetivo precípuo deste recurso é uniformizar a jurisprudência, suplantando a divergência interna (intramuros) nos referidos Tribunais Superiores, principalmente em obediência ao papel desenvolvido pelo Superior Tribunal de aplicar o direito federal de modo uniforme para todo o Brasil (CF, art. 105, II, c).

Nas palavras do ministro Jorge Mussi, "os embargos de divergência ostentam característica de recurso de fundamentação vinculada, de modo que o seu conhecimento pressupõe a demonstração efetiva do dissídio entre o aresto impugnado e o acórdão paradigma, através do denominado cotejo analítico".[26]

---

25. Este tópico conta com notas da Profa. Estefânia Viveiros. In: MELO, Nehemias Domingos de. *Código de Processo Civil* – anotado e comentado, 4ª. ed. A, Indaiatuba: Foco, 2025, p. 958/963.

26. (STJ, AgInt nos Embargos de Divergência em Agravo Em Recurso Especial nº 1433813 – SP (2019/0015260-2), Relator: Ministro Jorge Mussi, j. 01 de dezembro de 2020).

LIÇÃO 14 • RECURSOS AOS TRIBUNAIS SUPERIORES

Assim, o objetivo desse recurso e fazer com que as turmas julgadoras dos dois tribunais superiores mantenham o mesmo entendimento sobre determinada matéria julgada.

Curiosidade: no STF existem duas turmas e no STJ existem seis turmas, que são divididas em três seções, onde todas precisam seguir com julgamentos uniformes.

7.1 Cabimento

Com a edição do Novo Código de Processo Civil (Lei nº 13.105/15), o legislador ampliou as hipóteses de cabimento dos embargos de divergência, diante da importância da estabilidade das decisões, que impõe isonomia e segurança jurídica ao jurisdicionado.

Assim, É embargável o acórdão de órgão fracionário que em recurso extraordinário ou em recurso especial, divergir do julgamento de qualquer outro órgão do mesmo tribunal, sendo os acórdãos, embargado e paradigma, de mérito; bem como, em recurso extraordinário ou em recurso especial, divergir do julgamento de qualquer outro órgão do mesmo tribunal, sendo um acórdão de mérito e outro que não tenha conhecido do recurso, embora tenha apreciado a controvérsia (CPC, art. 1.043).[27]

---

27. CPC, Art. 1.043. É embargável o acórdão de órgão fracionário que:
    I – em recurso extraordinário ou em recurso especial, divergir do julgamento de qualquer outro órgão do mesmo tribunal, sendo os acórdãos, embargado e paradigma, de mérito;
    II – Revogado. (Revogado pela Lei nº 13.256, de 2016)
    III – em recurso extraordinário ou em recurso especial, divergir do julgamento de qualquer outro órgão do mesmo tribunal, sendo um acórdão de mérito e outro que não tenha conhecido do recurso, embora tenha apreciado a controvérsia;
    IV – Revogado. (Revogado pela Lei nº 13.256, de 2016)
    § 1º Poderão ser confrontadas teses jurídicas contidas em julgamentos de recursos e de ações de competência originária.
    § 2º A divergência que autoriza a interposição de embargos de divergência pode verificar-se na aplicação do direito material ou do direito processual.
    § 3º Cabem embargos de divergência quando o acórdão paradigma for da mesma turma que proferiu a decisão embargada, desde que sua composição tenha sofrido alteração em mais da metade de seus membros.
    § 4º O recorrente provará a divergência com certidão, cópia ou citação de repositório oficial ou credenciado de jurisprudência, inclusive em mídia eletrônica, onde foi publicado o acórdão divergente, ou com a reprodução de julgado disponível na rede mundial de computadores, indicando a respectiva fonte, e mencionará as circunstâncias que identificam ou assemelham os casos confrontados.
    § 5º Revogado. (Revogado pela Lei nº 13.256, de 2016)
    Art. 1.044. No recurso de embargos de divergência, será observado o procedimento estabelecido no regimento interno do respectivo tribunal superior.
    § 1º A interposição de embargos de divergência no Superior Tribunal de Justiça interrompe o prazo para interposição de recurso extraordinário por qualquer das partes.
    § 2º Se os embargos de divergência forem desprovidos ou não alterarem a conclusão do julgamento anterior, o recurso extraordinário interposto pela outra parte antes da publicação do julgamento dos embargos de divergência será processado e julgado independentemente de ratificação.

Cabe também embargos de divergência quando o acórdão paradigma da mesma turma que proferiu a decisão embargada, mas desde que a composição tenha sofrido alteração em mais da metade de seus membros.

A ausência de restrição ao uso do acórdão paradigma amplia as hipóteses de cabimento dos embargos de divergência e a eliminação de divergência no próprio órgão, fortalecendo o recurso como uniformizador da jurisprudência. De se notar que o importante é o conteúdo eventualmente divergente e não a espécie do recurso ou ação que foi julgado pelo próprio Tribunal.

7.2 Requisitos

O recorrente provará a divergência com certidão, cópia ou citação de repositório oficial ou credenciado de jurisprudência, inclusive em mídia eletrônica, onde foi publicado o acórdão divergente, ou com a reprodução de julgado disponível na rede mundial de computadores, indicando a respectiva fonte, e mencionará as circunstâncias que identificam ou assemelham os casos confrontados.

Quer dizer, trata-se de requisito formal do recurso, a forma de como se proceder para fazer a divergência das teses entre os acórdãos paradigmas e o embargado, demonstrando as circunstâncias que identifiquem ou se assemelhem os casos postos em confronto.

Na mesma linha, o Regimento Interno do STJ, no art. 255, parágrafo segundo, prevê que "em qualquer caso, o recorrente deverá transcrever os trechos dos acórdãos que configurem o dissídio, mencionando as circunstâncias que identifiquem ou assemelhem os casos confrontados". Daí a necessidade de se fazer o cotejo analítico para demonstrar a identidade do caso e a distinção do resultado dos julgamentos.

7.3 Súmulas do STJ sobre a matéria

Sobre os embargos de divergência, o Superior Tribunal de Justiça apresenta várias súmulas que nutrem a finalidade específica do recurso de embargos de divergência. É o caso da súmula nº 158 que diz: "não se presta a justificar embargos de divergência o dissídio com acórdão de Turma ou Seção que não mais tenha competência na matéria neles versada". A interposição dos embargos de divergência nesse caso seria contraproducente, até porque o órgão fracionário não tem mais competência da matéria objeto do recurso, inclusive tornando os precedentes desatualizados.

Também é o caso da súmula nº 168, que prevê: "não cabem embargos de divergência, quando a jurisprudência do Tribunal se firmou no mesmo sentido do acórdão embargado". Também aqui se tornaria desnecessária a interposição do recurso, até porque o objetivo do recurso está na contramão da jurisprudência atual do Superior Tribunal de Justiça.

7.4 Processamento dos embargos de divergência

O primeiro e importante aspecto que releva comentar é que interposição dos embargos de divergência interrompe o prazo para interposição de recurso extraordinário, por qualquer das partes (CPC, art. 1.044, § 1°).

É interessante destacar que na legislação anterior, com publicação do acórdão, que julgou o recurso especial, a parte recorrente deveria interpor simultaneamente o recurso de embargos de divergência (por força da controvérsia da jurisprudência interna sobre o tema) e o recurso extraordinário (da matéria constitucional porventura surgida no julgamento do especial), este sob pena de preclusão.

Com o novo disciplinamento, a parte irá elaborar apenas um recurso de cada vez no prazo de 15 (quinze) dias úteis e, na forma do procedimento elimina o comando que determinava a suspensão procedimental do extraordinário até o julgamento final dos embargos de divergência.

Outro aspecto que releva comentar é que a interposição de recurso considerado prematuro (interposto antes da publicação), não necessita mais de ratificação após a publicação da decisão no órgão oficial (ver CPC, art. 1.044, § 2°).

O embargante tem o prazo de 15 (quinze) dias úteis para interposição do recurso, que será distribuído para novo relator, que analisará o cabimento deste recurso, indeferindo-o ou processando para intimar o embargado para apresentar impugnação no idêntico prazo de 15 (quinze) dias.

Após isso, o relator poderá novamente proceder a análise dos requisitos de admissibilidade recursal e, preenchidos os requisitos, requerer inclusão em pauta para julgamento, cuja competência do órgão dependerá do paradigma juntado ao recurso, no caso do Superior Tribunal de justiça, que tem seis turmas, três sessões e a Corte Especial. Prevê o art. 266 do RI/ STJ que (...) "que serão julgadas pela Seção competente, quando as Turmas divergirem entre si ou de decisão da mesma Seção. Se a divergência for entre Turmas de Seções diversas, ou entre Turma e outra Seção ou com a Corte Especial, competirá a esta o julgamento dos embargos". No Supremo, a competência é obrigatoriamente do Pleno em razão das duas turmas lá existentes. O advogado terá 15 (quinze) minutos para realização de sustentação oral e, na sequência, o órgão proferirá o resultado de julgamento para posterior publicação do acórdão. Dessa decisão, a parte poderá opor embargos de declaração e recurso extraordinário, cujo prazo foi interrompido quando da interposição dos embargos de divergência.

PARTE V
DOS PROCEDIMENTOS ESPECIAIS PREVISTOS NA LEGISLAÇÃO ESPARSA

PARTE V
DOS PROCEDIMENTOS ESPECIAIS
PREVISTOS NA LEGISLAÇÃO ESPARSA

Lição 15
PROCEDIMENTOS DOS JUIZADOS ESPECIAIS CÍVEIS ESTADUAIS – LEI Nº 9.099/95

Sumário: 1. Dos princípios informativos dos juizados especiais – 2. Do cabimento desse procedimento – 3. Ações que não podem ser propostas nos juizados – 4. Das ações mais comuns nos juizados especiais cíveis - 5. Da competência de foro – 6. Do juiz, dos conciliadores e dos juízes leigos – 7. As partes – 8. Da representação processual – 9. Dos atos processuais, do pedido, das citações e intimações – 10. Das audiências; 10.1 Audiência de conciliação; 10.2 Juízo arbitral; 10.3 Audiência de instrução e julgamento – 11. Da resposta do réu – 12. Das provas – 13. Da sentença e dos recursos – 14. Da extinção do processo sem julgamento do mérito –15. Da execução dos julgados – 16. Execução de título extrajudicial – 17. Das despesas processuais – 18. Homologação de acordos extrajudiciais – 19. Ação rescisória.

1. DOS PRINCÍPIOS INFORMATIVOS DOS JUIZADOS ESPECIAIS

Cabe por primeiro analisarmos os princípios informativos que norteiam as diretrizes nos Juizados Especiais, quais sejam: oralidade, simplicidade, informalidade, economia processual, a celeridade e a conciliação (JEC, art. 2º),[1] vejamos cada um deles:

a) **Princípio da oralidade:**

Implica dizer que, independentemente da forma escrita, admite-se nos Juizados Especiais a forma oral, como meio de facilitar o acesso à justiça sem os entraves burocráticos dos processos na justiça comum. Para se ter uma noção de sua a importância, basta ver os artigos que consagram o princípio da oralidade que são: art. 9, § 3º (o mandato ao advogado pode ser verbal); art. 14, § 3º (o processo pode ser iniciado com pedido formulado oralmente perante o Juizado; art. 28 (todas as questões suscitadas em audiência serão

---

1. JEC, Art. 2º O processo orientar-se-á pelos critérios da oralidade, simplicidade, informalidade, economia processual e celeridade, buscando, sempre que possível, a conciliação ou a transação.

ouvidas pelo juiz, sem a necessidade de serem necessariamente digitadas); art. 30 (a contestação pode ser oral); art. 35, parágrafo único (o juiz, no curso da audiência, poderá, de ofício ou a requerimento das partes, realizar inspeção em pessoas ou coisas, ou determinar que o faça pessoa de sua confiança, que lhe relatará informalmente o verificado); dentre outros.

b) **Princípio da simplicidade e princípio da informalidade:**

O princípio da simplicidade significa o desapego às formas processuais rígidas, sem excessiva solenidade, muitas vezes inúteis. Já o princípio da informalidade se confunde com o da simplicidade porque o objetivo também é de expurgar as formalidades excessivas e tornar o processo mais acessível às partes. Para entender melhor vejamos alguns artigos que tratam dessas duas questões: art. 13, § 1º (não se pronunciará nulidade sem que tenha havido qualquer prejuízo); art. 14, § 1º (o pedido deverá ser formulado de maneira simples e em linguagem acessível); art. 46 (o julgamento em segunda instância constará apenas da ata, com a indicação suficiente do processo, fundamentação sucinta e parte dispositiva. Se a sentença for confirmada pelos próprios fundamentos, a súmula do julgamento servirá de acórdão) dentre outros.

c) **Princípio da economia processual:**

Por esse princípio se deve privilegiar o ato e não a forma (instrumentalidade das formas). Esse princípio da economia processual está intimamente ligado ao princípio da celeridade, sendo certo que ambos procuram dar eficiência e celeridade nos Juizados Especiais, com o mínimo de atos processuais a serem praticados. Um exemplo disso é a previsão contida no art. 38 que dispensa o relatório nas sentenças.

e) **Princípio da celeridade:**

O princípio da celeridade processual tem previsão Constitucional (ver CF, art. 5º, LXXVIII). É o princípio que prima pela objetividade dos atos, de sorte que o processo possa ser rápido e célere. Esse é um dos mais importantes princípios que procura garantir o direito fundamental à duração razoável do processo. Por esse princípio o jurisdicionado pode ter a expectativa de uma prestação jurisdicional rápida e eficiente.

f) **Princípio conciliatório:**

Deve ser buscada, a todo tempo, a conciliação como forma de pôr fim ao conflito. A conciliação, prevista no art. 3º, §§ 2º e 3º, procura estimular a solução consensual dos conflitos, prestigiando a autonomia privada como forma de resolver conflitos. Somente se não houver acordo entre as partes é que o problema passa a ser decidido pelo Juiz.

LIÇÃO 15 • PROCEDIMENTOS DOS JUIZADOS ESPECIAIS CÍVEIS ESTADUAIS – LEI Nº 9.099/95 | **157**

2. DO CABIMENTO DESSE PROCEDIMENTO

A utilização do procedimento sumaríssimo dos Juizados Especiais Cíveis Estaduais (Lei nº 9.099/95) é uma opção da parte e está condicionada a que a causa não seja complexa, isto é, não necessite de grande dilação probatória, e também ao preenchimento de diversos outros requisitos, especialmente o valor da causa, vejamos:

a) Valor da causa:

Como regra geral, tanto para o processo de conhecimento quanto para o de execução, o limite de valor para propositura de ação nos Juizados Especiais é de 40 (quarenta) salários-mínimos (JEC, art. 3º, I).[2]

Atenção: a parte pode ingressar nos Juizados Especiais com ação que supere o valor de 40 (quarenta) salários mínimos desde que renuncie expressamente ao crédito que exceda este limite (ver JEC, art. 3º, § 3º).

b) Sem limite de valores:

As ações previstas no art. 275, II, do revogado Código de Processo Civil de 1973, podem ser propostas nos Juizados mesmo que os valores superem os 40 (quarenta) salários mínimos. Essas ações são as seguintes: de cobrança ao condômino de quaisquer quantias devidas ao condomínio; de ressarcimento por danos em prédio urbano ou rústico; de ressarcimento por danos causados em acidente de veículo de via terrestre; de cobrança de seguro, relativamente aos danos causados em acidente de veículo, ressalvados os casos de processo de execução; que versem sobre revogação de doação (ver JEC, art. 3º, II).[3]

Atenção: também nas ações de despejo para uso próprio, o valor da causa pode suplantar os 40 (quarenta) salários mínimos (ver JEC, art. 3º, III).

---

2. JEC, Art. 3º O Juizado Especial Cível tem competência para conciliação, processo e julgamento das causas cíveis de menor complexidade, assim consideradas:

I – as causas cujo valor não exceda a quarenta vezes o salário mínimo;

II – as enumeradas no art. 275, inciso II, do Código de Processo Civil;

III – a ação de despejo para uso próprio;

IV – as ações possessórias sobre bens imóveis de valor não excedente ao fixado no inciso I deste artigo.

§ 1º Compete ao Juizado Especial promover a execução:

I – dos seus julgados;

II – dos títulos executivos extrajudiciais, no valor de até quarenta vezes o salário mínimo, observado o disposto no § 1º do art. 8º desta Lei.

§ 2º Ficam excluídas da competência do Juizado Especial as causas de natureza alimentar, falimentar, fiscal e de interesse da Fazenda Pública, e também as relativas a acidentes de trabalho, a resíduos e ao estado e capacidade das pessoas, ainda que de cunho patrimonial.

§ 3º A opção pelo procedimento previsto nesta Lei importará em renúncia ao crédito excedente ao limite estabelecido neste artigo, excetuada a hipótese de conciliação.

3. A lista é das ações que contavam elencadas no art. 275 do CPC/73 que, embora revogado, ainda continua valendo para os Juizados Especiais por expressa determinação do Novo CPC de 2015, conforme ressalva constante do art. 1.063 que estabelece: "Até a edição de lei específica, os juizados especiais cíveis previstos na Lei nº 9.099, de 26 de setembro de 1995, continuam competentes para o processamento e julgamento das causas previstas no art. 275, inciso II, da Lei nº 5.869, de 11 de janeiro de 1973".

c) Ações possessórias sobre bens imóveis de até 40 salários mínimos:

A Lei 9.099/95 faz prevê a possibilidade de utilização do procedimento instituído para os Juizados Especiais para as ações possessórias sobre bens imóveis, porém limitado ao valor máximo de 40 (quarenta) salários mínimos (ver JEC, art. 3°, IV).

Atenção: como normalmente os imóveis têm valor de mercado superior aos 40 (quarenta) salários mínimos, essa previsão de lei é uma mera ficção.

3. AÇÕES QUE NÃO PODEM SER PROPOSTAS NOS JUIZADOS

Algumas ações não podem ser propostas nos Juizados Especiais, até pela incompatibilidade com seus princípios.

Assim, não podem ser propostas ações que versem sobre os seguintes temas:

a) Ações de família, ações de heranças, inventários e arrolamentos, falência e recuperação judicial, matéria fiscal de qualquer natureza (municipal, estadual o federal), acidentes do trabalho e ações trabalhistas de qualquer natureza e as demais ações que versem sobre o estado e a capacidade das pessoas (ver JEC, art. 3°, § 2°).

b) As ações de procedimentos especiais, tais como as possessórias, a usucapião, divórcio, alimentos, divórcio, guarda de filhos, sobre a união estável, dentre outras.[4]

c) Ações coletivas.[5]

d) Ações que devem ser propostas nos Juizados Especiais Federais.[6]

e) Causas cuja complexidade demande a realização de perícia técnica[7] com todas aquelas formalidades impostas pelo Código de Processo Civil (ver CPC, arts. 420 a 439).[8]

4. DAS AÇÕES MAIS COMUNS NOS JUIZADOS ESPECIAIS CÍVEIS

Cabe aqui um registro como forma de melhor exemplificar a utilização dos juizados especiais cíveis como forma de resolver os conflitos mais comuns no cotidiano dos cidadãos.

---

4. "Enunciado 8: As ações cíveis sujeitas aos procedimentos especiais não são admissíveis nos Juizados Especiais."

5. "Enunciado 32: Não são admissíveis as ações coletivas nos Juizados Especiais Cíveis."

6. Sobre o Juizado Especial Federal, ver Lei n° 10.259/01.

7. "Enunciado 54: A menor complexidade da causa para a fixação da competência é aferida pelo objeto da prova e não em face do direito material."

8. "Enunciado 12: A perícia informal é admissível na hipótese do art. 35 da Lei n° 9.099/95."

LIÇÃO 15 • PROCEDIMENTOS DOS JUIZADOS ESPECIAIS CÍVEIS ESTADUAIS – LEI Nº 9.099/95

Sendo assim, vejamos alguns tipos de ações que podem ser propostos nos Juizados Especiais Cíveis, como resultado dos conflitos do nosso cotidiano. Vamos listar alguns tipos de ações somente a título exemplificativo.

a) Acidentes de trânsito: é possível cobrar os valores referente ao conserto do veículo acidentado (funilaria, pintura, peças de reposição etc.), bem como os danos pessoais que o motorista ou terceiros possam ter sofrido;

b) Cobrança de dívidas tais como aquelas decorrentes do empréstimo de dinheiro ou do empréstimo de algum equipamento que alguém não devolveu;

c) Cobrança por serviços não realizados como, por exemplo, a contratação de um pedreiro ou pintor para a realização de algum serviço e tendo realizado o pagamento da entrada o mesmo não realizou a trabalho prometido ou se o fez, fez parcialmente;

d) Condenação ao cumprimento de obrigação de fazer ou não fazer tais como nas ações de vizinhança em razão de incômodos cu mesmo questões como divisa, muros e árvores;

e) Cobranças de quantias devidas a título de restituição ou decorrente de contratos, como honorários de profissionais liberais;

f) Ações de direito do consumidor tais como a indenização em face da aquisição de produtos que eventualmente chegou com defeito e a vendedora não quer trocar ou consertar o equipamento;

g) Cobrança de cheques, notas promissórias, letras de câmbio e outros títulos de crédito;

h) Declaração de nulidade de contrato, seja para anular o próprio contrato ou rever cláusulas contratuais que estejam em desacordo com a lei;

i) Cobranças de aluguel (somente o proprietário do imóvel).

J) Pedido de indenização por inclusão indevida em bancos de dados, inclusive com pedido liminar de exclusão imediata do nome daquele registro; e,

K) Despejo, porém, só se for para uso próprio.

Conforme consta no site do TJSP, é possível nos Juizados Especiais fazer o requerimento de tutela antecipada para assegurar a prestação de serviços essenciais à saúde, saneamento básico, fornecimento de energia elétrica, ou para que alguém se abstenha de praticar algum ato que lhe causa prejuízo, como protesto, ou, ainda, para evitar dano irreparável ou de difícil reparação de um direito, em razão da demora da tramitação normal de um processo.[9]

---

9. Disponível em <https://www.tjsp.jus.br/Especialidade/JuizadosEspeciais/Civeis>. Acesso em 27/11/2024.

Admitem-se ainda as ações possessórias, desde que o valor do imóvel não ultrapasse 40 (quarenta) salários mínimos, lembrando que é obrigatório ter advogado nas causas superiores a 20 salários mínimos.

5. DA COMPETÊNCIA DE FORO

A competência de foro dos Juizados Especiais é definida em razão da matéria (JEC, art. 3º), bem como em razão do território (JEC, art. 4º).[10]

As matérias que comportam processamento junto aos Juizados Especiais já foram abordadas nos itens 2 e 3 (ver acima).

Já no que diz respeito à competência territorial, a lei faculta ao autor as seguintes opções:

a) **Foro do domicílio do réu:**

A ação pode ser proposta no foro do domicílio do réu ou onde ele exerça suas atividades profissionais ou econômicas e, no caso de pessoa jurídica, onde a mesma possua filial, agência, sucursal ou escritório.

b) **Foro do lugar onde a obrigação deve ser satisfeita:**

Tratando-se de obrigação (fazer, não fazer ou dar), o foro competente será o do lugar onde a mesma deva ser satisfeita.

c) **Foro do domicílio do autor:**

Quando a ação versar sobre reparação de danos de qualquer natureza, a ação pode ser proposta no foro do domicílio do autor.

Atenção: qualquer que seja o tipo de ação, a Lei nº 9.099/95 deixa a critério do autor a opção de propor pela regra geral do domicílio do réu.

6. DO JUIZ, DOS CONCILIADORES E DOS JUÍZES LEIGOS

No sistema dos Juizados Especiais é o juiz que dirigirá o processo com liberdade para determinar as provas a serem produzidas, para apreciá-las e para dar especial valor às regras de experiência comum ou técnica (JEC, art. 5º).[11]

---

10. JEC, Art. 4º É competente, para as causas previstas nesta Lei, o Juizado do foro:

I – do domicílio do réu ou, a critério do autor, do local onde aquele exerça atividades profissionais ou econômicas ou mantenha estabelecimento, filial, agência, sucursal ou escritório;

II – do lugar onde a obrigação deva ser satisfeita;

III – do domicílio do autor ou do local do ato ou fato, nas ações para reparação de dano de qualquer natureza.

Parágrafo único. Em qualquer hipótese, poderá a ação ser proposta no foro previsto no inciso I deste artigo.

11. JEC, Art. 5º O Juiz dirigirá o processo com liberdade para determinar as provas a serem produzidas, para apreciá-las e para dar especial valor às regras de experiência comum ou técnica.

LIÇÃO 15 • PROCEDIMENTOS DOS JUIZADOS ESPECIAIS CÍVEIS ESTADUAIS – LEI N° 9.099/95 **161**

Neste sistema processual, o Juiz tem bastante liberdade, podendo adotar em cada caso a decisão que reputar mais justa e equânime, atendendo aos fins sociais da lei e às exigências do bem comum (JEC, art. 6°).[12]

Nos Juizados Especiais existem sempre os auxiliares do juízo que são os conciliadores, normalmente estagiários do curso de direito ou mesmo bacharéis.

Em alguns Estados da federação encontramos também a figura do juiz leigo, que também atua como auxiliar da Justiça. Estes deverão ser recrutados dentre os advogados com mais de 5 (cinco) anos de experiência. Nesse caso, aquele que for nomeado juiz leigo ficará impedido de exercer a advocacia perante os Juizados Especiais, enquanto no desempenho de suas funções (JEC, art. 7°).[13]

> **Atenção:** a figura do juiz leigo está expressamente prevista na Constituição Federal (ver CF, art. 98, I). Ele pode fazer todo o processamento dos Juizados Especiais Cíveis, inclusive audiência e sentenças, porém seus atos ficam dependendo de ratificação pelo juiz togado titular do Juizado.

7. AS PARTES

O principal motivo para a criação dos Juizados Especiais foi o de garantir acesso à justiça aos mais necessitados, tendo em vista a sua simplicidade e gratuidade que em muito se assemelha com a Justiça Trabalhista.

Por isso mesmo, o acesso a esse procedimento não é ilimitado, ficando reservada a sua utilização para:

a) As pessoas físicas capazes, excluídos os cessionários de direito de pessoas jurídicas.

b) As pessoas jurídicas enquadradas como microempreendedores individuais, microempresas e empresas de pequeno porte na forma da Lei Complementar no 123, de 14 de dezembro de 2006.[14]

c) As pessoas jurídicas enquadradas como Organizações da Sociedade Civil de Interesse Público – OSCIPs (ver Lei n° 9.790/99); e,

d) As sociedades de crédito ao microempreendedor (ver Lei n° 10.194/01, art. 1°).[15]

---

12. JEC, Art. 6° O Juiz adotará em cada caso a decisão que reputar mais justa e equânime, atendendo aos fins sociais da lei e às exigências do bem comum.

13. JEC, Art. 7° Os conciliadores e Juízes leigos são auxiliares da Justiça, recrutados, os primeiros, preferentemente, entre os bacharéis em Direito, e os segundos, entre advogados com mais de cinco anos de experiência. Parágrafo único. Os Juízes leigos ficarão impedidos de exercer a advocacia perante os Juizados Especiais, enquanto no desempenho de suas funções.

14. "Enunciado 47: A microempresa e a empresa de pequeno porte, para propor ação no âmbito dos Juizados Especiais, deverão instruir o pedido com documento de sua condição."

15. "Enunciado 9: O condomínio residencial poderá propor ação no Juizado Especial, nas hipóteses do art. 275, inciso II, item *b*, do Código de Processo Civil."
"Enunciado 72: Inexistindo interesse de incapazes, o Espólio pode ser autor nos Juizados Especiais Cíveis."

De outro lado, não poderão ser partes, nem como autoras nem como rés, no processo que tramite por esse procedimento, o incapaz, o preso, as pessoas jurídicas de direito público, as empresas públicas da União, a massa falida e o insolvente civil (art. 8º, *caput*).[16]

Ainda com relação às partes é importante salientar que não se admite nenhuma forma de intervenção de terceiro ou assistência, admitindo-se tão somente o litisconsórcio (JEC, art. 10).[17]

8. DA REPRESENTAÇÃO PROCESSUAL

Nas causas de valor até 20 (vinte) salários-mínimos não é necessário a presença de advogado (JEC, art. 9º, *caput*, primeira parte).[18] Nesse caso, a parte poderá comparecer pessoalmente à secretaria do Juizado, expor o problema que pretende ver resolvido, de cuja exposição será lavrada, pelo funcionário ou estagiário, a reclamação que tomará a forma de petição inicial.

Embora seja facultativa a assistência por advogado, se uma das partes comparecer assistida por advogado, ou se o réu for pessoa jurídica ou firma individual, terá a outra parte, se quiser, direito à assistência judiciária gratuita prestada por órgão instituído junto ao Juizado Especial, cuja finalidade é preservar a igualdade processual na disputa em questão.

---

16. JEC, Art. 8º Não poderão ser partes, no processo instituído por esta Lei, o incapaz, o preso, as pessoas jurídicas de direito público, as empresas públicas da União, a massa falida e o insolvente civil.

    § 1º Somente serão admitidas a propor ação perante o Juizado Especial:

    I – as pessoas físicas capazes, excluídos os cessionários de direito de pessoas jurídicas;

    II – as pessoas enquadradas como microempreendedores individuais, microempresas e empresas de pequeno porte na forma da Lei Complementar no 123, de 14 de dezembro de 2006;

    III – as pessoas jurídicas qualificadas como Organização da Sociedade Civil de Interesse Público, nos termos da Lei nº 9.790, de 23 de março de 1999;

    IV – as sociedades de crédito ao microempreendedor, nos termos do art. 1º da Lei nº 10.194, de 14 de fevereiro de 2001.

    § 2º O maior de dezoito anos poderá ser autor, independentemente de assistência, inclusive para fins de conciliação.

17. JEC, Art. 10. Não se admitirá, no processo, qualquer forma de intervenção de terceiro nem de assistência. Admitir-se-á o litisconsórcio.

18. JEC, Art. 9º Nas causas de valor até vinte salários mínimos, as partes comparecerão pessoalmente, podendo ser assistidas por advogado; nas de valor superior, a assistência é obrigatória.

    § 1º Sendo facultativa a assistência, se uma das partes comparecer assistida por advogado, ou se o réu for pessoa jurídica ou firma individual, terá a outra parte, se quiser, assistência judiciária prestada por órgão instituído junto ao Juizado Especial, na forma da lei local.

    § 2º O Juiz alertará as partes da conveniência do patrocínio por advogado, quando a causa o recomendar.

    § 3º O mandato ao advogado poderá ser verbal, salvo quanto aos poderes especiais.

    § 4º O réu, sendo pessoa jurídica ou titular de firma individual, poderá ser representado por preposto credenciado, munido de carta de preposição com poderes para transigir, sem haver necessidade de vínculo empregatício.

LIÇÃO 15 • PROCEDIMENTOS DOS JUIZADOS ESPECIAIS CÍVEIS ESTADUAIS – LEI N° 9.099/95

Nas causas acima de 20 (vinte) salários-mínimos, é obrigatória a representação através de advogado,[19] assim como na eventual necessidade de interposição do recurso inominado.[20] Na linha de simplificação que orienta esse procedimento, a procuração pode até ser verbal.

Sendo réu pessoa jurídica ou titular de firma individual, poderá se fazer representar em todos os atos processuais por preposto credenciado, munido de carta de preposição com poderes para transigir, sem haver necessidade de vínculo empregatício.

9. DOS ATOS PROCESSUAIS, DO PEDIDO, DAS CITAÇÕES E INTIMAÇÕES

Os atos processuais serão públicos e poderão realizar-se fora do horário regular, conforme dispuserem as normas de organização judiciária do Estado em questão (JEC, art. 12).[21]

Na contagem de prazo em dias, estabelecido por lei ou pelo juiz, para a prática de qualquer ato processual, inclusive para a interposição de recursos, computar-se-ão somente os dias úteis (JEC, art. 12-A).[22]

O Superior Tribunal de Justiça (STJ) em julgamento de caso repetitivo firmou a seguinte tese: "Nos casos de intimação/citação realizadas por Correio, Oficial de Justiça, ou por Carta de Ordem, Precatória ou Rogatória, o prazo recursal inicia -se com a juntada aos autos do aviso de recebimento, do mandado cumprido, ou da juntada da carta" (Tema 379).[23]

Concordes com os princípios da simplicidade e da informalidade, os atos processuais serão válidos sempre que preencherem as finalidades para as quais forem realizados, de sorte que não se pronunciará qualquer nulidade sem que tenha havido prejuízo para qualquer das partes (JEC, art. 13, *caput* e § 1°).[24]

---

19. "Enunciado 36: A assistência obrigatória prevista no art. 9° da Lei n° 9.099/1995 tem lugar a partir da fase instrutória, não se aplicando para a formulação do pedido e a sessão de conciliação."
20. "Enunciado 77: O advogado cujo nome constar do termo de audiência estará habilitado para todos os atos do processo, inclusive para o recurso."
21. JEC, Art. 12. Os atos processuais serão públicos e poderão realizar-se em horário noturno, conforme dispuserem as normas de organização judiciária.
22. JEC, Art. 12-A. Na contagem de prazo em dias, estabelecido por lei ou pelo juiz, para a prática de qualquer ato processual, inclusive para a interposição de recursos, computar-se-ão somente os dias úteis. (Incluído pela Lei n° 13.728, de 2018)
23. (STJ, REsp 1632777/SP, Relator: Ministro Napoleão Nunes Maia Filho, Julgado em 17/05/2017).
24. JEC, Art. 13. Os atos processuais serão válidos sempre que preencherem as finalidades para as quais forem realizados, atendidos os critérios indicados no art. 2° desta Lei.
    § 1° Não se pronunciará qualquer nulidade sem que tenha havido prejuízo.
    § 2° A prática de atos processuais em outras comarcas poderá ser solicitada por qualquer meio idôneo de comunicação.

A prática de atos processuais a ser realizados em outras comarcas poderá ser solicitada por qualquer meio idôneo de comunicação.

Ademais, apenas os atos considerados essenciais serão registrados resumidamente, em notas manuscritas ou digitalizadas. Os demais atos poderão ser gravados em fita magnética ou equivalente, que será inutilizada após o trânsito em julgado da decisão.

O processo instaurar-se-á com a apresentação do pedido, escrito ou oral, à Secretaria do Juizado, do qual deverão constar, ainda que de forma simples e em linguagem acessível: o nome, a qualificação e o endereço das partes; os fatos e os fundamentos, de forma sucinta; o objeto e seu valor, sendo lícito ao autor formular pedido genérico quando não for possível determinar, desde logo, a extensão da obrigação (JEC, art. 14),[25] assim como poderão ser alternativos ou cumulados, desde que conexos e a soma não ultrapasse o limite de quarenta salários-mínimos (JEC, art. 15).[26]

Recebido o pedido independentemente de distribuição e autuação, a Secretaria do Juizado deverá desde logo designar data para realização da audiência de tentativa de conciliação em prazo não superior a 15 (quinze) dias (JEC, art. 16).[27] Na eventualidade de comparecer ambas as partes, instaurar-se-á, desde logo, a sessão de conciliação, dispensados o registro prévio de pedido e a citação. Nesse caso, em havendo pedido contraposto, tudo se resolverá oralmente (JEC, art. 17).[28]

Quanto às citações e às intimações, diz a lei em comento que, de regra, as mesmas serão realizadas por carta com aviso de recebimento em mão própria. Tratan-

---

§ 3º Apenas os atos considerados essenciais serão registrados resumidamente, em notas manuscritas, datilografadas, taquigrafadas ou estenotipadas. Os demais atos poderão ser gravados em fita magnética ou equivalente, que será inutilizada após o trânsito em julgado da decisão.

§ 4º As normas locais disporão sobre a conservação das peças do processo e demais documentos que o instruem.

25. JEC, Art. 14. O processo instaurar-se-á com a apresentação do pedido, escrito ou oral, à Secretaria do Juizado.

§ 1º Do pedido constarão, de forma simples e em linguagem acessível:

I – o nome, a qualificação e o endereço das partes;

II – os fatos e os fundamentos, de forma sucinta;

III – o objeto e seu valor.

§ 2º É lícito formular pedido genérico quando não for possível determinar, desde logo, a extensão da obrigação.

§ 3º O pedido oral será reduzido a escrito pela Secretaria do Juizado, podendo ser utilizado o sistema de fichas ou formulários impressos.

26. JEC, Art. 15. Os pedidos mencionados no art. 3º desta Lei poderão ser alternativos ou cumulados; nesta última hipótese, desde que conexos e a soma não ultrapasse o limite fixado naquele dispositivo.

27. JEC, Art. 16. Registrado o pedido, independentemente de distribuição e autuação, a Secretaria do Juizado designará a sessão de conciliação, a realizar-se no prazo de quinze dias.

28. JEC, Art. 17. Comparecendo inicialmente ambas as partes, instaurar-se-á, desde logo, a sessão de conciliação, dispensados o registro prévio de pedido e a citação.

Parágrafo único. Havendo pedidos contrapostos, poderá ser dispensada a contestação formal e ambos serão apreciados na mesma sentença.

LIÇÃO 15 • PROCEDIMENTOS DOS JUIZADOS ESPECIAIS CÍVEIS ESTADUAIS – LEI Nº 9.099/95 **165**

do-se de pessoa jurídica ou firma individual, basta a entrega no endereço à pessoa que seja encarregada da recepção, devendo ser obrigatoriamente identificado no AR. Por isso é importantíssimo que as partes mantenham seu endereço atualizado nos autos do processo em andamento porque reputar-se-á realizadas as intimações enviadas ao local anteriormente indicado, na ausência da comunicação. (JEC, art. 18^{29} c/c art. 19^{30}).

Excepcionalmente, a citação poderá ser realizada por oficial de justiça, independentemente de mandado ou carta precatória, não se admitindo citação por edital.

A carta de citação conterá cópia do pedido inicial, dia e hora para comparecimento do citando e advertência de que, não comparecendo este, considerar-se-ão verdadeiras as alegações iniciais, e será proferido julgamento, de plano.

> **Atenção:** mesmo sem a ocorrência de citação, ou ela sendo nula, se o réu comparecer espontaneamente, considerar-se-á sanada a irregularidade.

> **Importante:** Na contagem de prazo em dias, estabelecido por lei ou pelo juiz, para a prática de qualquer ato processual, inclusive para a interposição de recursos, computar-se-ão somente os dias úteis. (ver JEC, art. 12-A)

10. DAS AUDIÊNCIAS

Cabe destacar por primeiro que tanto na audiência de conciliação quanto na de instrução e julgamento, as partes são obrigadas a comparecer pessoalmente. Se o réu não comparecer lhe serão aplicados os efeitos da revelia (JEC, art. 20).[31]

Se o demandado não comparecer ou recusar-se a participar da tentativa de conciliação não presencial, o Juiz togado proferirá de imediato sentença (JEC, art.

---

29. JEC, Art. 18. A citação far-se-á:

    I – por correspondência, com aviso de recebimento em mão própria;

    II – tratando-se de pessoa jurídica ou firma individual, mediante entrega ao encarregado da recepção, que será obrigatoriamente identificado;

    III – sendo necessário, por oficial de justiça, independentemente de mandado ou carta precatória.

    § 1º A citação conterá cópia do pedido inicial, dia e hora para comparecimento do citando e advertência de que, não comparecendo este, considerar-se-ão verdadeiras as alegações iniciais, e será proferido julgamento, de plano.

    § 2º Não se fará citação por edital.

    § 3º O comparecimento espontâneo suprirá a falta ou nulidade da citação.

30. JEC, Art. 19. As intimações serão feitas na forma prevista para citação, ou por qualquer outro meio idôneo de comunicação.

    § 1º Dos atos praticados na audiência, considerar-se-ão desde logo cientes as partes.

    § 2º As partes comunicarão ao juízo as mudanças de endereço ocorridas no curso do processo, reputando-se eficazes as intimações enviadas ao local anteriormente indicado, na ausência da comunicação.

31. JEC, Art. 20. Não comparecendo o demandado à sessão de conciliação ou à audiência de instrução e julgamento, reputar-se-ão verdadeiros os fatos alegados no pedido inicial, salvo se o contrário resultar da convicção do Juiz.

23).[32] Por analogia podemos dizer que se o autor não comparecer ou se vier a recusar participar da referida audiência, o processo deverá ser extinto sem julgamento do mérito, impondo-se ao autor o pagamento de custas, exceto se provar força maior (ver JEC, art. 51, I e § 2º).

Se o réu for pessoa jurídica ou titular de firma individual, poderá ser representado por preposto credenciado, munido de carta de preposição com poderes para transigir, sem haver necessidade de vínculo empregatício (ver JEC, art. 9º, § 4º).

Em qualquer circunstância a presença de advogado não supre a ausência da parte, tendo em vista que ele não representa a parte, mas sim lhe presta assistência jurídica (ver JEC, art. 9º).

Por fim cumpre destacar que a audiência de conciliação pode ser realizadas por videoconferência, conforme expressamente previsto no § 2º do art. 22 da lei em comento.

10.1 Audiência de conciliação

Na abertura da audiência de conciliação, o conciliador informará as partes sobre as vantagens da conciliação e tentará obter o acordo (JEC, art. 21).[33]

Se frutífera sua intervenção, do acordo será lavrado termo a ser homologado pelo juiz togado, por sentença com eficácia de título executivo (JEC, art. 22, parágrafo único).[34]

10.2 Juízo arbitral

A lei permite às partes poderem optar por resolver a demanda por meio de arbitragem (JEC, art. 24).[35] Se assim procederem, o juízo arbitral considerar-se-á instaurado, independentemente de termo de compromisso, com a escolha do árbitro

---

32. JEC, Art. 23. Se o demandado não comparecer ou recusar-se a participar da tentativa de conciliação não presencial, o Juiz togado proferirá sentença. (Redação dada pela Lei nº 13.994, de 2020)

33. JEC, Art. 21. Aberta a sessão, o Juiz togado ou leigo esclarecerá as partes presentes sobre as vantagens da conciliação, mostrando-lhes os riscos e as consequências do litígio, especialmente quanto ao disposto no § 3º do art. 3º desta Lei.

34. JEC, Art. 22. A conciliação será conduzida pelo Juiz togado ou leigo ou por conciliador sob sua orientação.
§ 1º Obtida a conciliação, esta será reduzida a escrito e homologada pelo Juiz togado mediante sentença com eficácia de título executivo. (Incluído pela Lei nº 13.994, de 2020)
§ 2º É cabível a conciliação não presencial conduzida pelo Juizado mediante o emprego dos recursos tecnológicos disponíveis de transmissão de sons e imagens em tempo real, devendo o resultado da tentativa de conciliação ser reduzido a escrito com os anexos pertinentes. (Incluído pela Lei nº 13.994, de 2020)

35. JEC, Art. 24. Não obtida a conciliação, as partes poderão optar, de comum acordo, pelo juízo arbitral, na forma prevista nesta Lei.
§ 1º O juízo arbitral considerar-se-á instaurado, independentemente de termo de compromisso, com a escolha do árbitro pelas partes. Se este não estiver presente, o Juiz convocá-lo-á e designará, de imediato, a data para a audiência de instrução.
§ 2º O árbitro será escolhido dentre os juízes leigos.

LIÇÃO 15 • PROCEDIMENTOS DOS JUIZADOS ESPECIAIS CÍVEIS ESTADUAIS – LEI Nº 9.099/95 **167**

pelas partes que deve ser escolhido entre os juízes leigos do Juizado, cabendo a este dirigir a audiência de instrução e julgamento e proferir um laudo arbitral, que será homologado pelo juiz togado (JEC, art. 25).[36]

Cumpre esclarecer que o juiz togado não irá rever o resultado, mas apenas se a matéria objeto do laudo foi a matéria posta em debate. De sua decisão homologatória não cabe nenhum recurso (artigo 26).[37]

10.3 Audiência de instrução e julgamento

Não obtida a conciliação nem instaurado o juízo arbitral, as partes serão remetidas para audiência de instrução e julgamento, que será realizada ato contínuo ou designada para data posterior, em prazo não superior a 15 (quinze) dias (JEC, art. 27).[38]

Na audiência de instrução e julgamento, na qual, como regra, o réu apresentará sua contestação (escrita ou oral) e o autor sua réplica (se necessário), serão ouvidas as partes, colhida a prova testemunhal e, em seguida, poderá ser proferida a sentença (JEC, art. 28).[39]

Todos os incidentes que possam interferir na realização da audiência serão decididos de plano pelo juiz, inclusive no que diz respeito à apresentação de documentos pelas partes, quando então será oportunizado à parte contrária manifestação em face dos mesmos, sem interrupção da audiência. Os incidentes que não interferem na realização da audiência serão decididos na sentença (JEC, art. 29).[40]

Cumpre ainda esclarecer que a audiência de instrução e julgamento só pode ser presidida por um juiz leigo ou togado, jamais pelos conciliadores.

Caso a audiência seja presidida por um juiz leigo este pode proferir sentença no ato, mas esta deverá ser submetida a posterior homologação pelo juiz togado, que poderá proferir outra sentença em seu lugar ou até mesmo converter o procedimento em diligência para complementação de provas (JEC, art. 40).

---

36. JEC, Art. 25. O árbitro conduzirá o processo com os mesmos critérios do Juiz, na forma dos arts. 5º e 6º desta Lei, podendo decidir por equidade.
37. JEC, Art. 26. Ao término da instrução, ou nos cinco dias subsequentes o árbitro apresentará o laudo ao Juiz togado para homologação por sentença irrecorrível.
38. JEC, Art. 27. Não instituído o juízo arbitral, proceder-se-á imediatamente à audiência de instrução e julgamento, desde que não resulte prejuízo para a defesa.
    Parágrafo único. Não sendo possível a sua realização imediata, será a audiência designada para um dos quinze dias subsequentes, cientes, desde logo, as partes e testemunhas eventualmente presentes.
39. JEC, Art. 28. Na audiência de instrução e julgamento serão ouvidas as partes, colhida a prova e, em seguida, proferida a sentença.
40. JEC, Art. 29. Serão decididos de plano todos os incidentes que possam interferir no regular prosseguimento da audiência. As demais questões serão decididas na sentença.
    Parágrafo único. Sobre os documentos apresentados por uma das partes, manifestar-se-á imediatamente a parte contrária, sem interrupção da audiência.

11. DA RESPOSTA DO RÉU

Não obtida a conciliação, deverá o réu apresentar sua contestação, que poderá ser oral ou escrita, na qual enfrentará toda matéria de defesa, exceto arguição de suspeição ou impedimento do Juiz, que se processará por escrito e em apartado (JEC, art. 30).[41] Será também nesse momento que o réu deverá apresentar todas as preliminares que entenda pertinentes, tais como a incompetência do juízo; a inadmissibilidade do procedimento especial; os impedimentos relativos às pessoas que não podem ser partes neste procedimento (ver JEC, art. 8º), enfim, todo e qualquer fato extintivo ou modificativo do direito postulado pelo autor.

Embora o réu não possa apresentar reconvenção, poderá formular **pedido contraposto** a seu favor, no próprio corpo da contestação, respeitando os limites do art. 3º da Lei 9.099/95, desde que fundado nos mesmos fatos que constituem objeto da controvérsia (JEC, art. 31).[42]

A lei que instituiu os JECs não prevê em qual momento deve ser apresentada a contestação. Isso é um grande problema porque na prática, cada juiz ou tribunal adota regras diferentes: há juízes que entendem que a contestação deve ser apresentada 15 (quinze) dias após o recebimento da citação; outros que esses 15 (quinze) dias deve ser contado da juntada do AR aos autos; outros entendem que esse prazo é de 10 (dez) dias; e, assim por diante.

Se aplicarmos subsidiariamente as regras do CPC, temos que a contestação deve ser apresentada, em regra, no prazo de 15 (quinze) dias úteis após a audiência de mediação ou conciliação (ver CPC, art. 335). Por outro lado, o Enunciado nº 10 do FONAJE prevê que a contestação poderá ser apresentada até a audiência de instrução e julgamento.

Com relação à réplica, também não temos uniformidade quanto ao prazo e procedimentos. Se a contestação for apresentada em audiência, o juiz perguntará ao autor se prefere responder de pronto, na própria audiência, ou se irá requerer redesignação da audiência para outra data.

12. DAS PROVAS

As provas, que serão todas realizadas na audiência de instrução e julgamento, independentemente de prévio requerimento (JEC, art. 33),[43] poderão ser de todo o

---

41. JEC, Art. 30. A contestação, que será oral ou escrita, conterá toda matéria de defesa, exceto arguição de suspeição ou impedimento do Juiz, que se processará na forma da legislação em vigor.

42. JEC, Art. 31. Não se admitirá a reconvenção. É lícito ao réu, na contestação, formular pedido em seu favor, nos limites do art. 3º desta Lei, desde que fundado nos mesmos fatos que constituem objeto da controvérsia.
    Parágrafo único. O autor poderá responder ao pedido do réu na própria audiência ou requerer a designação da nova data, que será desde logo fixada, cientes todos os presentes.

43. JEC, Art. 33. Todas as provas serão produzidas na audiência de instrução e julgamento, ainda que não requeridas previamente, podendo o Juiz limitar ou excluir as que considerar excessivas, impertinentes ou protelatórias.

LIÇÃO 15 • PROCEDIMENTOS DOS JUIZADOS ESPECIAIS CÍVEIS ESTADUAIS – LEI Nº 9.099/95 **169**

gênero, desde que moralmente legítimos, ainda que não especificados em lei (JEC, art. 32).[44]

As partes poderão apresentar até o máximo de 3 (três) testemunhas que deverão comparecer espontaneamente à audiência de instrução e julgamento levadas por quem as requereu, independentemente de prévio arrolamento ou intimação (JEC, art. 34).[45]

Só excepcionalmente poderá a testemunha ser intimada pela secretaria do Juizado para seu comparecimento à audiência. Se for assim, a parte deverá apresentar requerimento no prazo de 5 (cinco) dias antes da audiência (ver JEC, art. 34, § 1º).

Quando a prova do fato exigir, o juiz poderá inquirir técnicos de sua confiança, permitida às partes a apresentação de parecer técnico. Admite-se também, no curso da audiência, que o juiz, de ofício ou a requerimento das partes, possa realizar inspeção em pessoas ou coisas, ou determinar que o faça pessoa de sua confiança, que lhe relatará informalmente o verificado (JEC, art. 35).[46]

A prova oral não será reduzida a escrito, devendo a sentença referir, no essencial, os informes trazidos pelos depoentes (JEC, art. 36).[47]

Toda a fase probatória poderá ser conduzida por juiz togado ou por juiz leigo. Neste último caso, seus atos ficam pendentes de homologação pelo juiz titular do juizado (JEC, art. 37).[48]

13. DA SENTENÇA E DOS RECURSOS

A sentença, que deverá ser sempre líquida, mencionará os elementos de convicção do juiz, com breve resumo dos fatos relevantes ocorridos em audiência, dispensando-se o relatório (JEC, art. 38).[49]

---

44. JEC, Art. 32. Todos os meios de prova moralmente legítimos, ainda que não especificados em lei, são hábeis para provar a veracidade dos fatos alegados pelas partes.

45. JEC, Art. 34. As testemunhas, até o máximo de três para cada parte, comparecerão à audiência de instrução e julgamento levadas pela parte que as tenha arrolado, independentemente de intimação, ou mediante esta, se assim for requerido.

    § 1º O requerimento para intimação das testemunhas será apresentado à Secretaria no mínimo cinco dias antes da audiência de instrução e julgamento.

    § 2º Não comparecendo a testemunha intimada, o Juiz poderá determinar sua imediata condução, valendo-se, se necessário, do concurso da força pública.

46. JEC, Art. 35. Quando a prova do fato exigir, o Juiz poderá inquirir técnicos de sua confiança, permitida às partes a apresentação de parecer técnico.

    Parágrafo único. No curso da audiência, poderá o Juiz, de ofício ou a requerimento das partes, realizar inspeção em pessoas ou coisas, ou determinar que o faça pessoa de sua confiança, que lhe relatará informalmente o verificado.

47. JEC, Art. 36. A prova oral não será reduzida a escrito, devendo a sentença referir, no essencial, os informes trazidos nos depoimentos.

48. JEC, Art. 37. A instrução poderá ser dirigida por Juiz leigo, sob a supervisão de Juiz togado.

49. JEC, Art. 38. A sentença mencionará os elementos de convicção do Juiz, com breve resumo dos fatos relevantes ocorridos em audiência, dispensado o relatório.

    Parágrafo único. Não se admitirá sentença condenatória por quantia ilíquida, ainda que genérico o pedido.

É importante rememorar que a sentença está adstrita, como regra, ao limite de acesso aos Juizados Especiais, ou seja, limitada a 40 (quarenta) salários mínimos (JEC, art. 39).[50]

Se a instrução foi dirigida por juiz leigo, o mesmo proferirá sua decisão e, de imediato, submeterá sua decisão ao juiz togado, que poderá homologá-la, proferir outra em substituição ou, antes de se manifestar, determinar a realização de atos probatórios indispensáveis (JEC, art. 40).[51]

Da sentença de mérito, quer dizer, não aquela homologatória de conciliação ou laudo arbitral, caberá recurso inominado para uma das Turmas Recursais do próprio Juizado (JEC, art. 41),[52] que deverá ser interposto no prazo de 10 (dez) dias com o devido preparo (JEC, art. 42).[53]

No recurso, que deverá ser interposto por petição escrita, da qual constarão as razões e o pedido do recorrente, as partes serão obrigatoriamente representadas por advogado. Para instruir o recurso, as partes podem requerer, às suas expensas, às transcrições das gravações das fitas magnéticas (JEC, art. 44).[54]

O preparo será feito, independentemente de intimação, nas 48 (quarenta e oito) horas seguintes à interposição, sob pena de deserção.[55] Após o preparo, a Secretaria intimará o recorrido para oferecer resposta escrita no prazo de 10 (dez) dias.

O recurso inominado terá somente efeito devolutivo, podendo o juiz dar-lhe efeito suspensivo, para evitar dano irreparável para a parte (JEC, art. 43).[56]

Do julgamento pela Turma Recursal, as partes serão intimadas da data da sessão de julgamento (JEC, art. 45).[57]

---

50. JEC, Art. 39. É ineficaz a sentença condenatória na parte que exceder a alçada estabelecida nesta Lei.
51. JEC, Art. 40. O Juiz leigo que tiver dirigido a instrução proferirá sua decisão e imediatamente a submeterá ao Juiz togado, que poderá homologá-la, proferir outra em substituição ou, antes de se manifestar, determinar a realização de atos probatórios indispensáveis.
52. JEC, Art. 41. Da sentença, excetuada a homologatória de conciliação ou laudo arbitral, caberá recurso para o próprio Juizado.
    § 1º O recurso será julgado por uma turma composta por três Juízes togados, em exercício no primeiro grau de jurisdição, reunidos na sede do Juizado.
    § 2º No recurso, as partes serão obrigatoriamente representadas por advogado.
53. JEC, Art. 42. O recurso será interposto no prazo de dez dias, contados da ciência da sentença, por petição escrita, da qual constarão as razões e o pedido do recorrente.
    § 1º O preparo será feito, independentemente de intimação, nas quarenta e oito horas seguintes à interposição, sob pena de deserção.
    § 2º Após o preparo, a Secretaria intimará o recorrido para oferecer resposta escrita no prazo de dez dias.
54. JEC, Art. 44. As partes poderão requerer a transcrição da gravação da fita magnética a que alude o § 3º do art. 13 desta Lei, correndo por conta do requerente as despesas respectivas.
55. Sobre o valor do preparo sugiro que seja verificado se existe alguma lei estadual regulamentando a matéria, ou Provimento da Corregedoria de Justiça, pois varia a orientação de Estado para Estado, inclusive com relação às despesas de porte e remessa.
56. JEC, Art. 43. O recurso terá somente efeito devolutivo, podendo o Juiz dar-lhe efeito suspensivo, para evitar dano irreparável para a parte.
57. JEC, Art. 45. As partes serão intimadas da data da sessão de julgamento.

LIÇÃO 15 • PROCEDIMENTOS DOS JUIZADOS ESPECIAIS CÍVEIS ESTADUAIS – LEI N° 9.099/95 | **171**

O julgamento em segunda instância, do qual participarão três juízes togados em exercício no próprio Juizado (ver JEC, art. 41, § 1°), constará apenas da ata, com a indicação suficiente do processo, fundamentação sucinta e parte dispositiva. Se a sentença for confirmada pelos próprios fundamentos, a súmula do julgamento servirá de acórdão (JEC, art. e 46).[58]

Da sentença, assim como do acórdão, cabem embargos declaratórios se houver obscuridade, contradição, omissão ou dúvida no decisório (JEC, art. 48).[59] Esse recurso pode ser interposto por escrito ou oralmente, no prazo de 5 (cinco) dias contados da ciência da decisão (JEC, art. 49).[60]

Quando interpostos contra a sentença, os embargos declaratórios interrompem o prazo para interposição do recurso inominado (JEC, art. 50).[61]

14. DA EXTINÇÃO DO PROCESSO SEM JULGAMENTO DO MÉRITO

Extingue-se o processo sem julgamento do mérito, isto é, sem que o juiz adentre nos fatos para apurar qual é a verdade posta nos autos, além dos casos previstos em outras leis, nas seguintes hipóteses expressamente constantes da Lei do Juizado Especial (JEC, art. 51),[62] quais sejam:

a) **Autor não comparecer em audiência:**

Se o autor não comparecer a qualquer das audiências do processo, seja a de conciliação seja a de instrução, o processo será extinto sem julgamento de mérito e o autor será condenado nas custas processuais.

---

58. JEC, Art. 46. O julgamento em segunda instância constará apenas da ata, com a indicação suficiente do processo, fundamentação sucinta e parte dispositiva. Se a sentença for confirmada pelos próprios fundamentos, a súmula do julgamento servirá de acórdão.

59. JEC, Art. 48. Caberão embargos de declaração contra sentença ou acórdão nos casos previstos no Código de Processo Civil. (Redação dada pela Lei n° 13.105, de 2015)

Parágrafo único. Os erros materiais podem ser corrigidos de ofício.

60. JEC, Art. 49. Os embargos de declaração serão interpostos por escrito ou oralmente, no prazo de cinco dias, contados da ciência da decisão.

61. JEC, Art. 50. Os embargos de declaração interrompem o prazo para a interposição de recurso. (Redação dada pela Lei n° 13.105, de 2015)

62. JEC, Art. 51. Extingue-se o processo, além dos casos previstos em lei:

I – quando o autor deixar de comparecer a qualquer das audiências do processo;

II – quando inadmissível o procedimento instituído por esta Lei ou seu prosseguimento, após a conciliação;

III – quando for reconhecida a incompetência territorial;

IV – quando sobrevier qualquer dos impedimentos previstos no art. 8° desta Lei;

V – quando, falecido o autor, a habilitação depender de sentença ou não se der no prazo de trinta dias;

VI – quando, falecido o réu, o autor não promover a citação dos sucessores no prazo de trinta dias da ciência do fato.

§ 1° A extinção do processo independerá, em qualquer hipótese, de prévia intimação pessoal das partes.

§ 2° No caso do inciso I deste artigo, quando comprovar que a ausência decorre de força maior, a parte poderá ser isentada, pelo Juiz, do pagamento das custas.

Atenção: se o autor comprovar que não compareceu em razão de força maior, o juiz poderá isentá-lo do pagamento das custas.

b) **A ação não for admissível nos Juizados:**

Pode ocorrer de a ação ser proposta e depois venha a se verificar que ela não é admissível nos Juizados. Se isso acontecer, o processo deverá ser extinto sem julgamento de mérito.

c) **Incompetência de foro:**

O processo também deverá ser extinto se for reconhecida a incompetência territorial.

d) **Incapacidade das pessoas:**

Se for reconhecido qualquer dos impedimentos previstos no art. 8º, Lei nº 9.099/95, o processo também deverá ter o mesmo fim, isto é, ser extinto sem se adentrar ao mérito.

e) **Morte do autor:**

O falecimento do autor no curso do processo também é causa de extinção sem julgamento do mérito, porém somente se a habilitação de qualquer herdeiro depender de sentença ou não se der no prazo de 30 (trinta) dias.

f) **Morte do réu:**

Ocorrendo a morte do réu incumbe ao autor promover a citação dos sucessores no prazo de 30 (trinta) dias da ciência do fato. Se o autor não fizer isso, o processo será extinto.

Qualquer que seja o motivo que justifique a extinção do processo sem julgamento do mérito, independerá de prévia intimação pessoal das partes.

15. DA EXECUÇÃO DOS JULGADOS

A execução de sentença far-se-á nos próprios autos e perante o mesmo Juizado que tenha julgado a causa (JEC, art. 52).[63]

---

63. JEC, Art. 52. A execução da sentença processar-se-á no próprio Juizado, aplicando-se, no que couber, o disposto no Código de Processo Civil, com as seguintes alterações:

I – as sentenças serão necessariamente líquidas, contendo a conversão em Bônus do Tesouro Nacional – BTN ou índice equivalente;

II – os cálculos de conversão de índices, de honorários, de juros e de outras parcelas serão efetuados por servidor judicial;

III – a intimação da sentença será feita, sempre que possível, na própria audiência em que for proferida. Nessa intimação, o vencido será instado a cumprir a sentença tão logo ocorra seu trânsito em julgado, e advertido dos efeitos do seu descumprimento (inciso V);

IV – não cumprida voluntariamente a sentença transitada em julgado, e tendo havido solicitação do interessado, que poderá ser verbal, proceder-se-á desde logo à execução, dispensada nova citação;

LIÇÃO 15 • PROCEDIMENTOS DOS JUIZADOS ESPECIAIS CÍVEIS ESTADUAIS – LEI N° 9.099/95 — 173

Nesta fase, é possível pedir a desconsideração da personalidade jurídica que se processará nos moldes como estabelecido no Novo Código de Processo Civil (ver CPC, art. 1.062).

O que se espera é que proferida a sentença o réu cumpra espontaneamente com o que foi decidido. Não cumprida voluntariamente a sentença transitada em julgado, proceder-se-á desde logo à execução cujo requerimento de início pode ser por escrito ou verbal. Nesta fase não é necessária nova citação.

Tratando-se de obrigação de entregar, de fazer, ou de não fazer, o próprio juiz, na sentença ou na fase de execução, fixará uma multa diária, arbitrada de acordo com as condições econômicas do devedor, para forçar o devedor ao cumprimento da obrigação. Não cumprida a obrigação, o credor poderá requerer a elevação da multa ou a transformação da condenação em perdas e danos, que o juiz de imediato arbitrará, seguindo-se a execução por quantia certa, incluída a multa vencida de obrigação de dar, quando evidenciada a malícia do devedor na execução do julgado.

Atenção: tratando-se de obrigação de fazer, o juiz pode determinar o cumprimento por terceiros às custas do devedor, fixando-se desde logo o valor que o devedor deve depositar para as despesas, sob pena de multa diária.

Na alienação forçada dos bens, o juiz poderá autorizar o devedor, o credor ou terceira pessoa idônea a tratar da alienação do bem penhorado, a qual se aperfeiçoará em juízo até a data fixada para a praça ou leilão. Sendo o preço inferior ao da avaliação, as partes serão ouvidas. Se o pagamento não for à vista, será oferecida caução idônea, nos casos de alienação de bem móvel, ou hipotecado o imóvel.

Cabe ainda alertar que é dispensada a publicação de editais em jornais, quando se tratar de alienação de bens de pequeno valor.

Em sua defesa o executado poderá apresentar embargos, nos próprios autos da execução, alegando eventual falta ou nulidade da citação no processo, se ele

---

V – nos casos de obrigação de entregar, de fazer, ou de não fazer, o Juiz, na sentença ou na fase de execução, cominará multa diária, arbitrada de acordo com as condições econômicas do devedor, para a hipótese de inadimplemento. Não cumprida a obrigação, o credor poderá requerer a elevação da multa ou a transformação da condenação em perdas e danos, que o Juiz de imediato arbitrará, seguindo-se a execução por quantia certa, incluída a multa vencida de obrigação de dar, quando evidenciada a malícia do devedor na execução do julgado;

VI – na obrigação de fazer, o Juiz pode determinar o cumprimento por outrem, fixado o valor que o devedor deve depositar para as despesas, sob pena de multa diária;

VII – na alienação forçada dos bens, o Juiz poderá autorizar o devedor, o credor ou terceira pessoa idônea a tratar da alienação do bem penhorado, a qual se aperfeiçoará em juízo até a data fixada para a praça ou leilão. Sendo o preço inferior ao da avaliação, as partes serão ouvidas. Se o pagamento não for à vista, será oferecida caução idônea, nos casos de alienação de bem móvel, ou hipotecado o imóvel;

VIII – é dispensada a publicação de editais em jornais, quando se tratar de alienação de bens de pequeno valor;

IX – o devedor poderá oferecer embargos, nos autos da execução, versando sobre:

a) falta ou nulidade da citação no processo, se ele correu à revelia;

b) manifesto excesso de execução;

c) erro de cálculo;

d) causa impeditiva, modificativa ou extintiva da obrigação, superveniente à sentença.

correu à sua revelia; excesso de execução; erro de cálculo; ou ainda, qualquer causa impeditiva, modificativa ou extintiva da obrigação, desde que posterior à sentença.

16. EXECUÇÃO DE TÍTULO EXTRAJUDICIAL

É cabível o ingresso da parte nos Juizados Especiais para fazer cumprir execução que decorra de título executivo extrajudicial. Nesse caso, só é cabível para os títulos cujo valor não seja superior a 40 (quarenta) salários mínimos (JEC, art. 53).[64]

A novidade é que depois de o réu citado, caso não ocorra o cumprimento, após a penhora ele será intimado para comparecimento em audiência de conciliação, na qual poderá oferecer seus embargos do devedor, por escrito ou de forma oral.

O objetivo da audiência é buscar soluções o mais rápido e eficaz para a solução do litígio, se possível com dispensa da alienação judicial, devendo o conciliador propor, entre outras medidas cabíveis, o pagamento do débito a prazo ou a prestação, a dação em pagamento ou a imediata adjudicação do bem penhorado.

Não encontrados bens do devedor passíveis de serem penhorado, o processo será imediatamente extinto, devolvendo-se os documentos ao autor.

17. DAS DESPESAS PROCESSUAIS

Em primeiro grau de jurisdição o acesso ao Juizado Especial é livre do pagamento de quaisquer despesas, sejam as custas, taxas ou honorários advocatícios (JEC, art. 54).[65]

Contudo, em segundo grau haverá o pagamento de custas. Nesse caso, o preparo do recurso compreenderá todas as despesas processuais, inclusive aquelas dispensadas em primeiro grau de jurisdição, ressalvada a hipótese de quem tenha obtido os benefícios da assistência judiciária gratuita.

---

64. JEC, Art. 53. A execução de título executivo extrajudicial, no valor de até quarenta salários mínimos, obedecerá ao disposto no Código de Processo Civil, com as modificações introduzidas por esta Lei.

§ 1º Efetuada a penhora, o devedor será intimado a comparecer à audiência de conciliação, quando poderá oferecer embargos (art. 52, IX), por escrito ou verbalmente.

§ 2º Na audiência, será buscado o meio mais rápido e eficaz para a solução do litígio, se possível com dispensa da alienação judicial, devendo o conciliador propor, entre outras medidas cabíveis, o pagamento do débito a prazo ou a prestação, a dação em pagamento ou a imediata adjudicação do bem penhorado.

§ 3º Não apresentados os embargos em audiência, ou julgados improcedentes, qualquer das partes poderá requerer ao Juiz a adoção de uma das alternativas do parágrafo anterior.

§ 4º Não encontrado o devedor ou inexistindo bens penhoráveis, o processo será imediatamente extinto, devolvendo-se os documentos ao autor.

65. JEC, Art. 54. O acesso ao Juizado Especial independerá, em primeiro grau de jurisdição, do pagamento de custas, taxas ou despesas.

Parágrafo único. O preparo do recurso, na forma do § 1º do art. 42 desta Lei, compreenderá todas as despesas processuais, inclusive aquelas dispensadas em primeiro grau de jurisdição, ressalvada a hipótese de assistência judiciária gratuita.

LIÇÃO 15 • PROCEDIMENTOS DOS JUIZADOS ESPECIAIS CÍVEIS ESTADUAIS – LEI Nº 9.099/95 | **175**

Em segundo grau, o recorrente, vencido, pagará as custas e honorários de advogado, que serão fixados entre 10% (dez por cento) e 20% (vinte por cento) do valor de condenação ou, não havendo condenação, do valor corrigido da causa (JEC, art. 55).[66]

De outro lado, na execução de julgados não serão contadas custas, salvo quando: reconhecida a litigância de má-fé; se forem improcedentes os embargos do devedor; ou, tratar-se de execução de sentença que tenha sido objeto de recurso improvido do devedor.

18. HOMOLOGAÇÃO DE ACORDOS EXTRAJUDICIAIS

Admite a Lei nº 9.099/95 que os acordos extrajudiciais realizados pelas partes, de qualquer natureza ou valor, possa ser homologado pelo juízo competente, independentemente de termo. Homologado o acordo judicial, ele valerá como sentença e terá força de título executivo judicial (JEC, art. 57).[67] Aliás, essa disposição é regra geral do processo civil (ver CPC, art. 515, III).

Valerá também como título extrajudicial o acordo celebrado pelas partes, por instrumento escrito, referendado pelo órgão competente do Ministério Público.

19. AÇÃO RESCISÓRIA

Por fim é importante consignar que, segundo a literalidade da lei, não se admite ação rescisória nas causas sujeitas ao procedimento dos Juizados Especiais (JEC, art. 59),[68] contudo nada obsta que a parte possa ingressar com ação ordinária de nulidade (*querela nullitatis*) no caso de sentença nula de pleno direito.

Apesar dessa determinação legal, o Supremo Tribunal Federal decidiu que o artigo 59 da Lei 9.099/95 não impede a desconstituição da coisa julgada quando o título executivo judicial se amparar em contrariedade à interpretação ou sentido da norma conferida pela Suprema Corte, anterior ou posterior ao trânsito em julgado, admitindo, respectivamente, o manejo:

a) de impugnação ao cumprimento de sentença ou

b) de simples petição, a ser apresentada em prazo equivalente ao da ação rescisória.[69]

---

66. JEC, Art. 55. A sentença de primeiro grau não condenará o vencido em custas e honorários de advogado, ressalvados os casos de litigância de má-fé. Em segundo grau, o recorrente, vencido, pagará as custas e honorários de advogado, que serão fixados entre dez por cento e vinte por cento do valor de condenação ou, não havendo condenação, do valor corrigido da causa.

    Parágrafo único. Na execução não serão contadas custas, salvo quando:

    I – reconhecida a litigância de má-fé;

    II – improcedentes os embargos do devedor;

    III – tratar-se de execução de sentença que tenha sido objeto de recurso improvido do devedor.

67. JEC, Art. 57. O acordo extrajudicial, de qualquer natureza ou valor, poderá ser homologado, no juízo competente, independentemente de termo, valendo a sentença como título executivo judicial.

    Parágrafo único. Valerá como título extrajudicial o acordo celebrado pelas partes, por instrumento escrito, referendado pelo órgão competente do Ministério Público.

68. JEC, Art. 59. Não se admitirá ação rescisória nas causas sujeitas ao procedimento instituído por esta Lei.

69. (STF, RE 5063588-34.2016.4.04.7000, Relator: Ministro Gilmar Mendes, Data de Julgamento: 09/11/2023).

Cumpre esclarecer que a ação rescisória é uma medida excepcional que permite desconstituir uma decisão judicial que já transitou em julgado. Ela só é admitida em hipóteses legais taxativas, expressamente previstas no art. 975 do CPC.[70]

Alguns exemplos de hipóteses que podem motivar uma ação rescisória são:

a) A decisão foi baseada em uma prova ilícita.

b) O fato relevante para a resolução do processo não foi considerado pelo juiz, embora existisse ou não existisse.

c) Foi aplicada uma norma que depois foi declarada inconstitucional pelo Supremo Tribunal Federal.

20. FONAJE (FÓRUM NACIONAL DE JUIZADOS ESPECIAIS)[71]

O Fonaje foi instalado no ano de 1997, sob a denominação de Fórum Permanente de Coordenadores de Juizados Especiais Cíveis e Criminais do Brasil, e sua idealização surgiu da necessidade de se aprimorar a prestação dos serviços judiciários nos Juizados Especiais, com base na troca de informações e, sempre que possível, na padronização dos procedimentos adotados em todo o território nacional.

São objetivos do Fonaje:

a) Congregar Magistrados do Sistema de Juizados Especiais e suas Turmas Recursais;

b) Uniformizar procedimentos, expedir enunciados, acompanhar, analisar e estudar os projetos legislativos e promover o Sistema de Juizados Especiais;

c) Colaborar com os poderes Judiciário, Legislativo e Executivo da União, dos Estados e do Distrito Federal, bem como com os órgãos públicos e entidades privadas, para o aprimoramento da prestação jurisdicional.

Para os interessados sugerimos acessar o site do CNH e verificar todos os 173 Enunciados Cíveis que ali se encontram listados. Há também Enunciados na área penal e Fazenda Pública, porém o que importa nesta lição são os cíveis.[72]

---

70. CPC, Art. 975. O direito à rescisão se extingue em 2 (dois) anos contados do trânsito em julgado da última decisão proferida no processo.

§ 1º Prorroga-se até o primeiro dia útil imediatamente subsequente o prazo a que se refere o caput, quando expirar durante férias forenses, recesso, feriados ou em dia em que não houver expediente forense.

§ 2º Se fundada a ação no inciso VII do art. 966, o termo inicial do prazo será a data de descoberta da prova nova, observado o prazo máximo de 5 (cinco) anos, contado do trânsito em julgado da última decisão proferida no processo.

§ 3º Nas hipóteses de simulação ou de colusão das partes, o prazo começa a contar, para o terceiro prejudicado e para o Ministério Público, que não interveio no processo, a partir do momento em que têm ciência da simulação ou da colusão.

71. Conforme notícia disponível no site do CNJ: https://www.cnj.jus.br/programas-e-acoes/juizados-especiais/enunciados-fonaje/

72. Disponível em <https://www.cnj.jus.br/enunciados-civeis/> acesso 23/01/25.

Lição 16
JUIZADOS ESPECIAIS CÍVEIS FEDERAIS

> **Sumário:** 1. Notas introdutórias – 2. Causas que podem ser propostas no JEF – 3. Citação da fazenda pública – 4. Instrução probatória e da sentença – 5. Dos recursos – 6. Da importância dos Juizados Especiais Federais.

1. NOTAS INTRODUTÓRIAS

Nesta lição procuraremos apontar apenas as diferenças que reputamos mais importantes nos Juizados Especiais Federais (Lei nº 10.259/01), tendo em vista que o disciplinamento dos Juizados Especiais Estaduais (da Lei nº 9.099/95) é aplicado subsidiariamente ao seu procedimento (JEF, art. 1º).[1]

Significa dizer que quando não houver uma disposição específica regulado na lei que criou os Juizados Especiais Federais, será aplicada a norma que disciplina os Juizados Especiais Estaduais.

Com relação à competência, o autor não tem a opção de escolha entre o órgão e as varas cíveis, porque no foro onde estiver instalada Vara do Juizado Especial, a sua competência é absoluta (ver JEF, art. 3º, § 3º).

> **Importante:** nos Juizados Especiais Federais não há juízes leigos, mas apenas juízes togados.[2]

Uma pergunta muito frequente é: Que tipos de ações podem ser propostas nos Juizados Especiais Federais?

Resposta: Os JEFs julgam causas cíveis e criminais que envolvam pessoas físicas/ pequenas empresas e órgãos da Administração Federal, tais como: União, autarquias federais e empresas públicas federais (SUS, INSS, Banco Central, Correios, Universidades Federais, Conselhos Profissionais, Caixa Econômica Federal).

No âmbito das relações civis, os juizados especiais julgam causas com o valor de até 60 (sessenta) salários mínimos, tais como indenizações devidas pela União,

---

1. JEF, Art. 1º São instituídos os Juizados Especiais Cíveis e Criminais da Justiça Federal, aos quais se aplica, no que não conflitar com esta Lei, o disposto na Lei nº 9.099, de 26 de setembro de 1995.
2. Houve uma proposta legislativa que visava criar a função do juiz leigo nos Juizados Especiais Federais, porém tal proposta foi arquivada pela Câmara dos Deputados em 2019 (projeto de lei (PL 1320/2011).

autarquias federais, fundações federais, empresas públicas federais; revisão de contrato habitacional com financiamento da CEF: concessão e revisão de benefício previdenciário negado pelo INSS; causas sobre saldos de contas de FGTS e de PIS; causas envolvendo impostos federais; causas sobre crédito educativo ou FIES – Financiamento Estudantil, dentre outros.

As pessoas podem ingressar nos juizados representadas por advogado particular ou mesmo através dos serviços de assistência judiciária de universidades ou Defensor Público Federal (nesse caso através da Defensoria Pública da União).

Pode também ingressar sem a representação de advogado/defensor. Nesse caso, o pedido pode ser feito diretamente pela parte interessada no sistema de processo eletrônico pelo serviço *jus postulandi*. Também pode comparecer pessoalmente na sede do juizado federal mais próxima, pois no local sempre haverá um funcionário disponível para ouvir/redigir a sua reclamação.[3]

2. CAUSAS QUE PODEM SER PROPOSTAS NO JEF

Serão processadas perante os Juizados Especiais Federais as causas até 60 (sessenta) salários mínimos, quando a competência for a constitucional da Justiça Federal,[4] bem como executar as suas sentenças (JEF, art. 3º).[5]

Entretanto, por força do que dispõe o art. 3º, § 1º, não estão incluídas na competência dos Juizados Especiais Federais as causas:

a) Referidas no art. 109, incisos II (causas entre Estado estrangeiro ou organismo internacional e Município ou pessoa domiciliada ou residente no país); III (causas fundadas em tratado ou contrato da União com Estado estrangeiro ou organismo internacional); e, XI (disputa sobre direitos indígenas), da Constituição Federal, as ações de mandado de segurança, de desapropriação, de divisão e demarcação, populares, execuções fiscais e por improbidade

---

3. Algumas dessas informações foram coletadas das instruções fornecidas pelo TRF-4, disponível em: <https://www.trf4.jus.br/trf4/controlador.php?acao=pagina_visualizar&id_pagina=2405>. Acesso em 27/11/2024.

4. Ver CF, 109.

5. JEF, Art. 3º Compete ao Juizado Especial Federal Cível processar, conciliar e julgar causas de competência da Justiça Federal até o valor de sessenta salários mínimos, bem como executar as suas sentenças.

§ 1º Não se incluem na competência do Juizado Especial Cível as causas:

I – referidas no art. 109, incisos II, III e XI, da Constituição Federal, as ações de mandado de segurança, de desapropriação, de divisão e demarcação, populares, execuções fiscais e por improbidade administrativa e as demandas sobre direitos ou interesses difusos, coletivos ou individuais homogêneos;

II – sobre bens imóveis da União, autarquias e fundações públicas federais;

III – para a anulação ou cancelamento de ato administrativo federal, salvo o de natureza previdenciária e o de lançamento fiscal;

IV – que tenham como objeto a impugnação da pena de demissão imposta a servidores públicos civis ou de sanções disciplinares aplicadas a militares.

§ 2º Quando a pretensão versar sobre obrigações vincendas, para fins de competência do Juizado Especial, a soma de doze parcelas não poderá exceder o valor referido no art. 3º, *caput*.

§ 3º No foro onde estiver instalada Vara do Juizado Especial, a sua competência é absoluta.

administrativa e as demandas sobre direitos ou interesses difusos, coletivos ou individuais homogêneos.

b) Sobre bens imóveis da União, autarquias e fundações públicas federais;

c) Para a anulação ou cancelamento de ato administrativo federal, **salvo o de natureza previdenciária e o de lançamento fiscal.**

d) Que tenham como objeto a impugnação da pena de demissão imposta a servidores públicos civis ou de sanções disciplinares aplicadas a militares.

Outra diferença marcante entre os Juizados Especiais Estaduais e os Federais é que nestes últimos **o acesso é franqueado**, independentemente de capacidade postulatória, sendo facultado às partes nomear representantes, advogado ou não (JEF, art. 10).[6]

É preciso dizer que nos Juizados Especiais Federais o ente público **não goza de prazo diferenciado** (JEF, art. 9º),[7] havendo apenas a exigência de que a citação para comparecimento na audiência de conciliação ocorra com antecedência mínima de 30 (trinta) dias. Também **não haverá reexame necessário de sentença** (JEF, art. 13).[8]

Também é importante destacar que o único recurso admitido nos Juizados Especiais Federais é aquele que será interposto contra sentença definitiva, ressalvada a hipótese de se recorrer das medidas cautelares (ver JEF, art. 4º), exceção que se justifica em face das peculiaridades das medidas provisórias (JEF, art. 5º).[9]

3. CITAÇÃO DA FAZENDA PÚBLICA

A citação da União é feita nas pessoas indicadas nos artigos 35 a 38 da Lei Complementar 73/93. No caso de autarquias, fundações e empresas públicas será feita na pessoa do representante máximo da entidade, no local onde proposta a causa, quando ali instalado seu escritório ou representação; se não, na sede da entidade.

4. INSTRUÇÃO PROBATÓRIA E DA SENTENÇA

No que se refere a instrução probatória, é preciso registrar que o procedimento nos Juizados Especiais Federais **prevê a prova pericial**, entretanto de forma sumária, sendo o perito nomeado pelo juiz para apresentar **laudo em até 5 (cinco) dias antes da audiência**, independentemente de intimação das partes (JEF, art. 12).[10]

---

6. JEF, Art. 10. As partes poderão designar, por escrito, representantes para a causa, advogado ou não.
   Parágrafo único. Os representantes judiciais da União, autarquias, fundações e empresas públicas federais, bem como os indicados na forma do caput, ficam autorizados a conciliar, transigir ou desistir, nos processos da competência dos Juizados Especiais Federais.
7. JEF, Art. 9º Não haverá prazo diferenciado para a prática de qualquer ato processual pelas pessoas jurídicas de direito público, inclusive a interposição de recursos, devendo a citação para audiência de conciliação ser efetuada com antecedência mínima de trinta dias.
8. JEF, Art. 13. Nas causas de que trata esta Lei, não haverá reexame necessário.
9. JEF, Art. 5º Exceto nos casos do art. 4º, somente será admitido recurso de sentença definitiva.
10. JEF, Art. 12. Para efetuar o exame técnico necessário à conciliação ou ao julgamento da causa, o Juiz no meará pessoa habilitada, que apresentará o laudo até cinco dias antes da audiência, independentemente de intimação das partes.

Atenção: nas ações previdenciárias e nas relativas à assistência social as partes serão intimadas para, em 10 (dez) dias, apresentar quesitos e indicar assistentes.

As partes serão intimadas da sentença no ato, se proferida na audiência ou por correio, com aviso de recebimento. As demais intimações das partes serão feitas na pessoa dos advogados ou dos Procuradores que estejam presentes nos autos, pessoalmente ou por via postal (JEF, art. 8°).[11]

Na hipótese de condenação ao pagamento de quantia certa, transitada em julgado a sentença, **o pagamento será feito em até 60 (sessenta) dias (contados da entrega da requisição à autoridade), na agência mais próxima da Caixa Econômica Federal ou do Banco do Brasil**, dispensado precatório (JEF, art. 17);[12] sendo determinado o sequestro de numerário, na hipótese de não pagamento.

5. DOS RECURSOS

Nos Juizados Especiais Federais o recurso a ser interposto contra a sentença é denominado de **recurso ordinário**, e será julgado por um colegiado de juízes de primeiro grau, sendo seu prazo de interposição o mesmo do recurso inominado nos Juizados Especiais Estaduais, ou seja, 10 (dez) dias.

---

§ 1° Os honorários do técnico serão antecipados à conta de verba orçamentária do respectivo Tribunal e, quando vencida na causa a entidade pública, seu valor será incluído na ordem de pagamento a ser feita em favor do Tribunal.

§ 2° Nas ações previdenciárias e relativas à assistência social, havendo designação de exame, serão as partes intimadas para, em dez dias, apresentar quesitos e indicar assistentes.

11. JEF, Art. 8° As partes serão intimadas da sentença, quando não proferida esta na audiência em que estiver presente seu representante, por ARMP (aviso de recebimento em mão própria).

§ 1° As demais intimações das partes serão feitas na pessoa dos advogados ou dos Procuradores que oficiem nos respectivos autos, pessoalmente ou por via postal.

§ 2° Os tribunais poderão organizar serviço de intimação das partes e de recepção de petições por meio eletrônico.

12. JEF, Art. 17. Tratando-se de obrigação de pagar quantia certa, após o trânsito em julgado da decisão, o pagamento será efetuado no prazo de sessenta dias, contados da entrega da requisição, por ordem do Juiz, à autoridade citada para a causa, na agência mais próxima da Caixa Econômica Federal ou do Banco do Brasil, independentemente de precatório.

§ 1° Para os efeitos do § 3° do art. 100 da Constituição Federal, as obrigações ali definidas como de pequeno valor, a serem pagas independentemente de precatório, terão como limite o mesmo valor estabelecido nesta Lei para a competência do Juizado Especial Federal Cível (art. 3°, *caput*).

§ 2° Desatendida a requisição judicial, o Juiz determinará o sequestro do numerário suficiente ao cumprimento da decisão.

§ 3° São vedados o fracionamento, repartição ou quebra do valor da execução, de modo que o pagamento se faça, em parte, na forma estabelecida no § 1° deste artigo, e, em parte, mediante expedição do precatório, e a expedição de precatório complementar ou suplementar do valor pago.

§ 4° Se o valor da execução ultrapassar o estabelecido no § 1°, o pagamento farse-á, sempre, por meio do precatório, sendo facultado à parte exequente a renúncia ao crédito do valor excedente, para que possa optar pelo pagamento do saldo sem o precatório, da forma lá prevista.

LIÇÃO 16 • JUIZADOS ESPECIAIS CÍVEIS FEDERAIS

Mesmo não havendo menção na Lei em estudo, cabe agravo de instrumento contra decisão concessiva de tutela provisória (ver JEF. arts. 4º e 5º), a ser interposto diretamente no segundo grau e com a obediência às regras atinentes ao disciplinamento do agravo de instrumento regulado no Código de Processo Civil.

A Lei dos Juizados Federais prevê ainda o incidente de "**uniformização de interpretação**" de lei federal, na hipótese em que ocorram divergências sobre questões de direito material entre decisões proferidas por Turmas Recursais (JEF, art. 14)[13] e quando a orientação acolhida pela Turma de Uniformização contrariar súmula ou jurisprudência dominante no STJ, o interessado poderá provocar a manifestação deste Tribunal, inclusive sendo possível requerer ao Relator que suspenda os processos em que a controvérsia esteja estabelecida.

6. DA IMPORTÂNCIA DOS JUIZADOS ESPECIAIS FEDERAIS

Já falamos, mas vale repetir: os JEFs são órgãos do poder judiciário federal que julgam causas cíveis e criminais de menor complexidade, envolvendo o cidadão e órgãos da administração pública federal.

---

13. JEF, Art. 14. Caberá pedido de uniformização de interpretação de lei federal quando houver divergência entre decisões sobre questões de direito material proferidas por Turmas Recursais na interpretação da lei.

§ 1º O pedido fundado em divergência entre Turmas da mesma Região será julgado em reunião conjunta das Turmas em conflito, sob a presidência do Juiz Coordenador.

§ 2º O pedido fundado em divergência entre decisões de turmas de diferentes regiões ou da proferida em contrariedade a súmula ou jurisprudência dominante do STJ será julgado por Turma de Uniformização, integrada por juízes de Turmas Recursais, sob a presidência do Coordenador da Justiça Federal.

§ 3º A reunião de juízes domiciliados em cidades diversas será feita pela via eletrônica.

§ 4º Quando a orientação acolhida pela Turma de Uniformização, em questões de direito material, contrariar súmula ou jurisprudência dominante no Superior Tribunal de Justiça STJ, a parte interessada poderá provocar a manifestação deste, que dirimirá a divergência.

§ 5º No caso do § 4º, presente a plausibilidade do direito invocado e havendo fundado receio de dano de difícil reparação, poderá o relator conceder, de ofício ou a requerimento do interessado, medida liminar determinando a suspensão dos processos nos quais a controvérsia esteja estabelecida.

§ 6º Eventuais pedidos de uniformização idênticos, recebidos subsequentemente em quaisquer Turmas Recursais, ficarão retidos nos autos, aguardando-se pronunciamento do Superior Tribunal de Justiça.

§ 7º Se necessário, o relator pedirá informações ao Presidente da Turma Recursal ou Coordenador da Turma de Uniformização e ouvirá o Ministério Público, no prazo de cinco dias. Eventuais interessados, ainda que não sejam partes no processo, poderão se manifestar, no prazo de trinta dias.

§ 8º Decorridos os prazos referidos no § 7º, o relator incluirá o pedido em pauta na Seção, com preferência sobre todos os demais feitos, ressalvados os processos com réus presos, os habeas corpus e os mandados de segurança.

§ 9º Publicado o acórdão respectivo, os pedidos retidos referidos no § 6º serão apreciados pelas Turmas Recursais, que poderão exercer juízo de retratação ou declará-los prejudicados, se veicularem tese não acolhida pelo Superior Tribunal de Justiça.

§ 10. Os Tribunais Regionais, o Superior Tribunal de Justiça e o Supremo Tribunal Federal, no âmbito de suas competências, expedirão normas regulamentando a composição dos órgãos e os procedimentos a serem adotados para o processamento e o julgamento do pedido de uniformização e do recurso extraordinário.

Podemos afirmar que os JEFs representam uma revolução nos procedimentos da Justiça Federal, seja em termos de gestão de tempo para a análise de processos, seja reduzindo a burocracia dos procedimentos e, com isso, trazendo benefícios para a imensa maioria da população brasileira, principalmente aqueles pobres e desassistidos.

O então presidente do Superior Tribunal de Justiça (STJ), ministro Humberto Martins, afirmou, em 24/05/2021, que a criação dos juizados especiais teve papel fundamental para facilitar a solução dos conflitos na sociedade, garantindo um processo rápido, eficiente e gratuito.

Disse mais: "no momento em que comemoramos duas décadas da edição da Lei 10.259/2001, é importante ressaltar a verdadeira revolução criada por esse sistema de solução de conflitos, que possibilitou a todos o acesso direto à máquina judiciária, ao exercício da cidadania e, por consequência, à inclusão social".[14]

Sendo assim, importante destacar que os Juizados Especiais Federais (JEFs) são importantes por várias razões, cabendo destacar as seguintes justificativas:

a) oferecem uma justiça ágil, eficiente e gratuita;

b) contribuem para a credibilidade do poder judiciário;

c) promovem a assistência judiciária gratuita;

d) aproximam o cidadão da justiça;

e) simplifica o processo ao reduzir as etapas processuais;

f) também por buscar a conciliação como forma de solução do conflito das partes; e,

g) foram criados para facilitar o acesso à justiça, principalmente daqueles que têm poucos recursos financeiros e não podem contratar um advogado.

Por fim cabe destacar que na primeira fase do processo – ou seja, desde quando a pessoa entra com o seu pedido até o julgamento desse pedido pelo juiz, não se paga absolutamente nada. Apenas se a pessoa entrar com recurso contra a sentença, poderá haver despesas processuais, mas, nesse caso, quem não puder pagar pode pedir ao juiz o benefício da assistência judiciária gratuita e, sendo concedida, não terá nenhuma despesa.

---

14. A declaração foi feita num evento em comemoração aos 20 (vinte) anos dos juizados especiais federais, realizado virtualmente pela seccional fluminense da Ordem dos Advogados do Brasil (OAB) e pela Caixa de Assistência dos Advogados do Rio de Janeiro (CAARJ), conforme consta no site do STJ <https://www.stj.jus.br/sites/portalp/Paginas/Comunicacao/Noticias/24052021-Presidente-do-STJ-destaca-importancia-dos-juizados-especiais-para-a-solucao-de-conflitos.aspx>.

Lição 17
AÇÕES CONSTITUCIONAIS

Sumário: 1. Mandado de segurança; 1.1 Legitimidade ativa; 1.2 Legitimidade passiva; 1.3 Legitimidade passiva e a teoria da encampação; 1.4 Autoridades públicas por equiparação; 1.5 Autoridade judicial; 1.6 Direito líquido e certo; 1.7 Processamento do mandado de segurança – 2. Mandado de injunção; 2.1 Pressupostos; 2.2 Legitimados; 2.3 Competência; 2.4 Processamento – 3. *Habeas data* – 4. Ação popular; 4.1 Legitimação; 4.2 Dispensa de despesas processuais; 4.3 Atos que podem ser considerados lesivos; 4.4 Efeitos da sentença; 4.5 Prazo prescricional.

---

1. MANDADO DE SEGURANÇA

Mandado de segurança é o remédio jurídico processual, previsto na Constituição Federal (ver CF, art. 5º, LXIX),[1] regulado pela Lei nº 12.016/09, cuja finalidade precípua é impedir atos executivos que firam ou ameacem direitos e garantias individuais ou coletivos, não amparados por *habeas corpus* ou *habeas data* (MS, art. 1º).[2]

1.1 Legitimidade ativa

Qualquer cidadão, brasileiro ou estrangeiro, bem como qualquer pessoa jurídica (pública ou privada) pode utilizar do procedimento do mandado de segurança

---

1. CF, art. 5º, LXIX – conceder-se-á mandado de segurança para proteger direito líquido e certo, não amparado por habeas corpus ou habeas data, quando o responsável pela ilegalidade ou abuso de poder for autoridade pública ou agente de pessoa jurídica no exercício de atribuições do Poder Público.
2. MS, art. 1º Conceder-se-á mandado de segurança para proteger direito líquido e certo, não amparado por habeas corpus ou habeas data, sempre que, ilegalmente ou com abuso de poder, qualquer pessoa física ou jurídica sofrer violação ou houver justo receio de sofrê-la por parte de autoridade, seja de que categoria for e sejam quais forem as funções que exerça.

   § 1º Equiparam-se às autoridades, para os efeitos desta Lei, os representantes ou órgãos de partidos políticos e os administradores de entidades autárquicas, bem como os dirigentes de pessoas jurídicas ou as pessoas naturais no exercício de atribuições do poder público, somente no que disser respeito a essas atribuições.

   § 2º Não cabe mandado de segurança contra os atos de gestão comercial praticados pelos administradores de empresas públicas, de sociedade de economia mista e de concessionárias de serviço público.

   § 3º Quando o direito ameaçado ou violado couber a várias pessoas, qualquer delas poderá requerer o mandado de segurança.

como forma de garantir direito líquido e certo contra ato abusivo praticado por autoridade pública.

1.2 Legitimidade passiva

A legitimidade passiva é da autoridade pública que praticou o ato tido como abusivo, embora a doutrina entenda que também é legitimada a pessoa jurídica de direito público em cujo nome aquele agente público atuou ferindo direitos alheios.

1.3 Legitimidade passiva e a teoria da encampação

Quando se trata da legitimidade passiva em mandado de segurança, foi desenvolvida a teoria da encampação que se aplica quando a autoridade indicada como a coatora não é a correta, mas possa existir: (i) vínculo hierárquico entre a autoridade que prestou as informações e aquela que determinou a prática do ato; (ii) manifestação sobre o mérito nas informações prestadas, e; (iii) ausência de modificação na competência constitucionalmente estabelecida.[3]

Essa teoria da encampação foi desenvolvida com a finalidade de facilitar o acesso ao Judiciário, evitando exageros formalísticos e priorizando o direito material.

É o caso, por exemplo, de um julgado do Superior Tribunal de Justiça (STJ) no qual um candidato aprovado em concurso público alegou direito líquido e certo à nomeação, razão pela qual impetrou mandado de segurança contra o secretário estadual de administração, o qual, por delegação do governador, teria competência para nomear os servidores. Ocorre que a justiça estadual julgou o processo extinto por entender que a competência para nomeação seria do governador e não do secretário de educação.

No STJ, o relator, ministro Napoleão Nunes Maia Filho, deu provimento ao recurso e remeteu o processo de volta à Justiça estadual para que analisasse o mérito do pedido, destacando que tal situação, segundo ele, trazia "notável redução" na eficiência da ação constitucional, além de complicar, muitas vezes, a identificação do agente estatal legitimado passivamente, o que levou à criação de entendimentos e teorias como a da encampação, sempre com o objetivo de facilitar o acesso ao Judiciário por meio do afastamento de exageros formalísticos em detrimento do próprio direito material.

Ainda na fundamentação de seu voto o ilustre ex-ministro destacou que a autoridade indicada como coatora, no caso julgado, era vinculada à mesma pessoa jurídica de direito público da qual deveria emanar o ato de nomeação. Além disso,

---

3. (STJ, AgInt no RMS 39.158/MG, Relatora: Ministra Regina Helena Costa, Primeira Turma, DJe 11/05/2017).

LIÇÃO 17 • AÇÕES CONSTITUCIONAIS **185**

ao prestar informações, o secretário enfrentou o mérito e sustentou que o candidato não deveria ser nomeado. Tais fatos, para o relator, permitem afastar o fundamento da ilegitimidade passiva e determinou o prosseguimento da demanda.[4]

1.4 Autoridades públicas por equiparação

Cumpre observar que a finalidade do mandado de segurança é enfrentar ato administrativo praticado por autoridade pública no exercício de suas funções. Contudo, muitas vezes o Estado delega suas funções aos particulares que, embora tenha natureza privada na sua constituição, estarão praticados atos que se revestem de natureza pública.

Nessas circunstâncias a lei que rege a matéria equipara a autoridade pública, para os fins do mandado de segurança, os representantes ou órgãos de partidos políticos; administradores de autarquias; e, dirigentes de pessoas jurídicas ou pessoas naturais no exercício de atribuições do poder público (ver MS, art. 1º, § 1º).

Atenção: não cabe mandado de segurança contra os atos de gestão comercial praticados pelos administradores de empresas públicas, de sociedade de economia mista e de concessionárias de serviço público, porque a estes entes se aplicam as regras do direito privado.

1.5 Autoridade judicial

O ato judicial que a parte pretenda contestar normalmente tem recurso próprio previstos na legislação processual de sorte a afirmar que, como regra, não cabe mandado de segurança contra ato judicial (MS, art. 5º, II).[5]

Ocorre que é perfeitamente possível que o ato judicial não tenha previsão de recurso a ser manejado e tal ato seja passível de causar graves danos ou prejuízo à parte quando então, perfeitamente cabível o mandado de segurança.

Como exemplo podemos mencionar o fato de o Novo CPC ter limitado a utilização do agravo de instrumento às hipóteses expressamente previstas no art. 1.015. Nessas circunstâncias, se um ato judicial for capaz de causar graves danos à parte e tal ato não seja passível de enfrentamento por agravo de instrumento, entendemos ser perfeitamente possível o manejo do mandado de segurança para desconstituir o ato judicial praticado que se reputa danoso.

---

4. (STJ, RMS nº 42.070 – TO (2013/0113889-9, Relator: Ministro Napoleão Nunes Maia Filho, j. 1º de agosto de 2017).

5. MS, art. 5º Não se concederá mandado de segurança quando se tratar:

    I – de ato do qual caiba recurso administrativo com efeito suspensivo, independentemente de caução;

    II – de decisão judicial da qual caiba recurso com efeito suspensivo;

    III – de decisão judicial transitada em julgado.

Aliás, o STJ tem admitido mandado de segurança contra qualquer decisão judicial, em situações excepcionais desde que a decisão possa se encaixar dentre as seguintes hipóteses: a) decisão judicial manifestamente ilegal ou teratológica; b) decisão judicial contra a qual não caiba recurso; c) para imprimir efeito suspensivo a recurso desprovido de tal atributo; e, d) quando impetrado por terceiro prejudicado por decisão judicial.[6]

1.6 Direito líquido e certo

Direito líquido e certo é aquele aferível *prima facie*, isto é, possível de ser comprovado por documentos inequívocos, sem a necessidade de instrução probatória.

É aquele direito que salta aos olhos, sumariamente comprovado de forma inequívoca. Se o direito pleiteado depender de comprovação a ser realizada no processo, não será o caso de mandado de segurança.

Como ensina Hely Lopes Meirelles, o "direito líquido e certo é o que se apresenta manifesto na sua existência, delimitado na sua extensão e apto a ser exercido no momento da impetração. Por outras palavras, o direito invocado, para ser amparável por mandado de segurança, há de vir expresso em norma legal e trazer em si todos os requisitos e condições de sua aplicação ao impetrante: se sua existência for duvidosa, se sua extensão ainda não estiver delimitada, se seu exercício depender de situações e fatos ainda indeterminados, não rende ensejo à segurança".[7]

1.7 Processamento do mandado de segurança

Primeiramente devemos destacar que há um **prazo decadencial** para a utilização do mandado de segurança que é de 120 (cento e vinte) dias, contado da ciência do ato pela pessoa interessada (MS, art. 23).[8]

Outra questão importante é a **competência** que, nesse caso, é definida em razão da autoridade tida como coatora. É ela que define se a justiça competente será a federal ou a estadual, como também determinar o foro competente. Cumpre observar que algumas pessoas têm, por assim dizer, foro privilegiado, tanto no âmbito federal (como exemplo veja-se a CF, art. 102, I, 'd') quanto estadual e municipal (nesse caso ver as respectivas constituições estaduais).

O juiz pode conceder **medida liminar**, *in limine litis*, para suspender imediatamente o ato que se pretende impugnar. Para isso o autor deve atender a dois requisitos fundamentais: demonstrar a relevância da matéria e o risco de ineficácia do provimento final. A concessão ou a negativa de liminar autoriza o manejo do agravo

---

6. (STJ, RMS n. 49.020-SP, rel. Min. Raul Araújo, j. 10.11.2015).
7. MEIRELLES, Hely Lopes. *Mandado de Segurança*. 22 ed. São Paulo: Malheiros, 2000.
8. MS, art. 23. O direito de requerer mandado de segurança extinguir-se-á decorridos 120 (cento e vinte) dias, contados da ciência, pelo interessado, do ato impugnado.

LIÇÃO 17 • AÇÕES CONSTITUCIONAIS **187**

de instrumento. Contudo há situações que a lei expressamente veda a concessão de liminar (MS, 7º, § 2º)[9], que são:

a) Compensação de crédito tributários;

b) Entrega de mercadorias e bens vindos do exterior;

c) Reclassificação ou equiparação de servidores públicos; bem como a Concessão de aumento ou extensão de vantagens; e, o pagamento de qualquer natureza.

Quanto à questão da **dilação probatória** é importante destacar que o autor deve instruir sua petição inicial com todos os documentos aptos a comprovar o direito lesionado e o seu patrono deve declarar sua autenticidade. A petição deve ser apresentada em duas vias e a segunda via deve ser acompanhada de cópia de todos os documentos que instruíram o original, medida esta dispensável se os autos forem eletrônicos. Se os documentos estiverem em poder de terceiros o juiz pode determinar que sejam aportados ao processo (MS, art. 6º).[10]

---

9. MS, art. 7º Ao despachar a inicial, o juiz ordenará:

I – que se notifique o coator do conteúdo da petição inicial, enviando-lhe a segunda via apresentada com as cópias dos documentos, a fim de que, no prazo de 10 (dez) dias, preste as informações;

II – que se dê ciência do feito ao órgão de representação judicial da pessoa jurídica interessada, enviando-lhe cópia da inicial sem documentos, para que, querendo, ingresse no feito;

III – que se suspenda o ato que deu motivo ao pedido, quando houver fundamento relevante e do ato impugnado puder resultar a ineficácia da medida, caso seja finalmente deferida, sendo facultado exigir do impetrante caução, fiança ou depósito, com o objetivo de assegurar o ressarcimento à pessoa jurídica.

§ 1º Da decisão do juiz de primeiro grau que conceder ou denegar a liminar caberá agravo de instrumento, observado o disposto na Lei nº 5.869, de 11 de janeiro de 1973 – Código de Processo Civil (atenção: O CPC/73 foi revogado pela lei 13.105/15 – ver art. 1.015).

§ 2º Não será concedida medida liminar que tenha por objeto a compensação de créditos tributários, a entrega de mercadorias e bens provenientes do exterior, a reclassificação ou equiparação de servidores públicos e a concessão de aumento ou a extensão de vantagens ou pagamento de qualquer natureza.

§ 3º Os efeitos da medida liminar, salvo se revogada ou cassada, persistirão até a prolação da sentença.

§ 4º Deferida a medida liminar, o processo terá prioridade para julgamento.

§ 5º As vedações relacionadas com a concessão de liminares previstas neste artigo se estendem à tutela antecipada a que se referem os arts. 273 e 461 da Lei nº 5.869, de 11 janeiro de 1973 – Código de Processo Civil (atenção: O CPC/73 foi revogado pela lei 13.105/15 – ver arts. 294 a 311).

10. MS, art. 6º A petição inicial, que deverá preencher os requisitos estabelecidos pela lei processual, será apresentada em 2 (duas) vias com os documentos que instruírem a primeira reproduzidos na segunda e indicará, além da autoridade coatora, a pessoa jurídica que esta integra, à qual se acha vinculada ou da qual exerce atribuições.

§ 1º No caso em que o documento necessário à prova do alegado se ache em repartição ou estabelecimento público ou em poder de autoridade que se recuse a fornecê-lo por certidão ou de terceiro, o juiz ordenará, preliminarmente, por ofício, a exibição desse documento em original ou em cópia autêntica e marcará, para o cumprimento da ordem, o prazo de 10 (dez) dias. O escrivão extrairá cópias do documento para juntá-las à segunda via da petição.

§ 2º Se a autoridade que tiver procedido dessa maneira for a própria coatora, a ordem far-se-á no próprio instrumento da notificação.

§ 3º Considera-se autoridade coatora aquela que tenha praticado o ato impugnado ou da qual emane a ordem para a sua prática.

§ 4º (Vetado)

Ademais, para que os documentos juntados com a inicial do *mandamus* perca a fé como prova pré-constituída, é necessário que a autoridade impetrada a impugne especificamente, sendo insuficiente para essa finalidade a mera alegação de que a cópia não está autenticada. Nos termos do *caput* do artigo 422 do CPC: "Qualquer reprodução mecânica, como a fotográfica, a cinematográfica, a fonográfica ou de outra espécie, tem aptidão para fazer prova dos fatos ou das coisas representadas, se a sua conformidade com o documento original não for impugnada por aquele contra quem foi produzida".

Recebida a petição e verificada sua regularidade o magistrado determinará a **notificação** (vai funcionar como citação) da autoridade coatora para que, no prazo de 10 (dez) dias, preste suas informações. A pessoa jurídica à qual está vinculado o coator também será notificada para, se tiver interesse, ingressar no processo (não há prazo para isso).

A **sentença** proferida no mandado de segurança nem sempre enfrenta o mérito da questão porquanto muitas vezes o pedido pode ser denegado porque o impetrante não comprovou seu direito líquido e certo ou porque o ato atacado não foi comprovado como ilegal. Quando o mandado é concessivo, há um julgamento de mérito e produzirá todos os efeitos da coisa julgada; mesmo sendo denegado também pode fazer coisa julgada quando for reconhecido que o autor não tem o direito pleiteado. Quando a improcedência se der por insuficiência de prova, o impetrante tem duas opções: pode renovar o mandado de segurança instruindo-o com as provas necessárias ou recorrer as vias ordinárias (MS, art. 19).[11]

2. MANDADO DE INJUNÇÃO

É o remédio constitucional cabível para a regulamentação de direitos e garantias fundamentais do cidadão que não estão positivados (total ou parcialmente) em razão da inércia do Poder Público responsável pela implementação da medida (CF, art. 5º, LXXI).[12]

É muito assemelhada à Ação Direta de Inconstitucionalidade (ADIn) por Omissão, diferenciando-se desta essencialmente por ser usado num caso concreto, enquanto aquela resulta do controle concentrado de constitucionalidade pelo STF.

---

§ 5º Denega-se o mandado de segurança nos casos previstos pelo art. 267 da Lei nº 5.869, de 11 de janeiro de 1973 – Código de Processo Civil (atenção: O CPC/73 foi revogado pela lei 13.105/15 – ver arts. 294 a 311).

§ 6º O pedido de mandado de segurança poderá ser renovado dentro do prazo decadencial, se a decisão denegatória não lhe houver apreciado o mérito.

11. MS, art. 19. A sentença ou o acórdão que denegar mandado de segurança, sem decidir o mérito, não impedirá que o requerente, por ação própria, pleiteie os seus direitos e os respectivos efeitos patrimoniais.

12. CF, art. 5º. LXXI – conceder-se-á mandado de injunção sempre que a falta de norma regulamentadora torne inviável o exercício dos direitos e liberdades constitucionais e das prerrogativas inerentes à nacionalidade, à soberania e à cidadania.

O sempre lembrando Hely Lopes Meirelles ao conceituar o instituto, o fez da seguinte forma: "Mandado de Injunção é o meio constitucional posto à disposição de quem se considerar prejudicado pela falta de norma regulamentadora que torne inviável o exercício dos direitos e liberdade constitucionais e das prerrogativas inerentes à nacionalidade, à soberania e à cidadania" (CF, art. 5º, LXXI).[13]

O objeto, portanto, desse mandado é a proteção de quaisquer direitos e liberdades constitucionais, individuais e coletivos, de pessoa física ou jurídica, e de franquias relativas à nacionalidade, à soberania popular e à cidadania, que torne possível sua fruição por inação do Poder Público em expedir normas regulamentadoras pertinentes.

2.1 Pressupostos

Segundo o mestre Humberto Theodoro Junior,[14] cabimento do mandado de injunção está condicionado a alguns pressupostos, destacando-se os seguintes:

a) Existência de um direito previsto na Constituição, relacionado às liberdades fundamentais, à nacionalidade, à soberania ou à cidadania.

b) Falta de norma reguladora que impeça ou prejudique a fruição destes direitos.

Nestas circunstâncias caberá ao órgão judicial determinar, através do mandado de injunção, a medida adequada à efetivação do preceito constitucional em favor do impetrante.

2.2 Legitimados

Qualquer pessoa, física ou jurídica, tem legitimidade ativa para promover a ação tendente a assegurar os direitos previstos na Constituição Federal, sejam individuais ou mesmo coletivos, tal qual acontece com o mandado de segurança (LMI, art. 3º).[15]

De outro lado, têm legitimidade passiva *ad causam* os entes públicos que tenham a obrigação de editar atos normativos, seja a União, os Estados, Distrito Federal ou os Municípios, incluindo-se suas autarquias e outros órgãos da administração direta ou indireta.

---

13. MEIRELLES, Hely Lopes. MENDES, Gilmar Ferreira. WALD, Arnoldo. *Mandado de segurança e ações constitucionais*. 24ª ed. São Paulo: Malheiros Editores, 2012, p. 328.
14. THEODORO JUNIOR, Humberto. *Curso de Direito Processual Civil*, 42ª. ed. Rio de Janeiro: Forense, 2010, v. III, p. 497.
15. LMI, art. 3º São legitimados para o mandado de injunção, como impetrantes, as pessoas naturais ou jurídicas que se afirmam titulares dos direitos, das liberdades ou das prerrogativas referidos no art. 2º e, como impetrado, o Poder, o órgão ou a autoridade com atribuição para editar a norma regulamentadora.

2.3 Competência

A própria Constituição Federal atribui competência ao Supremo Tribunal Federal (STF) e ao Superior Tribunal de Justiça (STJ), nos seguintes casos:

a) **Ao Supremo Tribunal Federal (STF):**

O mandado de injunção, quando a elaboração da norma regulamentadora for atribuição do Presidente da República, do Congresso Nacional, da Câmara dos Deputados, do Senado Federal, das Mesas de uma dessas Casas Legislativas, do Tribunal de Contas da União, de um dos Tribunais Superiores, ou do próprio Supremo Tribunal Federal; e também, em recurso ordinário, quando decididos em única instância pelos Tribunais Superiores, e tenha denegado o pedido (ver CF, art. 102, I, 'q' e II, 'a').

b) **Superior Tribunal de Justiça (STJ):**

O mandado de injunção, quando a elaboração da norma regulamentadora for atribuição de órgão, entidade ou autoridade federal, da administração direta ou indireta, excetuados os casos de competência do Supremo Tribunal Federal e dos órgãos da Justiça Militar, da Justiça Eleitoral, da Justiça do Trabalho e da Justiça Federal (ver CF, art. 105, I, 'h').

2.4 Processamento

O procedimento para o processamento do mandado de injunção encontra-se na Lei nº 13.300, de 23 de junho de 2016, cujos principais aspectos destacamos a seguir.

Na petição o autor deverá atender os requisitos estabelecidos pela lei processual (ver CPC, arts. 319 e 320), além de indicar o órgão impetrado, a pessoa jurídica que ele integra ou aquela a que está vinculado.

Quando o documento necessário à prova do alegado encontrar-se em repartição ou estabelecimento público, em poder de autoridade ou de terceiro, havendo recusa em fornecê-lo por certidão, no original, ou em cópia autêntica, o autor esclarecerá tal fato e requererá ao juiz que determine, a exibição do documento no prazo de 10 (dez) dias, devendo, nesse caso, ser juntada cópia à segunda via da petição (LMI, art. 4º).[16]

---

16. LMI, art. 4º A petição inicial deverá preencher os requisitos estabelecidos pela lei processual e indicará, além do órgão impetrado, a pessoa jurídica que ele integra ou aquela a que está vinculado.

§ 1º Quando não for transmitida por meio eletrônico, a petição inicial e os documentos que a instruem serão acompanhados de tantas vias quantos forem os impetrados.

§ 2º Quando o documento necessário à prova do alegado encontrar-se em repartição ou estabelecimento público, em poder de autoridade ou de terceiro, havendo recusa em fornecê-lo por certidão, no original, ou em cópia autêntica, será ordenada, a pedido do impetrante, a exibição do documento no prazo de 10 (dez) dias, devendo, nesse caso, ser juntada cópia à segunda via da petição.

§ 3º Se a recusa em fornecer o documento for do impetrado, a ordem será feita no próprio instrumento da notificação.

Recebida a petição inicial e não sendo o caso de indeferimento liminar, o juiz ordenará (LMI, art. 5º):[17]

a) A notificação do impetrado, para que o mesmo se manifeste no prazo de 10 (dez) dias sobre o conteúdo da petição inicial, devendo-lhe ser enviada a segunda via apresentada com as cópias dos documentos.

b) A ciência do ajuizamento da ação ao órgão de representação judicial da pessoa jurídica interessada, devendo-lhe ser enviada cópia da petição inicial, para que, querendo, ingresse no feito.

Findo o prazo para apresentação das informações, será ouvido o Ministério Público, que opinará em 10 (dez) dias, após o que, com ou sem parecer, os autos serão conclusos para decisão (LMI, art. 7º)[18] que, reconhecido o estado de mora legislativa, será deferida a injunção (LMI, art. 8º)[19] para:

a) Determinar prazo razoável para que o impetrado promova a edição da norma regulamentadora;

b) Estabelecer as condições em que se dará o exercício dos direitos, das liberdades ou das prerrogativas reclamados ou, se for o caso, as condições em que poderá o interessado promover ação própria visando a exercê-los, caso não seja suprida a mora legislativa no prazo determinado.

3. *HABEAS DATA*

É a ação de caráter constitucional que assegura o livre acesso de qualquer cidadão às informações relativas a ele próprio, que estejam armazenadas em registros, fichários ou bancos de dados de entidades governamentais ou mesmo privadas com caráter público (ver CF, art. 5º, LXXII).[20]

---

17. LMI, art. 5º Recebida a petição inicial, será ordenada: a notificação do impetrado sobre o conteúdo da petição inicial, devendo-lhe ser enviada a segunda via apresentada com as cópias dos documentos, a fim de que, no prazo de 10 (dez) dias, preste informações; a ciência do ajuizamento da ação ao órgão de representação judicial da pessoa jurídica interessada, devendo-lhe ser enviada cópia da petição inicial, para que, querendo, ingresse no feito.
18. LMI, art. 7º Findo o prazo para apresentação das informações, será ouvido o Ministério Público, que opinará em 10 (dez) dias, após o que, com ou sem parecer, os autos serão conclusos para decisão.
19. LMI, art. 8º Reconhecido o estado de mora legislativa, será deferida a injunção para:

    I – determinar prazo razoável para que o impetrado promova a edição da norma regulamentadora;

    II – estabelecer as condições em que se dará o exercício dos direitos, das liberdades ou das prerrogativas reclamados ou, se for o caso, as condições em que poderá o interessado promover ação própria visando a exercê-los, caso não seja suprida a mora legislativa no prazo determinado.

    Parágrafo único. Será dispensada a determinação a que se refere o inciso I do caput quando comprovado que o impetrado deixou de atender, em mandado de injunção anterior, ao prazo estabelecido para a edição da norma.
20. CF, art. 5º, LXXII – conceder-se-á habeas data:

    a) para assegurar o conhecimento de informações relativas à pessoa do impetrante, constantes de registros ou bancos de dados de entidades governamentais ou de caráter público;

    b) para a retificação de dados, quando não se prefira fazê-lo por processo sigiloso, judicial ou administrativo.

O habeas data, enquanto garantia fundamental, surgiu por meio da promulgação da Constituição Federal Brasileira de 1988, inspirado pelas legislações de Portugal, Espanha e Estados Unidos, que desde os anos 1970 já tratavam dessa temática visando garantir os direitos dos cidadãos quanto ao acesso a seus dados pessoais em bancos de dados. Quer dizer, não existia este instituto no nosso sistema jurídico anterior a atual constituição.

Considera-se de caráter público todo registro ou banco de dados contendo informações que sejam ou que possam ser transmitidas a terceiros ou que não sejam de uso privativo do órgão ou entidade produtora ou depositária das informações. É o típico caso da SERASA que armazena uma série de dados sobre as pessoas com a finalidade negocial de fornecê-las para orientar decisões creditícias de terceiros.

O habeas data é um instrumento jurídico muito importante porque:

a) Permite que os cidadãos tenham controle sobre as suas informações pessoais;

b) Possibilita a correção de dados incorretos;

c) Resguarda a reputação dos cidadãos;

d) Protege o direito à informação;

e) Protege a intimidade e a vida privada das pessoas;

f) Permite que os indivíduos contestem dados imprecisos ou prejudiciais;

g) Salvaguarda contra a divulgação imprópria de informações sensíveis.

A Lei nº 9.507/97 é a que regula o direito de acesso a informações e disciplina o rito processual a ser adotado para a obtenção do habeas data.

Embora seja uma ação de caráter personalíssima, quer dizer, somente serve para retificar ou obter informações do próprio impetrante, a jurisprudência do STF e do STJ tem reconhecido a possibilidade de impetração de habeas data pelo cônjuge sobrevivente para obter dados do marido falecido, na defesa de interesse deste.

De outro lado, cumpre assinalar que a jurisprudência do Superior Tribunal de Justiça (STJ) já firmou entendimento no sentido de que a utilização do *habeas data* está diretamente relacionada à existência de uma pretensão resistida, isto é, consubstanciada na recusa da autoridade em responder ao pedido de informações, seja de forma explícita ou implícita (por omissão ou retardamento no fazê-lo).

Nesse sentido existe até uma súmula antiquíssima que é a Súmula 2, do STJ, datada de 18 de janeiro de 1990 que diz textualmente: "Não cabe o habeas data (CF, art. 5.0., LXXII, letra a) se não houve recusa de informações por parte da autoridade administrativa".

Significa dizer que o impetrante deve fazer a prova de que empreendeu todos os esforços dirigidos diretamente à autoridade coatora, com o intuito de obter as informações a respeito das possíveis irregularidades presentes em seus assentamentos e que deram causa à recusa ao indeferimento de seu benefício. Não comprovada a recusa da autoridade coatora, a pretensão não se revela cognoscível em razão da ausência de pressupostos autorizadores da medida pleiteada.[21]

> **Importante:** para este tipo de ação, não são cobradas custas judiciais. Outra coisa: para ingressar com este tipo de ação, o cidadão precisa estar assistido por advogado(a).

4. AÇÃO POPULAR

A ação popular é o marco histórico no Brasil com vista a proteção dos direitos coletivos da sociedade. Surge no ordenamento jurídico brasileiro através de uma lei esparsa (Lei nº 4.717, de 29 de junho de 1965) e depois foi incorporada à Constituição Federal como um dos direitos fundamentais dos cidadãos (CF, art. 5º, LXXIII).[22]

É preciso destacar que a Constituição de 1988 erigiu a moralidade administrativa em princípio da Administração Pública, dizendo com a probidade e honestidade dos agentes públicos, os quais estão sujeitos, em face da relevância do bem jurídico tutelado, a sanções de natureza política, administrativa, penal e civil, pela eventual prática de atos de improbidade (ver CF, art. 37 *caput* c/c art. 85, V).

4.1 Legitimação

Qualquer cidadão tem legitimidade ativa para pleitear a anulação ou a declaração de nulidade de atos que possam ser considerados como lesivos ao patrimônio dos entes públicos e de quaisquer pessoas jurídicas ou entidades subvencionadas pelos cofres públicos (LAP, art. 1º).[23]

Quanto à legitimação passiva, estão legitimados para responder aos termos da ação a União, o Distrito Federal, os Estados, os Municípios, bem como as entidades autárquicas, as sociedades de economia mista, as sociedades mútuas de seguro nas

---

21. (STJ, HD: 455 DF 2020/0143849-6, Relator: Ministro Mauro Campbell Marques, Data de Julgamento: 28/10/2020, S1 – Primeira Seção, Data de Publicação: DJe 24/11/2020).
22. CF, art. 5º, LXXIII – qualquer cidadão é parte legítima para propor ação popular que vise a anular ato lesivo ao patrimônio público ou de entidade de que o Estado participe, à moralidade administrativa, ao meio ambiente e ao patrimônio histórico e cultural, ficando o autor, salvo comprovada má-fé, isento de custas judiciais e do ônus da sucumbência.
23. LAP, art. 1º Qualquer cidadão será parte legítima para pleitear a anulação ou a declaração de nulidade de atos lesivos ao patrimônio da União, do Distrito Federal, dos Estados, dos Municípios, de entidades autárquicas, de sociedades de economia mista (Constituição, art. 141, § 38) e de sociedades mútuas de seguro nas quais a União represente os segurados ausentes, de empresas públicas, de serviços sociais autônomos, de instituições ou fundações para cuja criação ou custeio o tesouro público haja concorrido ou concorra com mais de cinquenta por cento do patrimônio ou da receita ânua, de empresas incorporadas ao patrimônio da União, do Distrito Federal, dos Estados e dos Municípios, e de quaisquer pessoas jurídicas ou entidades subvencionadas pelos cofres públicos.

quais a União represente os segurados ausentes, de empresas públicas, de serviços sociais autônomos, de instituições ou fundações para cuja criação ou custeio o tesouro público haja concorrido ou concorra com mais de cinquenta por cento do patrimônio ou da receita ânua, de empresas incorporadas ao patrimônio da União, do Distrito Federal, dos Estados e dos Municípios, enfim, de quaisquer pessoas jurídicas ou entidades subvencionadas pelos cofres públicos.

O Ministério Público funciona como *custo legis*, mas não tem legitimidade para propositura deste tipo de ação, nem poderá defender o ato impugnado e poderá dar prosseguimento à ação nos casos de abandono ou desistência por parte do autor.

Ademais, depois de proposta a ação é facultado a qualquer cidadão habilitar-se como litisconsorte ou assistente do autor da ação popular (LAP, art. 6º, § 5º).[24]

4.2 Dispensa de despesas processuais

Visando facilitar o acesso dos cidadãos aos órgãos judiciais visando a defesa dos interesses de toda a comunidade, a Constituição Federal faz prever a dispensa de pagamento de custas, bem como isenta o autor dos ônus da sucumbência, exceto se for comprovada má-fé.

Registre-se que no texto original da Lei de Ação Popular existe a previsão de recolhimento de custas e preparo ao final do processo (ver LAP, art. 10), mas essa disposição está derrogada em face da hierarquia das leis.

4.3 Atos que podem ser considerados lesivos

São nulos os atos lesivos ao patrimônio das entidades mencionadas na lei, nos seguintes casos:

---

24. LAP, art. 6º A ação será proposta contra as pessoas públicas ou privadas e as entidades referidas no art. 1º, contra as autoridades, funcionários ou administradores que houverem autorizado, aprovado, ratificado ou praticado o ato impugnado, ou que, por omissas, tiverem dado oportunidade à lesão, e contra os beneficiários diretos do mesmo.

    § 1º Se não houver benefício direto do ato lesivo, ou se for ele indeterminado ou desconhecido, a ação será proposta somente contra as outras pessoas indicadas neste artigo.

    § 2º No caso de que trata o inciso II, item "b", do art. 4º, quando o valor real do bem for inferior ao da avaliação, citar-se-ão como réus, além das pessoas públicas ou privadas e entidades referidas no art. 1º, apenas os responsáveis pela avaliação inexata e os beneficiários da mesma.

    § 3º A pessoas jurídica de direito público ou de direito privado, cujo ato seja objeto de impugnação, poderá abster-se de contestar o pedido, ou poderá atuar ao lado do autor, desde que isso se afigure útil ao interesse público, a juízo do respectivo representante legal ou dirigente.

    § 4º O Ministério Público acompanhará a ação, cabendo-lhe apressar a produção da prova e promover a responsabilidade, civil ou criminal, dos que nela incidirem, sendo-lhe vedado, em qualquer hipótese, assumir a defesa do ato impugnado ou dos seus autores.

    § 5º É facultado a qualquer cidadão habilitar-se como litisconsorte ou assistente do autor da ação popular.

a) Incompetência:

A incompetência fica caracterizada quando o ato não se incluir nas atribuições legais do agente que o praticou.

b) Vício de forma:

O vício de forma consiste na omissão ou na observância incompleta ou irregular de formalidades indispensáveis à existência ou seriedade do ato.

c) Ilegalidade do objeto:

A ilegalidade do objeto ocorre quando o resultado do ato importa em violação de lei, regulamento ou outro ato normativo.

d) Inexistência dos motivos:

A inexistência dos motivos se verifica quando a matéria de fato ou de direito, em que se fundamenta o ato, é materialmente inexistente ou juridicamente inadequada ao resultado obtido

e) Desvio de finalidade:

O desvio de finalidade se verifica quando o agente pratica o ato visando a fim diverso daquele previsto, explícita ou implicitamente, na regra de competência.

Atenção: consideram-se patrimônio público para os efeitos da Lei nº 4.717/65, os bens e direitos de valor econômico, artístico, estético, histórico ou turístico.

4.4   Efeitos da sentença

Se a ação for julgada procedente decretará, conforme o caso, a invalidade do ato impugnado, condenará ao pagamento de perdas e danos os responsáveis pela sua prática e os beneficiários dele, ressalvada a ação regressiva contra os funcionários causadores de dano, quando incorrerem em culpa (LAP, art. 11).[25]

A sentença terá eficácia de coisa julgada oponível *erga omnes*, exceto no caso de haver sido a ação julgada improcedente por deficiência de prova. Se isso ocorrer, qualquer cidadão poderá promover outra ação com idêntico fundamento, mas deverá fazê-lo baseada em novas provas.

A sentença que concluir pela carência ou pela improcedência da ação está sujeita ao duplo grau de jurisdição, não produzindo efeito senão depois de confirmada pelo

---

25. LAP, art. 11. A sentença que, julgando procedente a ação popular, decretar a invalidade do ato impugnado, condenará ao pagamento de perdas e danos os responsáveis pela sua prática e os beneficiários dele, ressalvada a ação regressiva contra os funcionários causadores de dano, quando incorrerem em culpa.

tribunal; da que julgar a ação procedente caberá apelação, com efeito suspensivo (LAP, art. 19).[26]

Atenção: para evitar as chamadas aventuras jurídicas, a Lei de Ação Popular faz prever que o autor poderá ser condenado ao décuplo das custas judiciais se ficar provado que agiu de má-fé (LAP, art. 13).[27]

4.5   Prazo prescricional

Estabelece a Lei de Ação Popular que o prazo prescricional para propositura deste tipo de ação é de 5 (cinco) anos, contado da data em que foi publicado o ato que se pretende impugnar. O marco inicial da contagem da prescrição não está na lei, mas a doutrina e a jurisprudência são unânimes em assim considerar (LAP, art. 21).[28]

Aplica-se no mais, as regras do Código de Processo Civil, naquilo que não contrariar os dispositivos da própria lei, nem a natureza específica da ação (LAP, art. 22).[29]

---

26. LAP, art. 19. A sentença que concluir pela carência ou pela improcedência da ação está sujeita ao duplo grau de jurisdição, não produzindo efeito senão depois de confirmada pelo tribunal; da que julgar a ação procedente caberá apelação, com efeito suspensivo.

27. LAP, art. 13. A sentença que, apreciando o fundamento de direito do pedido, julgar a lide manifestamente temerária, condenará o autor ao pagamento do décuplo das custas.

28. LAP, art. 21. A ação prevista nesta lei prescreve em 5 (cinco) anos.

29. LAP, art. 22. Aplicam-se à ação popular as regras do Código de Processo Civil, naquilo em que não contrariem os dispositivos desta lei, nem a natureza específica da ação.

LIÇÃO 18
AÇÕES COLETIVAS[1]

> **Sumário:** 1. Histórico das ações coletivas no Brasil – 2. Interesses ou direitos difusos – 3. Interesses ou direitos coletivos – 4. Interesses ou direitos individuais homogêneos – 5. Interesse público *versus* interesse privado – 6. Legitimados para propositura da ação coletiva – 7. Efeitos da sentença nas ações coletivas; 7.1 Efeitos da coisa julgada quando envolver interesses ou direitos difusos; 7.2 Efeitos da coisa julgada na ação quando envolver interesses ou direitos coletivos; 7.3 Efeitos da coisa julgada quando tratar-se de ação envolvendo interesses ou direitos individuais homogêneos – 8. Da importância das ações coletivas – 9. Qual a diferença entre ação coletiva e ação individual?

1. HISTÓRICO DAS AÇÕES COLETIVAS NO BRASIL

Apesar de registros anteriores, foi a partir da década de oitenta do século passado, que a defesa dos interesses coletivos tomou contornos mais efetivos com a edição de diversos diplomas legais que buscaram, de forma direta ou indireta, alargar a rede de proteção à coletividade.

Nesse sentido, a Lei de Ação Civil Pública – LACP (Lei nº 7.347, de 24 de julho de 1985), foi um marco na regulamentação da defesa dos interesses difusos e coletivos da sociedade brasileira, especialmente a defesa do meio ambiente, do consumidor e aos bens de valor artístico, estético, histórico, turístico e paisagístico, que veio a ser alargada com a edição do Código de Defesa do Consumidor (Lei nº 8.078/90) que, inclusive, definiu quais seriam os interesses ou direitos coletivos, dividindo-os em três categorias: difusos, coletivos e individuais homogêneos.

Contudo é preciso deixar registrado que a primeira ação de caráter nitidamente coletiva foi a "ação popular", regulada pela Lei nº 4.717/65 que criou mecanismos para que o cidadão pudesse ingressar em juízo contra a administração pública (federal, estadual ou municipal) visando defender o erário público. Nesse caso, embora o autor popular fosse a juízo em nome próprio, o interesse que ele visava defender era de toda a coletividade.

---

1. Notas com base no meu livro *Da defesa do consumidor em juízo por danos causados em acidentes de consumo*, 2ª. ed. Leme: Mizuno, 2024.

É importante esclarecer que o Código de Defesa do Consumidor utilizou o termo "interesse" como sinônimo de "direito" e deixou claro que esses interesses ou diretos poderiam ser exercidos de forma individual ou coletiva (CDC, art. 81).[2]

2. INTERESSES OU DIREITOS DIFUSOS

Interesses ou direitos difusos são aqueles transindividuais, também nominados de metaindividuais, de natureza indivisível, de que sejam titulares pessoas indeterminadas e ligadas por uma circunstância de fato (ver CDC, art. 81, parágrafo único, I), cujo exemplo mais marcante é o de propaganda enganosa, que divulgada por televisão ou outro meio de comunicação, atinge uma massa indeterminada de consumidores, sendo totalmente impossível identificar todas as pessoas atingidas e, sem que se possa estabelecer entre elas uma relação-base.

Neste caso, trata-se de direito que pertence a todos, logo indisponível, não podendo ser objeto de transação por qualquer um dos indivíduos eventualmente atingido. Quer dizer, nenhum dos indivíduos atingidos pode dispor desse direito que, embora possa ser seu, não o é exclusivamente, pois pertence a todos indistintamente.

3. INTERESSES OU DIREITOS COLETIVOS

Quanto aos interesses ou direitos coletivos *stricto sensu*, o Código definiu como sendo, aqueles transindividuais de natureza indivisível de que seja titular grupo, categoria ou classe de pessoas ligadas entre si ou com a parte contrária por uma relação jurídica base (ver CDC, art. 81, parágrafo único, II).

Assim como os interesses difusos, os coletivos são também direitos transindividuais e de natureza indivisível, porém, diferentemente dos difusos, pertencem a um determinado grupo ou classe de pessoas, ligadas com a parte contrária por uma relação jurídica de base. Ou seja, a diferença é que nos direitos coletivos os sujeitos são determinados ou determináveis. Um exemplo, que bem pode ilustrar a questão, é a ação coletiva contra o aumento abusivo das mensalidades de uma determinada escola ou de um plano de saúde, onde há uma coletividade de pessoas atingidas, que se pode identificar, a partir do fato de que todas estão ligadas à empresa mantenedora por uma relação contratual pré-existente.

---

2. CDC, Art. 81. A defesa dos interesses e direitos dos consumidores e das vítimas poderá ser exercida em juízo individualmente, ou a título coletivo.

Parágrafo único. A defesa coletiva será exercida quando se tratar de:

I – interesses ou direitos difusos, assim entendidos, para efeitos deste código, os transindividuais, de natureza indivisível, de que sejam titulares pessoas indeterminadas e ligadas por circunstâncias de fato;

II – interesses ou direitos coletivos, assim entendidos, para efeitos deste código, os transindividuais, de natureza indivisível de que seja titular grupo, categoria ou classe de pessoas ligadas entre si ou com a parte contrária por uma relação jurídica base;

III – interesses ou direitos individuais homogêneos, assim entendidos os decorrentes de origem comum.

4. INTERESSES OU DIREITOS INDIVIDUAIS HOMOGÊNEOS

Os interesses ou direitos individuais homogêneos são definidos pelo Código de Defesa do Consumidor como sendo aqueles decorrentes de uma origem comum (ver CDC, art. 81, parágrafo único, III).

Há um caso histórico que bem pode ilustrar a matéria, a explosão do Osasco Plaza Center, na cidade de mesmo nome, ou mais recentemente, o acidente vitimando várias pessoas no rodeio de Jaguariúna, ambos no Estado de São Paulo. Na verdade, trata-se de interesses individuais, que na sua soma, por envolverem diversas pessoas, são considerados coletivos por ficção legal, permitindo uma tutela mais efetiva e uniforme, principalmente no que diz respeito à coisa julgada.

5. INTERESSE PÚBLICO *VERSUS* INTERESSE PRIVADO

Aquela dicotomia entre o interesse público (do Estado) e o interesse privado (dos particulares), que já foi muito presente no passado, vem sendo gradativamente superada, principalmente a partir da edição da Lei da Ação Civil Pública (Lei nº 7.347/85) e do Código de Defesa do Consumidor (Lei nº 8.078/90), que passaram a proteger uma nova categoria de interesses, situado numa posição intermediária entre o interesse público e o interesse privado, chamado de interesses transindividuais ou coletivos nos quais se situam os Direitos Difusos que inclui o Direito do Consumidor, o Direito Ambiental, o Direito do Patrimônio Histórico e Cultural, do Patrimônio Público, dentre outros.

Esses direitos colocam-se em posição intermediária entre o público e o privado. Quer dizer, não é público, nem é particular, tendo uma clara e forte dimensão social, configurando-se numa nova categoria de direitos.

6. LEGITIMADOS PARA PROPOSITURA DA AÇÃO COLETIVA

Tratando-se da defesa coletiva, vamos verificar que o Código de Defesa do Consumidor e a Lei de Ação Civil Pública criaram uma legitimação extraordinária, elencando vários órgãos que poderão pleitear em nome próprio, direitos da coletividade.[3]

Segundo a combinação desses dois institutos, são legitimados o Ministério Público; a Defensoria Pública; a União; os Estados; os Municípios e o Distrito Federal; as entidades e órgãos da Administração Pública, direta ou indireta, mesmo aquelas que não tenham personalidade jurídica, mas que tenham como finalidade à defesa dos interesses e direitos dos consumidores e outros interesses difusos; e, as associações legalmente constituídas há pelo menos 1 (um) ano e que incluam entre seus fins institucionais a defesa dos interesses e direitos difusos.

---

3. Ver art. 82 do CDC (Lei nº 8.078/90) e o art. 5º da LACP (Lei nº 7.347/85).

Com relação às associações, é de se fazer algumas observações. Primeiro que é extremamente salutar esse permissivo, pois estimula a participação da sociedade civil de forma organizada na defesa de seus próprios interesses. Segundo, que a exigência de pré-constituição visa, em última análise, evitar fraude ou mesmo a criação de entidade de oportunidade desprovida de qualquer compromisso mais sério. Contudo, esta exigência de preconstituição pode ser dispensada pelo magistrado quando ficar evidenciado a relevância do interesse social a ser protegido.

A legitimidade para a propositura das ações coletivas é concorrente, ou seja, qualquer um dos legitimados poderá propor ações em defesa do consumidor. Quer dizer, não há exclusividade de quaisquer dos órgãos ou entidades no tocante à legitimidade para propositura da ação civil pública visando compelir o infrator a promover a devida reparação por danos, sendo certo que há legitimidade concorrente, já que a iniciativa tomada por um daqueles legitimados não inibe que outro venha a participar da mesma ação, na qualidade de litisconsórcio.

Dentre todos os legitimados, aquele que detém melhores condições de atuação é o Ministério Público (Federal ou Estadual), que por destinação Constitucional deve ser o guardião dos interesses difusos da sociedade (ver CF, art. 127), bem como tem legitimação para a instauração do inquérito civil, como também para propositura da ação civil pública para a defesa, dentre outros, dos interesses difusos e coletivos (ver CF, art. 129, III), estendendo-se tal legitimidade, inclusive, às ações que visem a defesa de interesses individuais homogêneos (CDC, art. 91).[4]

Cumpre ainda destacar que, embora o indivíduo não tenha legitimidade para propor ação coletiva, pode nela ingressar, após a propositura, na qualidade de litisconsorte, podendo inclusive promover individualmente a liquidação e execução de seus direitos.

7. EFEITOS DA SENTENÇA NAS AÇÕES COLETIVAS

O revolucionário Código de Defesa do Consumidor inovou com relação aos efeitos da coisa julgada, criando mecanismos de extensão desses efeitos, até mesmo para quem não fez parte do processo, conforme será visto a seguir. Quer dizer, o Código de Defesa do Consumidor inovou com relação à matéria ao estender os limites subjetivos da coisa julgada para além das partes envolvidas (CDC, art. 103).[5]

---

4. CDC, Art. 91. Os legitimados de que trata o art. 82 poderão propor, em nome próprio e no interesse das vítimas ou seus sucessores, ação civil coletiva de responsabilidade pelos danos individualmente sofridos, de acordo com o disposto nos artigos seguintes. (Redação dada pela Lei nº 9.008, de 21.3.1995).

5. CDC, Art. 103. Nas ações coletivas de que trata este código, a sentença fará coisa julgada:

I – *erga omnes*, exceto se o pedido for julgado improcedente por insuficiência de provas, hipótese em que qualquer legitimado poderá intentar outra ação, com idêntico fundamento valendo-se de nova prova, na hipótese do inciso I do parágrafo único do art. 81;

LIÇÃO 18 • AÇÕES COLETIVAS

É importante rememorar que o Código de Processo Civil estabelece que a sentença fará coisa julgada entre as partes litigantes, não beneficiando nem prejudicando terceiros estranhos à relação controvertida submetida à apreciação judicial (CPC, art. 506).[6] Essa regra somente se aplica aos direitos individuais, porquanto, em se tratando de direitos difusos, coletivos ou individuais homogêneos, a eficácia da autoridade da coisa julgada pode ser *erga omnes* ou ultra partes, conforme estabelecido nos incisos do já citado art. 103, do CDC.

7.1 Efeitos da coisa julgada quando envolver interesses ou direitos difusos

Primeiro aspecto que releva comentar é que na ação coletiva que trate de direitos ou interesses difusos, assim entendidos aqueles transindividuais, de natureza indivisível, de que são titulares pessoas indeterminadas e ligadas por uma circunstância de fato, se a ação for julgada procedente, sobre ela recairá o manto da coisa julgada, com efeito *erga omnes*, atingindo as partes envolvidas e toda a coletividade (ver CDC, art. 103, I).

O segundo aspecto a ser considerado é que se a ação for julgada improcedente, com apreciação do seu mérito, a sentença também terá efeito *erga omnes*, não se podendo ajuizar nova ação coletiva pelos mesmos fundamentos, porém tal efeito não prejudicará os interesses dos membros da coletividade que poderão, individualmente, propor as ações pessoais em defesa de seu próprio interesse, independentemente da rejeição da demanda coletiva (ver CDC, art. 103, § 1º).

Na terceira hipótese, se a ação for julgada improcedente, porém por falta de provas, a sentença não se revestirá da autoridade de coisa julgada material, quer dizer, fará tão somente coisa julgada formal, permitindo que qualquer legitimado (aqueles do art. 82 do CDC), inclusive aquele que a propôs, renove a ação com base nos mesmos fundamentos, porém só o poderá fazer se for lastreado em novas provas.

II – ultra partes, mas limitadamente ao grupo, categoria ou classe, salvo improcedência por insuficiência de provas, nos termos do inciso anterior, quando se tratar da hipótese prevista no inciso II do parágrafo único do art. 81;

III – erga omnes, apenas no caso de procedência do pedido, para beneficiar todas as vítimas e seus sucessores, na hipótese do inciso III do parágrafo único do art. 81.

§ 1º Os efeitos da coisa julgada previstos nos incisos I e II não prejudicarão interesses e direitos individuais dos integrantes da coletividade, do grupo, categoria ou classe.

§ 2º Na hipótese prevista no inciso III, em caso de improcedência do pedido, os interessados que não tiverem intervindo no processo como litisconsortes poderão propor ação de indenização a título individual.

§ 3º Os efeitos da coisa julgada de que cuida o art. 16, combinado com o art. 13 da Lei nº 7.347, de 24 de julho de 1985, não prejudicarão as ações de indenização por danos pessoalmente sofridos, propostas individualmente ou na forma prevista neste código, mas, se procedente o pedido, beneficiarão as vítimas e seus sucessores, que poderão proceder à liquidação e à execução, nos termos dos arts. 96 a 99.

§ 4º Aplica-se o disposto no parágrafo anterior à sentença penal condenatória.

6. CPC, Art. 506. A sentença faz coisa julgada às partes entre as quais é dada, não prejudicando terceiros.

7.2 Efeitos da coisa julgada na ação quando envolver interesses ou direitos coletivos

Tratando-se das ações em defesa dos interesses coletivos, ou seja, os transindividuais de natureza indivisível de que seja titular grupo, categoria ou classe de pessoas ligadas entre si ou com a parte contrária por uma relação jurídica-base, os limites subjetivos da coisa julgada são os mesmos das ações que versem sobre interesses difusos, ressalvado o fato de que a sentença somente estenderá seus efeitos aos membros da categoria ou da classe de que seja objeto a decisão (ver CDC, art. 103, II).

Verifica-se nesse caso que os efeitos são mais restritos porque recaem somente sobre os membros daquele grupo, categoria ou classe (*ultra partes*) cujo legitimado represente, não atingindo toda a coletividade (*erga omnes*). Cumpre esclarecer que, em face da indivisibilidade do objeto nos interesses coletivos, se a ação for julgada procedente, a extensão dos efeitos da coisa julgada poderá beneficiar até mesmo as pessoas que não mantenham nenhum vínculo associativo com o legitimado, bastando que façam parte do mesmo grupo ou da categoria que a associação representa.

Aqui também, a coisa julgada negativa, ainda que com suficiência de provas, isto é, com julgamento do mérito, não atinge os membros do grupo, ou seus sucessores, que poderão, individualmente, propor ações em defesa de seus interesses individuais.

Na eventualidade de resultado negativo por insuficiência de prova, os legitimados do art. 82 poderão ingressar novamente em juízo, propondo a mesma ação, desde que o façam embasado em nova prova.

Pelas peculiaridades do previsto neste inciso II, do art. 103, do CDC, cumpre fazer um breve resumo:

a) **Se procedente a ação coletiva:**

Seus efeitos atingem todos os entes legitimados e os titulares do direito coletivo objeto da decisão.

b) **Se improcedente com apreciação do mérito:**

Atinge somente os legitimados impedindo a repropositura da mesma ação, sem prejuízo da propositura de ações pelos lesados para defesa dos interesses individuais.

c) **Se improcedente por insuficiência de prova:**

Os legitimados do art. 82 estão autorizados a ingressar novamente com a mesma ação desde que com fundamento em prova nova, sem prejuízo de que os membros do grupo possam interpor suas próprias ações individuais.

7.3 Efeitos da coisa julgada quando tratar-se de ação envolvendo interesses ou direitos individuais homogêneos

Tratando-se de ação coletiva em defesa dos interesses ou direitos individuais homogêneos, assim entendidos aqueles decorrentes de origem comum, a sentença fará coisa julgada *erga omnes* somente se for procedente o pedido (ver CDC, art. 103, III).

Esse é um aspecto interessante, porque a regra é extremamente benéfica a todas as vítimas do evento ou mesmo seus sucessores. Nesse caso, quem participou do processo como litisconsorte, atendendo o chamado do art. 94,[7] do CDC, ou mesmo quem dele não participou, serão beneficiados pelo resultado positivo da ação. Significa dizer que as vítimas do evento, mesmo aquelas que não tenham participado do processo de conhecimento, poderão propor a liquidação e execução do julgado com base nos arts. 97[8] e seguintes da lei consumerista, bastando para tal demonstrar a sua legitimidade ativa *ad causum*.

De outro lado, se a ação for julgada improcedente, não fará coisa julgada *erga omnes*, mas sim *intra partes*. Quer dizer, nesse caso, pouco importa se a improcedência da ação se deu por falta de provas ou por qualquer outro motivo. Julgada improcedente a ação, ela fará coisa julgada apenas para o autor coletivo e para aqueles que figuraram como litisconsorte, seja quem atendeu ao edital previsto no já citado art. 94, do CDC, ou mesmo quem participou espontaneamente.

Assim, quem não se habilitou como litisconsorte na ação coletiva julgada improcedente, poderá propor ação individual por ressarcimentos dos danos eventualmente sofridos, devendo seu pedido ser julgado livremente.

8. DA IMPORTÂNCIA DAS AÇÕES COLETIVAS

A importância das ações coletivas pode ser resumida no fato de que previne a aplicação de decisões judiciais diferentes para casos iguais, corrige injustiças e acelera os julgamentos, contribuindo para maior efetividade da justiça.

Para se ter uma ideia da importância das ações coletivas, o Conselho Nacional de Justiça (CNJ) determinou a criação dos Núcleos de Ações Coletivas (NACs), por meio da Resolução nº 339 de 8 de setembro de 2020. Esse núcleo acaba por se constituir em um instrumento efetivo para a realização do direito material, acesso à justiça e prestação jurisdicional econômica, célere e isonômica.[9]

---

7. CDC, Art. 94. Proposta a ação, será publicado edital no órgão oficial, a fim de que os interessados possam intervir no processo como litisconsortes, sem prejuízo de ampla divulgação pelos meios de comunicação social por parte dos órgãos de defesa do consumidor.
8. CDC, Art. 97. A liquidação e a execução de sentença poderão ser promovidas pela vítima e seus sucessores, assim como pelos legitimados de que trata o art. 82.
9. Com informações do site do TJSP, acesso em 30/11/2024 e disponível em: <https://www.tjsp.jus.br/NugepNac/NugepNac/AcoesColetivas>.

É possível fazer uma pesquisa sobre as ações coletivas em trâmite no judiciário brasileiro: acesso à página na internet do Painel Cacol, onde se pode encontrar um cadastro nacional das ações coletivas em andamento. Além disso é possível outros dados como: número de processos novos, julgados e baixados; identificação das pessoas jurídicas que figuram como parte nos processos judiciais; consulta por Tribunal e por unidade judiciária, possibilitando o monitoramento do volume de demandas; consulta por classe e assunto, segundo as Tabelas Processuais Unificadas (Resolução CNJ nº 46/07); e série histórica desde 2020.[10]

O Professor Rodolfo de Camargo Mancuso[11] assinala, com muita propriedade, alguns aspectos no tocante à importância das demandas coletivas, vejamos:

a) **Tratamento unitário:**

Esse procedimento permite o tratamento processual unitário da matéria controvertida, o que constitui a técnica adequada nas demandas que envolvem interesses metaindividuais, pela própria natureza indivisível deste.

b) **Prevenção à proliferação de novas ações:**

Previne a pulverização dos conflitos de massa em múltiplas ações individuais, as quais tumultuam o ambiente judiciário, retardam a prestação jurisdicional, e, ao cabo, levam ao descrédito social no Poder Judiciário.

c) **Evita decisões controvertidas sobre mesmo tema:**

Não há dúvidas de que a ação coletiva pode contribuir para evitar o paroxismo das decisões qualitativamente diversas sobre um mesmo assunto, ocorrência incompatível com a garantia constitucional da isonomia, a qual deve se estender à norma judicada, e não apenas restringir-se à norma legislada.

d) **Previne conflitos:**

Oferece um parâmetro judicial apriorístico, útil para o equacionamento ou mesmo a prevenção de conflitos plurissubjetivos, como aqueles que contrapõem contribuintes e Fisco; aposentados e Previdência Social; poupadores e sistema bancário; servidores públicos e Estado; consumidores e fornecedores.

e) **Uniformiza a jurisprudência:**

Viabiliza a uniformização da jurisprudência, permitindo uma resposta judiciária homogênea, cuja eficácia se expande ao longo da extensão e compreensão do interesse metaindividual considerado, estabelecendo, assim, um confiável parâmetro judiciário para as demandas assemelhadas.

Percebe-se assim, que há uma tendência moderna ao fortalecimento dos direitos ditos coletivos, partindo da premissa de que, se houver ações preventivas no plano

---

10. CNJ, Cacol, acessar: <https://justica-em-numeros.cnj.jus.br/painel-cacol/>.
11. Divergência Jurisprudencial e Súmula Vinculante, p. 366.

da coletividade, poder-se-á promover a prevenção dos danos individuais, de sorte a afirmar que caminhamos para a promoção de medidas que visem muito mais o coletivo do que o individual.

Essa consciência coletiva, ainda no dizer de Rodolfo de Camargo Mancuso seria uma "nova 'ordem coletiva' emergente (que) aparece como o *tertium genus* desse processo, porque representa um ponto intermédio entre o Estado e o indivíduo: menos do que aquele; mais do que este".[12]

Além do mais, há uma relevância social nas ações coletivas, pois pequenas lesões de ordem individual podem não ser devidamente reprimidas tendo em vista que, mais das vezes, a ação individual vai se mostrar "inapropriada", do ponto de vista econômico, para se pretender uma tutela jurisdicional adequada, bem como o autor individual vê-se intimidado diante da grandeza da parte contrária.

Como ensina o eminente jurista Rizzatto Nunes, é importante lembrar que as ações coletivas são, talvez, a única ferramenta capaz de fazer cessar aquilo que se pode chamar de "abusos de varejo" que nada mais é do que uma tática empresarial dolosa de impingir pequenas perdas a centenas ou milhares de consumidores simultaneamente.

Um exemplo vergonhoso é a maquiagem de pesos e medidas feita diversas vezes pelas grandes indústrias de alimentos, na qual os produtos tiveram seu peso líquido diminuído sem que os consumidores soubessem. Manteve-se o preço e diminuiu-se o peso ou a medida dos produtos em pequenas quantidades e metragens, de modo que não só os prejuízos foram individualmente pequenos, como por isso mesmo, demorou a ser notado![13]

Em situações como essas os consumidores não irão à justiça porque não compensa acessar o judiciário por prejuízos tão pequenos, mas para as empresas o lucro é grande por conta do expressivo número de produtos vendidos. A solução ideal nesses casos é a ação coletiva para obrigar que as empresas retirem os produtos do mercado e passem a colocar produtos com as medidas ou pesos corretos.

Por isso nosso entendimento de que a possibilidade de promoção de ações coletivas na defesa dos interesses dos consumidores é um importante e eficaz instrumento e pode cumprir também o papel de coibir as atitudes, e exigir padrão ético e melhorias na qualidade de produtos e serviços, principalmente em face dos grandes conglomerados que, diuturnamente, agridem e afrontam os interesses dos consumidores, seja com propaganda enganosa, seja com medidas que impliquem fraude ou lesão aos interesses transindividuais.

---

12. Interesses difusos, cit., p. 35.
13. A importância das ações coletivas para a defesa dos direitos dos consumidores. Disponível em:<https://www.migalhas.com.br/coluna/abc-do-cdc/285301/a-importancia-das-acoes-coletivas-para-a-defesa-dos--direitos-dos-consumidores>. Acesso em 30/11/2024.

A possibilidade de condenação por danos coletivos, materiais ou morais, poderá vir a ser um importante e eficaz instrumento para coibir as atitudes dos grandes conglomerados que, diuturnamente, agridem e afrontam os interesses da população em geral, seja com propaganda enganosa, seja com medidas que impliquem fraude ou lesão aos interesses transindividuais. Não se pode negar que diversas atitudes provindas das grandes empresas podem vir a caracterizar o dano coletivo, ensejador da devida indenização.

Cabe ainda destacar que visando a facilitação da defesa coletiva em juízo prevê nossa legislação que nos processos coletivos **não haverá adiantamento de custas, emolumentos, honorários periciais e quaisquer outras despesas** (CDC, art. 87).[14]

9. QUAL A DIFERENÇA ENTRE AÇÃO COLETIVA E AÇÃO INDIVIDUAL?

Esses são dois mecanismos distintos de acesso à justiça que servem a propósitos diferentes e são aplicados em contextos distintos. A principal diferença entre ação individual e ação coletiva é o **número de pessoas envolvidas e o tipo de interesse defendido:**

a) **Ação individual**: é promovida por uma única pessoa (as vezes por um pequeno grupo naquilo que chamamos de litisconsórcio) ou por uma pessoa jurídica na defesa dos seus próprios interesses. Os direitos discutidos na ação individual pertencem apenas as pessoas envolvidas naquela determinada ação.

b) **Ação coletiva**: esse tipo de ação é promovida por alguma entidade representativa da sociedade ou pelo Ministério Público, em nome de um grupo de pessoas que compartilham uma causa comum. Os direitos discutidos na ação coletiva pertencem a todas as pessoas atingidas.

Assim, uma das principais diferenças entre elas reside no número de pessoas envolvidas e no tipo de interesse que defendem. Uma ação individual é movida por uma única pessoa ou entidade, representando apenas seus próprios interesses, enquanto que as ações coletivas são utilizadas quando os direitos ou danos afetam um grupo de pessoas. Estas ações são propostas por entidades representativas ou pelo Ministério Público em nome de um coletivo.

---

14. CDC, Art. 87. Nas ações coletivas de que trata este código não haverá adiantamento de custas, emolumentos, honorários periciais e quaisquer outras despesas, nem condenação da associação autora, salvo comprovada má-fé, em honorários de advogados, custas e despesas processuais.

Parágrafo único. Em caso de litigância de má-fé, a associação autora e os diretores responsáveis pela propositura da ação serão solidariamente condenados em honorários advocatícios e ao décuplo das custas, sem prejuízo da responsabilidade por perdas e danos.

Assim, enquanto a ação individual foca em resolver disputas particulares e específicas de uma pessoa ou entidade, a ação coletiva busca corrigir problemas que impactam muitos, proporcionando uma resposta judicial mais abrangente e coletiva.[15]

---

15. O que é ação coletiva e qual sua importância? Disponível em <https://vlvadvogados.com/acao-coletiva/>. Acesso em 30/11/2024.

Lição 19
DAS AÇÕES LOCATIVAS

> **Sumário:** 1. Da locação de imóveis urbanos – 2. Abrangência da lei do inquilinato – 3. Natureza jurídica do contrato de locação – 4. Elementos essenciais do contrato de locação – 5. Ação para retomada do imóvel – 6. Denúncia vazia e denúncia cheia – 7. Notificação premonitória – 8. Purgar a mora – 9. Direito de retenção – 10. Direito de preferência (preempção) – 11. Garantias da locação – 12. Ação de consignação de pagamento – 13. Ação revisional de aluguel – 14. Ação renovatória. 15. Do bem de família e as ações locativas; 15.1 Exceções à impenhorabilidade; 15.2 Bem de família do fiador.

1. DA LOCAÇÃO DE IMÓVEIS URBANOS

A locação de imóveis urbanos para fins de habitação, temporada ou mesmo atividade empresarial é regulada pela Lei nº 8.245/91, também chamada de lei do inquilinato (LI) que foi atualizada pela Lei nº 12.112/09 (ver LI, art. 1º).

Podemos definir a locação como sendo o contrato pelo qual uma das partes (locador) mediante remuneração a ser paga pela outra parte (locatário), se compromete a fornecer-lhe, durante um certo lapso de tempo, determinado ou não, o uso e gozo de um bem imóvel.

2. ABRANGÊNCIA DA LEI DO INQUILINATO

A Lei nº 8.245/91 destina-se a reger todas as locações de imóveis urbanos para fins residências ou não, inclusive os imóveis para temporada (LI, art. 1º),[1] disci-

---

1. LI, Art. 1º A locação de imóvel urbano regula– se pelo disposto nesta lei:
    Parágrafo único. Continuam regulados pelo Código Civil e pelas leis especiais:
    a) as locações:
    1. de imóveis de propriedade da União, dos Estados e dos Municípios, de suas autarquias e fundações públicas;
    2. de vagas autônomas de garagem ou de espaços para estacionamento de veículos;
    3. de espaços destinados à publicidade;
    4. em apart-hotéis, hotéis – residência ou equiparados, assim considerados aqueles que prestam serviços regulares a seus usuários e como tais sejam autorizados a funcionar;
    b) o arrendamento mercantil, em qualquer de suas modalidades.

plinando até mesmo os procedimentos judiciais no tocante às ações de despejo, consignação de alugueres, revisional e a renovatória de aluguel.

Contudo, logo no seu parágrafo único do art. 1º a referida lei excluiu, expressamente, de sua abrangência alguns tipos de locação que, *in casu*, deverão ser reguladas pelo Código Civil, são elas:

a) **Imóveis da Administração Pública:**

Os imóveis de propriedade da administração pública, direta ou indireta, são regidas pelo Decreto-lei nº 9.760/46.

b) **Vagas autônomas de garagem:**

A locação de vagas autônomas de garagens ou de terrenos para estacionamentos será regulada por leis próprias, normalmente municipais. Na cidade de São Paulo, por exemplo, é regulado pelo Decreto nº 11.661/74.

c) **Locação de espaços destinados a publicidade** (*outdoors*):

Para este tipo de locação pode ser aplicado as regras da Lei nº 4.680/65, que regula as atividades de agência de propaganda e, pelas leis municipais que disciplinam espaços.

d) **As locações de apart-hotéis e assemelhados:**

Embora seja uma locação predial urbana tudo por tudo, a lei do inquilinato resolveu excluir de sua incidência os apart-hotéis, talvez porque seja um misto de locação com prestação de serviços.

e) **Os arrendamentos mercantis:**

São os contratos mais conhecidos como *leasing*, pelo qual as pessoas alugam bens com a opção de compra ao final de determinado prazo.

3. NATUREZA JURÍDICA DO CONTRATO DE LOCAÇÃO

O contrato de locação de imóveis urbanos tem a seguinte natureza jurídica: é bilateral, oneroso, consensual, comutativo, não solene e de execução continuada. Vejamos cada uma dessas características:

a) **Bilateral:**

É típico contrato bilateral tendo em vista que ambos os contratantes se obrigam reciprocamente.

b) **Oneroso:**

É oneroso visto existir vantagens e sacrifícios para ambas as partes.

c) Consensual:

É consensual porque é o tipo de contrato se aperfeiçoa pelo encontro de vontades das partes.

d) Comutativo:

Também é comutativo porque neste tipo de contrato as vantagens são equivalentes.

e) Não solene:

É um tipo de contrato não solene porque não existe uma forma especificada em lei para sua celebração.

f) De execução continuada ou trato sucessivo:

É um típico contrato de execução continuada, também chamado de trato sucessivo, porque se prolonga no tempo com prestações periódicas, isto é, mês-a-mês vai se operando a sua execução e somente se extinguirá pelo advento do prazo final contratado.

4. ELEMENTOS ESSENCIAIS DO CONTRATO DE LOCAÇÃO

O contrato de locação de imóveis, seja comercial ou residencial, é um instrumento que vai regular os interesses tanto para o locador quanto do locatário, razão pela qual deve ser elaborado com muita atenção, tendo em vista especialmente seus elementos essenciais, que são:

a) Capacidade dos contraentes:

Seria até dispensável dizer, mas a capacidade das partes é condição *sine qua non*, assim como em qualquer outro contrato.

b) Consentimento:

Para que o contrato possa ser válido é preciso o consentimento que deverá ser livre de qualquer vício, como de resto em qualquer contrato.

c) Cessão do bem:

É também elemento essencial a este tipo de contrato que ocorra a cessão temporária do imóvel para uso e gozo do locatário.

d) Remuneração:

Representada pelo aluguel que poderá consistir em prestações periódicas, normalmente mensais, pelo tempo de vigência do contrato.

e) Lapso temporal:

Quer dizer, o prazo de duração do contrato que normalmente é determinado, mas nada impede seja indeterminado.

5. AÇÃO PARA RETOMADA DO IMÓVEL

Qualquer que seja o motivo para o locador retomar o imóvel, a **ação competente para retomada do imóvel será sempre a de despejo** (LI, art. 5°),[2] que tramitará pelo rito comum, podendo ser concedida liminar, para desocupação em 15 (quinze) dias, sem a oitiva da parte contrária, desde que, seja prestada caução pelo proprietário que pretenda a retomada do imóvel (LI, art. 59, § 1°).[3]

Atenção: excetua-se dessa regra se a locação termina em face de desapropriação, com a imissão do expropriante na posse do imóvel.

Na ação de despejo, quando fundada na falta de pagamento, poderá ser cumulado o pedido de rescisão contratual com a cobrança dos alugueres vencidos e seus acessórios (LI, art. 62, I).[4]

---

2. LI, Art. 5° Seja qual for o fundamento do término da locação, a ação do locador para reaver o imóvel é a de despejo.

Parágrafo único. O disposto neste artigo não se aplica se a locação termina em decorrência de desapropriação, com a imissão do expropriante na posse do imóvel.

3. LI, Art. 59. Com as modificações constantes deste capítulo, as ações de despejo terão o rito ordinário.

§ 1° Conceder–se–á liminar para desocupação em quinze dias, independentemente da audiência da parte contrária e desde que prestada a caução no valor equivalente a três meses de aluguel, nas ações que tiverem por fundamento exclusivo:

I – o descumprimento do mútuo acordo (art. 9°, inciso I), celebrado por escrito e assinado pelas partes e por duas testemunhas, no qual tenha sido ajustado o prazo mínimo de seis meses para desocupação, contado da assinatura do instrumento;

II – o disposto no inciso II do art. 47, havendo prova escrita da rescisão do contrato de trabalho ou sendo ela demonstrada em audiência prévia;

III – o término do prazo da locação para temporada, tendo sido proposta a ação de despejo em até trinta dias após o vencimento do contrato;

IV – a morte do locatário sem deixar sucessor legítimo na locação, de acordo com o referido no inciso I do art. 11, permanecendo no imóvel pessoas não autorizadas por lei;

V – a permanência do sublocatário no imóvel, extinta a locação, celebrada com o locatário.

VI – o disposto no inciso IV do art. 9°, havendo a necessidade de se produzir reparações urgentes no imóvel, determinadas pelo poder público, que não possam ser normalmente executadas com a permanência do locatário, ou, podendo, ele se recuse a consenti-las; (Incluído pela Lei n° 12.112, de 2009)

VII – o término do prazo notificatório previsto no parágrafo único do art. 40, sem apresentação de nova garantia apta a manter a segurança inaugural do contrato; (Incluído pela Lei n° 12.112, de 2009)

VIII – o término do prazo da locação não residencial, tendo sido proposta a ação em até 30 (trinta) dias do termo ou do cumprimento de notificação comunicando o intento de retomada; (Incluído pela Lei n° 12.112, de 2009)

IX – a falta de pagamento de aluguel e acessórios da locação no vencimento, estando o contrato desprovido de qualquer das garantias previstas no art. 37, por não ter sido contratada ou em caso de extinção ou pedido de exoneração dela, independentemente de motivo. (Incluído pela Lei n° 12.112, de 2009)

2° Qualquer que seja o fundamento da ação dar– se– á ciência do pedido aos sublocatários, que poderão intervir no processo como assistentes.

§ 3° No caso do inciso IX do § 1° deste artigo, poderá o locatário evitar a rescisão da locação e elidir a liminar de desocupação se, dentro dos 15 (quinze) dias concedidos para a desocupação do imóvel e independentemente de cálculo, efetuar depósito judicial que contemple a totalidade dos valores devidos, na forma prevista no inciso II do art. 62. (Incluído pela Lei n° 12.112, de 2009)

4. LI, Art. 62. Nas ações de despejo fundadas na falta de pagamento de aluguel e acessórios da locação, de aluguel provisório, de diferenças de aluguéis, ou somente de quaisquer dos acessórios da locação, observar-se-á o seguinte: (Redação dada pela Lei n° 12.112, de 2009)

LIÇÃO 19 • DAS AÇÕES LOCATIVAS **213**

Julgada procedente a ação de despejo, o juiz determinará a expedição do mandado de despejo no qual constará o prazo de 30 (trinta) dias para desocupação voluntária do imóvel (ver LI, art. 63, *caput*), que, em não vindo a ser cumprido, autorizará a desocupação forçada, inclusive, com o uso de força policial, se necessário (ver LI, art. 65). Esse prazo será de 15 (quinze) dias se entre a citação e a sentença de primeiro grau houver transcorrido mais de 4 (quatro) meses, bem como nas ações que tenham por fundamento alguns dos motivos constantes do art. 9º ou do art. 46, § 2º, da lei do inquilinato.

6. DENÚNCIA VAZIA E DENÚNCIA CHEIA

A denúncia vazia ou cheia tem a ver com a possibilidade de o locador retomar seu imóvel depois de findo o prazo contratual da locação.

> **Atenção:** durante a vigência do contrato de locação o locador não pode retomar o imóvel sem justo motivo (LI, art. 4º).[5] Diferentemente, o locatório pode devolver o imóvel ficando obrigado ao pagamento da multa contratual proporcional ao tempo restante do contrato ou outra estabelecida no contrato.

I – o pedido de rescisão da locação poderá ser cumulado com o pedido de cobrança dos aluguéis e acessórios da locação; nesta hipótese, citar-se-á o locatário para responder ao pedido de rescisão e o locatário e os fiadores para responderem ao pedido de cobrança, devendo ser apresentado, com a inicial, cálculo discriminado do valor do débito; (Redação dada pela Lei nº 12.112, de 2009)

II – o locatário e o fiador poderão evitar a rescisão da locação efetuando, no prazo de 15 (quinze) dias, contado da citação, o pagamento do débito atualizado, independentemente de cálculo e mediante depósito judicial, incluídos:

a) os aluguéis e acessórios da locação que vencerem até a sua efetivação; (Redação dada pela Lei nº 12.112, de 2009)

b) as multas ou penalidades contratuais, quando exigíveis;

c) os juros de mora;

d) as custas e os honorários do advogado do locador, fixados em dez por cento sobre o montante devido, se do contrato não constar disposição diversa;

III – efetuada a purga da mora, se o locador alegar que a oferta não é integral, justificando a diferença, o locatário poderá complementar o depósito no prazo de 10 (dez) dias, contado da intimação, que poderá ser dirigida ao locatário ou diretamente ao patrono deste, por carta ou publicação no órgão oficial, a requerimento do locador; (Redação dada pela Lei nº 12.112, de 2009)

IV – não sendo integralmente complementado o depósito, o pedido de rescisão prosseguirá pela diferença, podendo o locador levantar a quantia depositada; (Redação dada pela Lei nº 12.112, de 2009)

V – os aluguéis que forem vencendo até a sentença deverão ser depositados à disposição do juízo, nos respectivos vencimentos, podendo o locador levantá-los desde que incontroversos;

VI – havendo cumulação dos pedidos de rescisão da locação e cobrança dos aluguéis, a execução desta pode ter início antes da desocupação do imóvel, caso ambos tenham sido acolhidos.

Parágrafo único. Não se admitirá a emenda da mora se o locatário já houver utilizado essa faculdade por duas vezes nos doze meses imediatamente anteriores à propositura da ação.

Parágrafo único. Não se admitirá a emenda da mora se o locatário já houver utilizado essa faculdade nos 24 (vinte e quatro) meses imediatamente anteriores à propositura da ação. (Redação dada pela Lei nº 12.112, de 2009)

5. LI, Art. 4º Durante o prazo estipulado para a duração do contrato, não poderá o locador reaver o imóvel alugado. Com exceção ao que estipula o § 2º do art. 54-A, o locatário, todavia, poderá devolvê-lo, pagando a multa pactuada, proporcional ao período de cumprimento do contrato, ou, na sua falta, a que for judicialmente estipulada. .(Redação dada pela Lei nº 12.744, de 2012)

Para viabilizar a ação de despejo o locador deverá primeiro aguardar o término do prazo do contrato. Terminado o contrato e não devolvido o imóvel, a lei faz presumir que o contrato foi prorrogado, agora por prazo indeterminado. Daí ser necessário notificar o locatário concedendo-lhe o prazo de 30 (trinta) dias para desocupação voluntária. Esgotado o prazo *in albis* o locador estará autorizado a ingressar em juízo com a respectiva ação de despejo por denúncia vazia ou cheia, vejamos.

a) **Denúncia vazia ou imotivada:**

É a prerrogativa que tem o locador de pedir o imóvel de volta sem a necessidade de apresentar nenhum motivo ou justificativa. Pode ocorrer nas locações residenciais ajustadas por prazo igual ou superior a 30 (trinta) meses. Extinta a locação pela ocorrência do termo, se o inquilino não devolver o imóvel, o locador pode ingressar em juízo com ação de despejo apenas provando que o contrato se findou. Quer dizer, **o locador pode retomar o imóvel sem nenhuma outra justificativa** (ver LI, art. 46, para imóveis residenciais; e LI, arts. 56 e 57 para imóveis não residenciais). Outra hipótese de denúncia vazia encontra-se no art. 47, que disciplina a denúncia cheia, com uma exceção constante do inciso V. Na locação verbal ou escrita por prazo inferior a 30 (trinta) meses, o locador poderá retomar o imóvel sem nenhuma justificativa se provar que a locação vige por mais 5 (cinco) anos ininterruptos.

b) **Denúncia cheia ou motivada:**

Nas locações ajustadas verbalmente ou por escrito com prazo inferior a 30 (trinta) meses, findo o prazo da locação a mesma estará automaticamente prorrogada e o locador **só poderá retomar o imóvel se apresentar uma justificativa plausível.** Quer dizer, o locador só conseguirá retomar o imóvel se provar o descumprimento, por parte do locatário, das normas do contrato de locação ou de disposição expressa de lei, com caráter motivado. Nesse caso, o locador poderá, por exemplo, retomar o imóvel provando que necessita dele para uso próprio, de seu cônjuge ou companheiro ou para residência de ascendente ou descendente que não disponha de imóvel residencial próprio porque assim está autorizado por lei (LI, art. 47).[6]

Parágrafo único. O locatário ficará dispensado da multa se a devolução do imóvel decorrer de transferência, pelo seu empregador, privado ou público, para prestar serviços em localidades diversas daquela do início do contrato, e se notificar, por escrito, o locador com prazo de, no mínimo, trinta dias de antecedência.

6. LI, Art. 47. Quando ajustada verbalmente ou por escrito e como prazo inferior a trinta meses, findo o prazo estabelecido, a locação prorroga– se automaticamente, por prazo indeterminado, somente podendo ser retomado o imóvel:

I – Nos casos do art. 9º;

II – em decorrência de extinção do contrato de trabalho, se a ocupação do imóvel pelo locatário relacionada com o seu emprego;

III– se for pedido para uso próprio, de seu cônjuge ou companheiro, ou para uso residencial de ascendente ou descendente que não disponha, assim como seu cônjuge ou companheiro, de imóvel residencial próprio;

LIÇÃO 19 • DAS AÇÕES LOCATIVAS — 215

7. NOTIFICAÇÃO PREMONITÓRIA

Na denúncia vazia tão logo finda a locação o locatário estará constituído em mora de pleno direito de sorte que não haverá nenhuma necessidade de notificação, podendo o locador ingressar com a ação de despejo, desde que o faço no prazo de 30 (trinta) dias depois de finda a locação. Quer dizer, nos casos em que o locatário tiver dado causa ao pedido de despejo, descumprindo qualquer dos deveres contratuais para com o locador, não há obrigatoriedade de notificação prévia.

Nas demais situações, tanto na denúncia cheia quanto na vazia, antes da propositura da ação de despejo deve o locador notificar o inquilino concedendo-lhe prazo, normalmente 30 (trinta) dias, para desocupação amigável do imóvel.

8. PURGAR A MORA

O locatário, ou o seu fiador, poderá evitar a rescisão contratual e, por conseguinte o despejo, se no prazo de 15 (quinze) dias contados da citação, depositar em juízo o valor do débito atualizado, com os valores dos aluguéis vencidos até a data do pagamento, acrescidos de multa, juros, custas e honorários advocatícios (ver LI, art. 62, II).

Realizado o depósito, isto é, purgada a mora, se o locador discordar dos valores que foram depositados, o locatário será intimado na pessoa de seu advogado para no prazo de 10 (dez) dias completar os valores faltantes. Se não o fizer, a ação prosseguirá pela diferença e o locador estará autorizado a levantar os valores depositados (ver LI, 62, III e IV).

> **Atenção**: só é admissível a purga da mora, desde que o locatário não tenha se utilizado dessa faculdade nos 24 (vinte e quatro) meses anteriores à propositura da ação.

9. DIREITO DE RETENÇÃO

O locatário poderá exercer o direito de retenção do imóvel até ser indenizado pelas benfeitorias necessárias que tenha realizado e, eventualmente, pelas úteis se

---

IV – se for pedido para demolição e edificação licenciada ou para a realização de obras aprovadas pelo Poder Público, que aumentem a área construída, em, no mínimo, vinte por cento ou, se o imóvel for destinado a exploração de hotel ou pensão, em cinquenta por cento;

V – se a vigência ininterrupta da locação ultrapassar cinco anos.

§ 1º Na hipótese do inciso III, a necessidade deverá ser judicialmente demonstrada, se:

a) O retomante, alegando necessidade de usar o imóvel, estiver ocupando, com a mesma finalidade, outro de sua propriedade situado nas mesma localidade ou, residindo ou utilizando imóvel alheio, já tiver retomado o imóvel anteriormente;

b) o ascendente ou descendente, beneficiário da retomada, residir em imóvel próprio.

§ 2º Nas hipóteses dos incisos III e IV, o retomante deverá comprovar ser proprietário, promissário comprador ou promissário cessionário, em caráter irrevogável, com imissão na posse do imóvel e título registrado junto à matrícula do mesmo.

tiverem sido autorizadas pelo locador. Advirta-se, contudo, que na prática imobiliária o mais comum é o contrato estabelecer que as benfeitorias não serão indenizadas, até porque a lei do inquilinato autoriza que as partes possam assim pactuar (LI, art. 35).[7]

Já no tocante às benfeitorias voluptuárias, estas não serão indenizadas, mas a lei autoriza que o inquilino possa levantá-las desde que sua retirada não prejudique o prédio (LI, art. 36).[8]

10. DIREITO DE PREFERÊNCIA (PREEMPÇÃO)

O locatário tem assegurado o direito de preferência ou preempção na eventualidade de o locador pretender alienar o imóvel, durante a vigência do contrato de locação.

Assim, o locador deverá oferecê-lo pelas mesmas condições e preço, ao locatário, mediante notificação, devendo aguardar o prazo de 30 (trinta) dias para manifestação do interessado (LI, art. 27),[9] cabendo destacar os seguintes aspectos:

a) **Se existir mais de um locatário**:

Na eventualidade de existir mais de um locatário ou sublocatário, a preferência será de todos e, havendo pluralidades de pretendentes, a preferência será do locatário mais antigo, e se houver mais de uma locação com a mesma data, a preferência será do contratante mais idoso (LI, art. 30 e parágrafo único).[10]

b) **Se não for respeitado o direito de preferência**:

Se o locador não respeitar o direito de preferência e alienar o imóvel para terceiros, o locatório poderá de duas uma, pedir indenização por perdas e danos ou depositar o preço e reivindicar o imóvel para si. Para exercitar esse direito o locatário tem o prazo de 6 (seis) meses contados do ato do registro no CRI e somente estará legitimado a fazê-lo se o seu contrato de locação

---

7. LI, Art. 35. Salvo expressa disposição contratual em contrário, as benfeitorias necessárias introduzidas pelo locatário, ainda que não autorizadas pelo locador, bem como as úteis, desde que autorizadas, serão indenizáveis e permitem o exercício do direito de retenção.

8. LI, Art. 36. As benfeitorias voluptuárias não serão indenizáveis, podendo ser levantadas pelo locatário, finda a locação, desde que sua retirada não afete a estrutura e a substância do imóvel.

9. LI, Art. 27. No caso de venda, promessa de venda, cessão ou promessa de cessão de direitos ou dação em pagamento, o locatário tem preferência para adquirir o imóvel locado, em igualdade de condições com terceiros, devendo o locador dar-lhe conhecimento do negócio mediante notificação judicial, extrajudicial ou outro meio de ciência inequívoca.

   Parágrafo único. A comunicação deverá conter todas as condições do negócio e, em especial, o preço, a forma de pagamento, a existência de ônus reais, bem como o local e horário em que pode ser examinada a documentação pertinente.

10. LI, Art. 30. Estando o imóvel sublocado em sua totalidade, caberá a preferência ao sublocatário e, em seguida, ao locatário. Se forem vários os sublocatários, a preferência caberá a todos, em comum, ou a qualquer deles, se um só for o interessado.

    Parágrafo único. Havendo pluralidade de pretendentes, caberá a preferência ao locatário mais antigo, e, se da mesma data, ao mais idoso.

LIÇÃO 19 • DAS AÇÕES LOCATIVAS **217**

estiver averbado junto à matrícula do imóvel, pelo menos 30 (trinta) dias antes da alienação (LI, art. 33).[11]

Atenção: apesar dessa exigência expressa de lei, o Superior Tribunal de Justiça (STJ) tem entendido que o direito de preferência pode ser exercido mesmo que o contrato não esteja averbado.

11. GARANTIAS DA LOCAÇÃO

No contrato de locação, residencial ou comercial, pode o locador exigir do locatário as seguintes modalidades de garantia: caução; fiança; seguro de fiança locatícia ou cessão fiduciária de quotas de fundo de investimento (LI, art. 37),[12] vejamos cada uma delas:

a) **Caução:**

Já foi muito popular no Brasil a caução em dinheiro que era popularmente chamada de "depósito", através do qual o locatário depositava em favor do locador o valor equivalente a 3 (três) meses de aluguel (no final da locação esse valor era devolvido ao locatário), mas a caução também pode recair em bens imóveis (averba-se na matrícula junto ao CRI), títulos e ações (LI, art. 38).[13]

b) **Fiança:**

É a garantia representada por alguém que assume a responsabilidade de pagar os aluguéis, bem como os acessórios, se o locatário não honrar o contrato.

---

11. LI, Art. 33. O locatário preterido no seu direito de preferência poderá reclamar do alienante as perdas e danos ou, depositando o preço e demais despesas do ato de transferência, haver para si o imóvel locado, se o requerer no prazo de seis meses, a contar do registro do ato no cartório de imóveis, desde que o contrato de locação esteja averbado pelo menos trinta dias antes da alienação junto à matrícula do imóvel.

    Parágrafo único. A averbação far-se-á à vista de qualquer das vias do contrato de locação desde que subscrito também por duas testemunhas.

12. LI, Art. 37. No contrato de locação, pode o locador exigir do locatário as seguintes modalidades de garantia:

    I– caução;

    II – fiança;

    III – seguro de fiança locatícia;

    IV – cessão fiduciária de quotas de fundo de investimento. (Incluído pela Lei nº 11.196, de 2005)

    Parágrafo único. É vedada, sob pena de nulidade, mais de uma das modalidades de garantia num mesmo contrato de locação.

13. LI, Art. 38. A caução poderá ser em bens móveis ou imóveis.

    § 1º A caução em bens móveis deverá ser registrada em cartório de títulos e documentos; a em bens imóveis deverá ser averbada à margem da respectiva matrícula.

    § 2º A caução em dinheiro, que não poderá exceder o equivalente a três meses de aluguel, será depositada em caderneta de poupança, autorizada, pelo Poder Público e por ele regulamentada, revertendo em benefício do locatário todas as vantagens dela decorrentes por ocasião do levantamento da soma respectiva.

    § 3º A caução em títulos e ações deverá ser substituída, no prazo de trinta dias, em caso de concordata, falência ou liquidação das sociedades emissoras.

c) Seguro de fiança locatícia:

Esta é uma garantia que surgiu nos últimos anos, representada por carta de fiança ou seguro de fiança locatícia, realizadas por um banco ou seguradora e habitualmente abrange um período de 12 (doze) meses, considerando o valor do aluguel e seus acessórios (LI, art. 41).[14]

d) Cessão de quotas de fundo de investimento:

É um tipo de garantia muito pouco utilizada, realizada através de contrato vinculado as quotas de fundo de investimento, devendo se pautar pelas instruções normativas da Comissão de Valores Mobiliários – CVM.

Atenção: É importante registrar que o locador somente poderá exigir uma dessas modalidades de garantia, sob pena de nulidade (ver LI, art. 37, parágrafo único).

12. AÇÃO DE CONSIGNAÇÃO DE PAGAMENTO

É perfeitamente possível o exercício deste tipo de ação para que o locatário não incida em mora, depositando em juízo os valores incontroversos, que equivalerá ao cumprimento da obrigação (LI, art. 67).[15]

---

14. LI, Art. 41. O seguro de fiança locatícia abrangerá a totalidade das obrigações do locatário.

15. LI, Art. 67. Na ação que objetivar o pagamento dos aluguéis e acessórios da locação mediante consignação, será observado o seguinte:

I – a petição inicial, além dos requisitos exigidos pelo art. 282 do Código de Processo Civil, deverá especificar os aluguéis e acessórios da locação com indicação dos respectivos valores;

(atenção: a referência é ao CPC/73 que foi revogado – ver Novo CPC, art. 319).

II – determinada a citação do réu, o autor será intimado a, no prazo de vinte e quatro horas, efetuar o depósito judicial da importância indicada na petição inicial, sob pena de ser extinto o processo;

III – o pedido envolverá a quitação das obrigações que vencerem durante a tramitação do feito e até ser prolatada a sentença de primeira instância, devendo o autor promover os depósitos nos respectivos vencimentos;

IV – não sendo oferecida a contestação, ou se o locador receber os valores depositados, o juiz acolherá o pedido, declarando quitadas as obrigações, condenando o réu ao pagamento das custas e honorários de vinte por cento do valor dos depósitos;

V – a contestação do locador, além da defesa de direito que possa caber, ficará adstrita, quanto à matéria de fato, a:

a) não ter havido recusa ou mora em receber a quantia devida;

b) ter sido justa a recusa;

c) não ter sido efetuado o depósito no prazo ou no lugar do pagamento;

d) não ter sido o depósito integral;

VI – além de contestar, o réu poderá, em reconvenção, pedir o despejo e a cobrança dos valores objeto da consignatória ou da diferença do depósito inicial, na hipótese de ter sido alegado não ser o mesmo integral;

VII – o autor poderá complementar o depósito inicial, no prazo de cinco dias contados da ciência do oferecimento da resposta, com acréscimo de dez por cento sobre o valor da diferença. Se tal ocorrer, o juiz declarará quitadas as obrigações, elidindo a rescisão da locação, mas imporá ao autor-reconvindo a responsabilidade pelas custas e honorários advocatícios de vinte por cento sobre o valor dos depósitos;

LIÇÃO 19 • DAS AÇÕES LOCATIVAS

É utilizada, no mais das vezes, quando o credor não quer receber os alugueres; ou quando ele se encontra em local incerto ou não sabido; ou quando houver dúvida sobre quem deva receber; ou ainda, quando houver litígio sobre o objeto de pagamento principalmente em razão de concurso de preferência.

Neste tipo de ação o locador somente poderá alegar em contestação os seguintes fatos a seu favor: não ter havido recusa no recebimento dos alugueres; que a recusa se deu por motivo justificado; não ter sido feito o depósito no prazo ou lugar onde deveria ocorrer o pagamento; e, por fim, não ser o depósito o valor integral dos débitos pendentes.

13. AÇÃO REVISIONAL DE ALUGUEL

É a forma pela qual tanto o locador quanto o locatário podem ingressar em juízo pleiteando a revisão do preço do aluguel estipulado, cuja ação se desenvolverá pelo rito sumário (LI, art. 68).[16]

VIII – havendo, na reconvenção, cumulação dos pedidos de rescisão da locação e cobrança dos valores objeto da consignatória, a execução desta somente poderá ter início após obtida a desocupação do imóvel, caso ambos tenham sido acolhidos.

Parágrafo único. O réu poderá levantar a qualquer momento as importâncias depositadas sobre as quais não penda controvérsia.

16. LI, Art. 68. Na ação revisional de aluguel, que terá o rito sumário, observar-se-á o seguinte: (Redação dada pela Lei nº 12.112, de 2009)

I– além dos requisitos exigidos pelos arts. 276 e 282 do Código de Processo Civil, a petição inicial deverá indicar o valor do aluguel cuja fixação é pretendida;

(atenção: a referência é ao CPC/73 que foi revogado – ver Novo CPC, art. 319).

II – ao designar a audiência de conciliação, o juiz, se houver pedido e com base nos elementos fornecidos tanto pelo locador como pelo locatário, ou nos que indicar, fixará aluguel provisório, que será devido desde a citação, nos seguintes moldes: (Redação dada pela Lei nº 12.112, de 2009)

a) em ação proposta pelo locador, o aluguel provisório não poderá ser excedente a 80% (oitenta por cento) do pedido; (Incluída pela Lei nº 12.112, de 2009)

b) em ação proposta pelo locatário, o aluguel provisório não poderá ser inferior a 80% (oitenta por cento) do aluguel vigente; (Incluída pela Lei nº 12.112, de 2009)

III – sem prejuízo da contestação e até a audiência, o réu poderá pedir seja revisto o aluguel provisório, fornecendo os elementos para tanto;

IV – na audiência de conciliação, apresentada a contestação, que deverá conter contraproposta se houver discordância quanto ao valor pretendido, o juiz tentará a conciliação e, não sendo esta possível, determinará a realização de perícia, se necessária, designando, desde logo, audiência de instrução e julgamento; (Redação dada pela Lei nº 12.112, de 2009)

V – o pedido de revisão previsto no inciso III deste artigo interrompe o prazo para interposição de recurso contra a decisão que fixar o aluguel provisório. (Incluído pela Lei nº 12.112, de 2009)

1º Não caberá ação revisional na pendência de prazo para desocupação do imóvel (arts. 46, parágrafo 2º e 57), ou quando tenha sido este estipulado amigável ou judicialmente.

2º No curso da ação de revisão, o aluguel provisório será reajustado na periodicidade pactuada ou na fixada em lei.

Essa ação somente pode ser proposta depois de transcorrido 3 (três) anos do contrato de locação e se as partes não chegarem espontaneamente a um acordo sobre o reajuste a ser aplicado (LI, art. 19).[17]

O principal objetivo é ajustar o preço da locação aos valores de mercados que podem ter sofrido defasagem no curso da locação.

O juiz, ao designar audiência de conciliação, se houver pedido e elementos comprobatório dos valores atuais de mercado, referente ao imóvel em questão, poderá fixar um aluguel provisório. Esse valor é apenas uma estimativa, pois o valor definitivo para o próximo triênio somente será fixado pela sentença e seus efeitos retroagirão à data à citação, devendo ser pagos as diferenças devidamente corrigida e atualizada, cuja execução se fará nos próprios autos (LI, art. 69).[18]

14. AÇÃO RENOVATÓRIA

Esta é a ação que pode ser manejada pelo locatário, que tenha alugado imóvel urbano comercial ou industrial, isto é não residencial, com a finalidade de se ver garantido na permanência do imóvel, pois o mesmo tem direito à proteção em razão de realizar atividade empresarial desenvolvida no local que pode se constituir em fundo de comércio (aquilo que se chama popularmente de "**ponto comercial**").[19]

Para o manejo dessa ação o inquilino deverá provar que preenche os requisitos do art. 51, da Lei nº 8.245/91, especialmente os incisos I a III e, além disso, prova do exato cumprimento do contrato; prova da quitação dos impostos e taxas que incidiam sobre o imóvel, se era de sua incumbência; a indicação das condições para renovação do contrato e, finalmente, indicação do fiador e prova de que ele aceita os encargos da fiança (LI, art. 71).[20]

---

17. LI, Art. 19. Não havendo acordo, o locador ou locatário, após três anos de vigência do contrato ou do acordo anteriormente realizado, poderão pedir revisão judicial do aluguel, a fim de ajustá-lo ao preço de mercado.

18. LI, Art. 69. O aluguel fixado na sentença retroage à citação, e as diferenças devidas durante a ação de revisão, descontados os alugueres provisórios satisfeitos, serão pagas corrigidas, exigíveis a partir do trânsito em julgado da decisão que fixar o novo aluguel.

    1º Se pedido pelo locador, ou sublocador, a sentença poderá estabelecer periodicidade de reajustamento do aluguel diversa daquela prevista no contrato revisando, bem como adotar outro indexador para reajustamento do aluguel.

    2º A execução das diferenças será feita nos autos da ação de revisão.

19. Ver Lei de Luvas, Decreto nº 24.150/34.

20. LI, Art. 71. Além dos demais requisitos exigidos no art. 282 do Código de Processo Civil, a petição inicial da ação renovatória deverá ser instruída com:

    (atenção: a referência é ao CPC/73 que foi revogado – ver Novo CPC, art. 319).

    I – prova do preenchimento dos requisitos dos incisos I, II e III do art. 51;

    II – prova do exato cumprimento do contrato em curso;

    III – prova da quitação dos impostos e taxas que incidiram sobre o imóvel e cujo pagamento lhe incumbia;

    IV – indicação clara e precisa das condições oferecidas para a renovação da locação;

    V – indicação do fiador quando houver no contrato a renovar e, quando não for o mesmo, com indicação do nome ou denominação completa, número de sua inscrição no Ministério da Fazenda, endereço e, tra-

LIÇÃO 19 • DAS AÇÕES LOCATIVAS **221**

Depois de regularmente processada a ação, se a locação for renovada, as diferenças dos aluguéis vencidos serão executadas nos próprios autos da ação e pagas de uma só vez (ver LI, art. 73). De outro lado, se não for acolhida a pretensão de renovação da locação, o juiz determinará a expedição de mandado de despejo, que conterá o prazo de 30 (trinta) dias para a desocupação voluntária, se houver pedido na contestação (ver LI, art. 74).

15. DO BEM DE FAMÍLIA E AS AÇÕES LOCATIVAS

Bem de família legal é regulado pela Lei nº 8.009/90 e procura proteger o imóvel com suas pertenças, destinado à moradia da família que, por determinação legal, não pode ser objeto de constrição judicial para pagamento de dívidas de natureza civil, comercial, fiscal ou mesmo previdenciária, exceto aquelas especificamente excepcionadas na própria lei (ver especialmente o art. 2º da Lei nº 8.009/90).

Essa proteção decorre do princípio constitucional da dignidade humana (ver CF, art. 1º, III) e tem a ver com os direitos sociais também constantes da nossa Constituição (ver CF, art. 6º, *caput*), tendo em vista a necessidade de o ser humano poder contar com a proteção do Estado, no sentido de ter garantido um teto como forma de abrigar a si e sua família.

Nessas circunstâncias, entre o direito à dignidade do devedor e o direito de crédito do credor, o legislador privilegia o direito à dignidade, nele incluído o direito de moradia do devedor.

Se a entidade familiar é proprietária de um único imóvel e esse imóvel é por ela utilizado como moradia, ele é considerado automaticamente bem de família, independentemente de qualquer formalidade.

Porém é preciso, frente ao caso concreto, agir com coerência e parcimónia. Por exemplo, é preciso estar atento e não exagerar quando se trata das questões envolvendo este tipo de impenhorabilidade, de modo a não se converter em escudo capaz de privilegiar o mau pagador. A impenhorabilidade da casa residencial, estabelecida pela Lei nº 8.009/90, não deve deixar a salvo, por exemplo, uma grande e suntuosa mansão (ou apartamento) em que resida o devedor, o qual pode muito bem alojar-se em uma residência de menor valor.[21] Numa situação como essa é perfeitamente

---

tando-se de pessoa natural, a nacionalidade, o estado civil, a profissão e o número da carteira de identidade, comprovando, desde logo, mesmo que não haja alteração do fiador, a atual idoneidade financeira;

VI – prova de que o fiador do contrato ou o que o substituir na renovação aceita os encargos da fiança, autorizado por seu cônjuge, se casado for;

VII – prova, quando for o caso, de ser cessionário ou sucessor, em virtude de título oponível ao proprietário.

Parágrafo único. Proposta a ação pelo sublocatário do imóvel ou de parte dele, serão citados o sublocador e o locador, como litisconsortes, salvo se, em virtude de locação originária ou renovada, o sublocador dispuser de prazo que admita renovar a sublocação; na primeira hipótese, procedente a ação, o proprietário ficará diretamente obrigado à renovação.

21. DINAMARCO, Candido Rangel. *Execução Civil*. São Paulo: Malheiros, 2007, p. 245.

possível o juiz determinar a penhora do imóvel com a recomendação de que um percentual do valor arrecadado seja reservado ao devedor para eventual aquisição de um outro imóvel.

Quer dizer, afasta-se a proteção do bem de família para que possa ir a leilão o imóvel de valor exacerbado ao mesmo tempo que a reserva de um percentual possa permitir ao devedor a aquisição de um outro imóvel, em condições dignas de moradia, solução que não implica violação à dignidade da família do devedor e que, ao mesmo tempo, impede que a proteção legal ao bem de família seja desvirtuada de modo a servir de blindagem de grandes patrimônios.[22]

Importante também destacar que o conceito de família, em face da doutrina e da jurisprudência, foi sendo alargado após a Constituição de 1988 e atualmente até mesmo a pessoa solteira, viúva ou que more sozinha por qualquer que seja a razão pode ser considerada uma família para efeitos de proteção do Estado. Da mesma forma o conceito de bem de família também foi alargado para contemplar as novas formas de família, especialmente em face da proteção decorrente da Lei nº 8.009/90.

Nesse sentido é importante destacar que o Superior Tribunal de Justiça (STJ), em 2008, editou a **súmula nº 364** consolidando esse posicionamento, nos seguintes termos: "o conceito de impenhorabilidade de bem de família abrange também o imóvel pertencente as pessoas solteiras, separadas e viúvas".

Cumpre ainda destacar que o mesmo Superior Tribunal de Justiça (STJ) também tem posicionamento consolidado no sentido de que não perde a proteção legal de bem de família o fato de o único imóvel ter sido alugado pela família, se a renda da locação for empregada na subsistência ou mesmo na locação de outra moradia para a família. Nesse sentido a **súmula nº 486** do STJ, de seguinte teor: "é impenhorável o único imóvel residencial do devedor que esteja locado a terceiros, desde que a renda obtida com a locação seja revertida para a subsistência ou a moradia da sua família".

15.1 Exceções à impenhorabilidade

No caso do bem de família legal, as exceções estão previstas na própria lei que instituiu a proteção e são as seguintes: pelo titular do crédito decorrente do financiamento destinado à construção ou à aquisição do imóvel, no limite dos créditos e acréscimos constituídos em função do respectivo contrato; pelo credor de pensão alimentícia, resguardado o direito do outro cônjuge quanto à sua meação; para cobrança de impostos, predial ou territorial, taxas e contribuições devidas em função do imóvel familiar; para execução de hipoteca sobre o imóvel oferecido como garantia

---

22. (TJ-SP – AC: 10942440220178260100 SP 1094244-02.2017.8.26.0100, Relator: Castro Figliolia, Data de Julgamento: 02/09/2020, 12ª Câmara de Direito Privado, Data de Publicação: 03/09/2020).

real pelo casal ou pela entidade familiar; por ter sido adquirido com produto de crime ou para execução de sentença penal condenatória a ressarcimento, indenização ou perdimento de bens; e, finalmente, por obrigação decorrente de fiança concedida em contrato de locação (Lei n° 8.009/90, art. 3°).[23]

> **Atenção:** não se beneficiará do disposto na Lei n° 8.009/90 o devedor que, sabendo-se inadimplente, adquire de má-fé um imóvel mais valioso, desfazendo-se da moradia antiga e transferindo-se para a nova (Lei n° 8.009/90, art. 4°, *caput*).[24]

> **Outra exceção:** embora a Lei n° 8.009/90 não preveja de maneira direta, o Superior Tribunal de Justiça (STJ) decidiu que o artigo 3°, inciso II, da Lei 8.009/1990, é aplicável em casos de dívida contraída para a reforma ou melhorias do próprio imóvel.[25]

15.2 Bem de família do fiador

A própria Lei n° 8.009/90, no seu artigo 3°, inciso VII, traz expressa previsão de que a obrigação decorrente de fiança concedida em contrato de locação é uma outra exceção à impenhorabilidade do bem de família.

---

23. Lei n° 8.009/90, Art. 3° A impenhorabilidade é oponível em qualquer processo de execução civil, fiscal, previdenciária, trabalhista ou de outra natureza, salvo se movido:

    I – Revogado pela Lei Complementar n° 150, de 2015.

    II – pelo titular do crédito decorrente do financiamento destinado à construção ou à aquisição do imóvel, no limite dos créditos e acréscimos constituídos em função do respectivo contrato;

    III – pelo credor da pensão alimentícia, resguardados os direitos, sobre o bem, do seu coproprietário que, com o devedor, integre união estável ou conjugal, observadas as hipóteses em que ambos responderão pela dívida; (Redação dada pela Lei n° 13.144 de 2015)

    IV – para cobrança de impostos, predial ou territorial, taxas e contribuições devidas em função do imóvel familiar;

    V – para execução de hipoteca sobre o imóvel oferecido como garantia real pelo casal ou pela entidade familiar;

    VI – por ter sido adquirido com produto de crime ou para execução de sentença penal condenatória a ressarcimento, indenização ou perdimento de bens;

    VII – por obrigação decorrente de fiança concedida em contrato de locação. (Incluído pela Lei n° 8.245, de 1991)

24. Lei n° 8.009/90, Art. 4° Não se beneficiará do disposto nesta lei aquele que, sabendo-se insolvente, adquire de má-fé imóvel mais valioso para transferir a residência familiar, desfazendo-se ou não da moradia antiga.

    § 1° Neste caso, poderá o juiz, na respectiva ação do credor, transferir a impenhorabilidade para a moradia familiar anterior, ou anular-lhe a venda, liberando a mais valiosa para execução ou concurso, conforme a hipótese.

    § 2° Quando a residência familiar constituir-se em imóvel rural, a impenhorabilidade restringir-se-á à sede de moradia, com os respectivos bens móveis, e, nos casos do art. 5°, inciso XXVI, da Constituição, à área limitada como pequena propriedade rural.

25. (STJ – REsp: 2082860 RS 2023/0052940-2, Relator: Ministra Nancy Andrighi, Julgamento: 06/02/2024, T3 – Terceira Turma, Data de Publicação: DJe 27/02/2024).

Apesar da clareza da referida lei, foi necessário o Superior Tribunal de Justiça (STJ) editar a súmula 549, de seguinte teor: "É válida a penhora de bem de família pertencente a fiador de contrato de locação".[26]

Foi necessário editar essa súmula, ainda que ela não seja vinculante, porque havia muita discordância na doutrina e na jurisprudência sobre este tema, sendo que alguns doutrinadores e mesmo acórdãos dos tribunais estaduais, ainda que minoritários, adotavam a tese da inconstitucionalidade deste inciso VII da lei em comento.

Recentemente, o Supremo Tribunal Federal (STF) julgou o mérito do Recurso Extraordinário, de relatoria do Ministro Alexandre de Moraes, definido pela constitucionalidade da penhora do bem de família do fiador de contrato de locação comercial.

Portanto, a Tese definida no Tema 1.127 foi a de que "é constitucional a penhora de bem de família pertencente a fiador de contrato de locação, seja residencial, seja comercial".[27]

Antes disso em outro julgamento na Suprema Corte, o Ministro Nunes Marques já tinha deixado assentado que o fiador, no pleno exercício de seu direito de propriedade de usar, gozar e dispor da coisa (CC, art. 1.228), pode afiançar, por escrito (CC, art. 819), o contrato de locação (residencial ou comercial), abrindo mão da impenhorabilidade do seu bem de família, por sua livre e espontânea vontade, no âmbito de sua autonomia privada, de sua autodeterminação. Aliás, "admitir o contrário se constituiria, a um só tempo, clara violação do princípio da boa-fé objetiva".[28]

Por fim, o Superior Tribunal de Justiça (STJ), no julgamento sob o rito de repetitivos firmou a seguinte tese (Tema 1.091): "É válida a penhora do bem de família de fiador apontado em contrato de locação de imóvel, seja residencial, seja comercial, nos termos do inciso VII do art. 3º da Lei n. 8.009/1990".[29]

---

26. (STJ, Segunda Seção, julgado em 14/10/2015, DJe 19/10/2015).
27. (STF, Leading Case: RE 1307334, Relator: Ministro Alexandre De Moraes, Transitado em julgado na data de 06/08/2022).
28. (STF, RE 1.303.711, Relator: Ministro Nunes Marques, Dje de 19/3/2021).
29. (STJ, REsp 1.822.033/PR e REsp 1.822.040/PR, Relator: Ministro Luis Felipe Salomão, j. 08 de junho de 2022).

BIBLIOGRAFIA RECOMENDADA

Para o aprofundamento dos estudos dos temas objeto da presente obra, recomendamos as seguintes obras e autores:

BUENO, Cassio Scarpinela. *Manual de direito processual civil*, 2ª ed. São Paulo: Saraiva, 2016.

_____. *Novo Código de Processo Civil anotado*. São Paulo: Saraiva, 2015.

CÂMARA, Alexandre Freitas. *O novo processo civil brasileiro*. São Paulo: Atlas, 2015.

CARVALHO SANTOS, J. M. de. *Código de Processo Civil Interpretado*. Rio de Janeiro: Freitas Bastos. 1947.

CHIMENTI, Ricardo Cunha. Teoria e prática dos juizados especiais cíveis. São Paulo: Saraiva, 1999.

CINTRA, Antonio Carlos Araujo; GRINOVER. Ada Pellegrini; DINAMARCO, Cândido Rangel. *Teoria geral do processo*. 26ª ed. São Paulo: Malheiros, 2010.

COELHO, Marcus Vinicius Furtado. *Art. 942 do CPC - Técnica de ampliação do colegiado*. Disponível em: https://www.migalhas.com.br/coluna/cpc-marcado/296489/art--942-do-cpc---%20 tecnica-de-ampliacao-do-colegiado – Acesso 21/01/25.

DIDIER JUNIOR, Fredie. *Curso de direito processual civil*, 17ª. ed. Salvador: Juspodivm, 2015.

DINAMARCO, Candido Rangel. *Execução Civil*, 6ª ed. São Paulo: Malheiros, 2007.

DONIZETTI, Elpídio. *Novo Código de Processo Civil comentado*. São Paulo: Atlas, 2015.

FUX, Luiz; BODART, Bruno. Notas sobre o princípio da motivação e a uniformização da jurisprudência no novo Código de Processo Civil à luz da análise econômica do Direito. In: *Revista de Processo*, v. 269, jun. 2017, pp. 421-432.

GONÇALVES, Marcus Vinicius Rios. *Novo Curso de Direito Processual Civil*, 18ª. ed. São Paulo: Saraiva, 2021, v.2.

GRECO FILHO, Vicente. *Direito Processual Civil Brasileiro*, 19a. ed. São Paulo: Saraiva, 2006, v.3.

MANCUSO, Rodolfo de Camargo. *Interesses difusos*, 9ª. ed. São Paulo: Revista dos Tribunais, 2019.

_____. *Divergência jurisprudencial e súmula vinculante*, 6ª. ed Salvador: Editora Juspodivm, 2018.

MARINONI, Luiz Guilherme; ARENHART, Sérgio Cruz; MITIDIERO, Daniel. *Manual do processo civil*, 5ª ed. São Paulo: Thomson Reuters Brasil, 2020.

MEIRELLES, Hely Lopes. *Mandado de segurança*, 22ª ed. São Paulo: Malheiros, 2000.

MEIRELLES, Hely Lopes. MENDES, Gilmar Ferreira. WALD, Arnoldo. *Mandado de segurança e ações constitucionais*, 24ª ed. São Paulo: Malheiros Editores, 2012.

MELO, Nehemias Domingos de. *Código de Processo Civil – Anotado e Comentado*, 4ª. ed. Indaiatuba: Foco, 2025.

_____. *Lições de Processo Civil* – Teoria Geral do Processo e Procedimento Especiais, 4ª. ed. Indaiatuba: Foco, 2025, v. 1.

_____. *Lições de Processo Civil* – Processo de Execução, 4ª. ed. Indaiatuba: Foco, 2025, v. 2.

_____. *Manual de prática jurídica civil para graduação e exame da OAB*, 5ª. ed. Indaiatuba: Foco, 2022.

_____. *Da defesa do consumidor em juízo por danos casausados em acidentes de consumo*, 2ª. ed. Leme: Mizuno, 2024.

MONTENEGRO FILHO, Misael. *Curso de Direito Processual Civil*, 11a. ed. São Paulo: Atlas, 2015, v.3.

MORAES, Alexandre de. *Direito constitucional*, 19ª. ed. São Paulo: Atlas, 2006.

MOREIRA. José Carlos Barbosa. *Comentários ao Código de Processo Civil*, 11ª ed. Rio de Janeiro: Forense, 2004, v.5.

NERY JUNIOR, Nelson e NERY, Rosa Maria de Andrade. *Código de Processo Civil Comentado*, 22ª ed. São Paulo: Revista dos Tribunais, 2024.

NISHIYAMA, Adolfo Mamoru. *Manual de prática constitucional para exame da OAB*. Belo Horizonte: D'Plácido, 2018.

OLIVON, Beatriz. STJ mantém 92% das decisões que negam análise de recursos. Disponível em: <https://valor.globo.com/legislacao/noticia/2021/05/02/stj-mantem-92percent-das-decisoes--que-negam-analise-de-recursos.ghtml> acesso em 26/11/2024.

RIZZATTO NUNES, Luiz Antonio. A importância das ações coletivas para a defesa dos direitos dos consumidores. Disponível em: <https://www.migalhas.com.br/coluna/abc-do-cdc/285301/a--importancia-das-acoes-coletivas-para-a-defesa-dos-direitos-dos-consumidores> acesso em 30/11/2024.

SANTOS, Ernane Fidélis. *Manual de direito processual civil*, 13ª. ed. São Paulo: Saraiva, 2009, v.3.

SANTOS, Moacyr Amaral. *Primeiras linhas de direito processual civil*, 27ª ed. São Paulo: Saraiva, 2010, v.3.

SCAVONE JUNIOR, Luiz Antonio. *Direito imobiliário* – teoria e prática, 8ª ed. São Paulo: Gen--Forense, 2014.

SIMÕES, Marcia Cardoso. In: MELO, Nehemias Domingos de. *Como advogar no cível com o Novo CPC*, 3ª. ed. Araçariguama: Rumo Legal, 2016, pp.161/167.

SIQUIERA JR, Paulo Hamilton. *Direito processual constitucional*. São Paulo: Saraiva, 2006.

TALAMINI, Eduardo. Objetivação do controle incidental de constitucionalidade e força vinculante (ou devagar com o andor que o santo é de barro). IN: Aspectos polêmicos e atuais dos recursos cíveis (coord. Nelson Nery Jr. e Teresa Arruda Alvim Wambier). São Paulo: *Revista dos Tribunais*, v. 12, n. 2, p. 136-143.

TARTUCE, Fernanda; DELLORE, Luiz. *Manual de Prática Civil*, 17ª. ed. São Paulo: Método, 2022.

THEODORO JÚNIOR, Humberto. *Curso de Direito Processual Civil*, 56ª ed. Rio de Janeiro: Forense, 2023.

VIVEIROS, Estefânia. *Embargos de declaração e embargos de divergência*. In: MELO, Nehemias Domingos de. Código de Processo Civil – Anotado e Comentado, 4ª. ed. Indaiatuba: 2025, pp. 646/653 e 670/674.

WAMBIER, Luiz Rodrigues; TALAMINI, Eduardo. *Curso avançado de processo civil,* 11ª ed. São Paulo: Revista dos Tribunais, 2010, v.1.

ANOTAÇÕES

ANOTAÇÕES